本书为湖南省社科基金重大项目“马克思主义理论学科在中国的发展演进及其经验研究”（项目编号：2016ZDAM02）的结项成果。

马克思主义理论学科在中国的发展研究

吴家庆　焦晓云　邢鹏飞 著

湖南师范大学出版社

·长沙·

图书在版编目（CIP）数据

马克思主义理论学科在中国的发展研究 / 吴家庆，焦晓云，邢鹏飞著. —长沙：湖南师范大学出版社，2023. 3

ISBN 978 - 7 - 5648 - 4775 - 3

Ⅰ. ①马…　Ⅱ. ①吴…　②焦…　③邢…　Ⅲ. ①马克思主义—发展—研究—中国　Ⅳ. ①D61

中国版本图书馆 CIP 数据核字（2022）第 241309 号

马克思主义理论学科在中国的发展研究

Makesi Zhuyi Lilun Xueke zai Zhongguo de Fazhan Yanjiu

吴家庆　焦晓云　邢鹏飞　著

◇出 版 人：吴真文
◇组稿编辑：李　阳
◇责任编辑：李　阳
◇责任校对：蒋旭东
◇出版发行：湖南师范大学出版社
地址/长沙市岳麓区　邮编/410081
电话/0731 - 88873071　0731 - 88873070
网址/https：//press. hunnu. edu. cn
◇经销：新华书店
◇印刷：天津画中画印刷有限公司
◇开本：710 mm × 1000 mm　1/16
◇印张：14. 25
◇字数：260 千字
◇版次：2023 年 3 月第 1 版
◇印次：2024 年 8 月第 2 次印刷
◇书号：ISBN 978 - 7 - 5648 - 4775 - 3
◇定价：69. 00 元

目 录

绪 论

一、选题意义

马克思主义理论学科是一门从整体上研究马克思主义基本原理和科学体系的学科，在推进党的思想理论建设和巩固马克思主义在高等学校教育教学中的指导地位、加强高校思想政治理论课建设、培养思想政治教育工作队伍中发挥重要作用。经过坚持不懈地建设与发展，马克思主义理论学科已基本实现规范化、制度化建设，进入到高质量发展阶段。站在新的历史起点上，从历史、现实与未来的贯通中深入研究马克思主义理论学科在中国的发展问题，无疑具有重要的理论意义和实践意义。

（一）理论意义

从理论层面看，对马克思主义理论学科在中国的发展这一课题进行研究，有助于深化对马克思主义理论学科在中国发展的规律性认识，进一步加强马克思主义理论的整体性研究。

1. 有助于深化对马克思主义理论学科在中国发展的规律性认识

“理论对规律的揭示越深刻，对社会发展和变革的引领作用就越显著。”① 马克思主义理论学科在中国不仅有着深厚的历史渊源，而且作为一门独立且完备的学科形态已有十余年，为从历史长河中分析其演变机理、探究其历史规律提供了前所未有的优势条件。本课题研究将回顾马克思主

① 习近平：《辩证唯物主义是中国共产党人的世界观和方法论》，《求是》2019 年第 1 期。

义理论学科在中国发展的百年历程并总结相应的历史经验作为重要内容，遵循从特殊到一般、从个性到共性、从感性到理性的认知逻辑，深化对马克思主义理论学科在中国发展的规律性认识，增强马克思主义理论学科发展建设的系统性、预见性、创造性。

2. 有助于进一步加强马克思主义理论的整体性研究

马克思主义是我们认识世界、把握规律、追求真理、改造世界的强大思想武器，其理论体系和知识体系博大精深，涉及自然界、人类社会、人类思维各个领域，涉及历史、经济、政治、文化、社会、生态、科技、军事、党建等各个方面。要充分发挥马克思主义科学理论的强大真理力量，必须从整体上进行研究和把握。经过长期努力，我国已经成为马克思主义理论研究大国，但对马克思主义理论的整体性研究滞后于马克思主义中国化实际发展的问题仍比较突出。本课题关涉马克思主义理论整体性研究与马克思主义理论学科发展之间的互动规律及其提升路径，将推动马克思主义理论的整体性研究进一步走向深入。

（二）实践意义

从理论层面看，对马克思主义理论学科在中国的发展这一课题进行研究，有助于构建马克思主义理论学科领航的中国特色哲学社会科学体系，办好思想政治理论课这一落实立德树人根本任务的关键课程，巩固马克思主义在意识形态领域的指导地位。

1. 有助于构建马克思主义理论学科领航的中国特色哲学社会科学体系

马克思主义理论学科建设与中国特色哲学社会科学繁荣发展之间有着密不可分的联系。习近平总书记在提出“加快构建中国特色哲学社会科学”① 任务的同时，突出强调“要加强马克思主义学科建设”②。2019 年中共中央办公厅、国务院办公厅印发《关于深化新时代学校思想政治理论课改革创新的若干意见》，明确提出“充分发挥马克思主义理论学科的领航作用，大力推进中国特色社会主义学科体系建设”③。本课题聚焦马克思主义

---

① 《习近平谈治国理政》（第 2 卷），外文出版社 2017 年版，第 338 页。

② 《习近平谈治国理政》（第 2 卷），外文出版社 2017 年版，第 345 页。

③ 《深化新时代学校思想政治理论课改革创新》，《人民日报》2019 年 8 月 15 日。

理论学科在中国的发展问题，以充分发挥马克思主义理论学科作为一门领航学科的引领作用为落脚点，研究成果能够为加快构建具有中国特色、中国风格、中国气派的哲学社会科学体系提供有益的理论启示。

2. 有助于办好思想政治理论课这一落实立德树人根本任务的关键课程

习近平总书记在学校思想政治理论课教师座谈会上提出："思政课是落实立德树人根本任务的关键课程"，"办好思政课，就是要开展马克思主义理论教育"。① 这一论断深刻阐明了马克思主义理论学科、思想政治理论课、立德树人三者之间具有内在一致性。本课题致力于揭示马克思主义理论学科、思想政治理论课、立德树人三者之间的深层关联，探讨如何最大限度发挥马克思主义理论学科对于办好思想政治理论课的支撑性作用，如何引导学生真学、真懂、真信、真用马克思主义，把爱国情、强国志、报国行自觉融入实现中华民族伟大复兴的奋斗之中等问题，研究成果将推动马克思主义理论学科与思想政治理论课建设协调发展。

3. 有助于巩固马克思主义在意识形态领域的指导地位

意识形态关乎旗帜、关乎道路、关乎国家政治安全。马克思主义理论学科是一门具有鲜明意识形态功能的学科，巩固马克思主义在意识形态领域的指导地位是马克思主义理论学科的历史使命。本课题从维护国家意识形态安全的高度审视马克思主义理论学科在中国的发展，以建设具有强大凝聚力和引领力的社会主义意识形态为导向探讨新时代如何推进马克思主义理论学科建设，研究成果将增进人们对于马克思主义这一科学意识形态的认同感，推动马克思主义理论掌握群众，进一步巩固马克思主义在意识形态领域的指导地位。

二、研究综述

2005 年 12 月 3 日，国务院学位委员会和教育部联合下发了《关于调整增设马克思主义理论一级学科及所属二级学科的通知》（以下简称《通知》），标志着马克思主义理论学科由论证阶段正式进入了建设和发展的具

---

① 习近平：《思政课是落实立德树人根本任务的关键课程》，《求是》2020 年第 17 期。

体实施阶段，这是马克思主义理论研究与建设乃至学科发展史上的一件大事。自马克思主义理论一级学科设立以来，学科建设取得了诸多成就。学界围绕马克思主义理论学科的建设与发展问题进行了比较深入的研究和探索，为加强学科建设和发展提供了良好的理论基础和实践导向。概括而言，研究主要从以下方面展开。

（一）关于马克思主义理论学科设立与建设的重大意义

马克思主义理论一级学科的设立与建设有着重大意义，是进入新世纪以来党中央为进一步繁荣发展哲学社会科学、推进马克思主义理论研究和建设工程的实施、加强和改进高校思想政治教育所采取的一项重大措施，同时也是推进中国特色社会主义实践创新、理论创新和制度创新的必然要求。

1. 是繁荣发展我国哲学社会科学的现实需要

有学者认为，马克思主义理论学科的建立是人类教育史上的创举，是关于马克思主义的认识由“观念整体”到“现实整体”的转变。设立马克思主义理论一级学科，是对马克思主义科学体系的完整、深入认识，是一项总体性、综合性理论研究工程，是提质中国特色哲学社会科学体系的重要议题，有利于促进我国哲学社会科学体系的科学化；马克思主义理论学科是教学与科研的统一、政治性与科学性的统一，是其他学科建设的指导和统帅，是思想政治教育工作队伍建设的支撑。① 这一学科的设立，改变了马克思主义理论整体性研究和思想政治教育没有恰当学科地位的情况，反映了我国学科体系发展完善的必然趋势和客观要求。② 这一学科的建立，标志着马克思主义这一特殊思想体系理论上具有的科学意义以体制、制度的形式确定下来，实现了马克思主义的学科化。③

2. 是加强马克思主义在意识形态领域指导地位的战略举措

顾海良认为，“马克思主义理论”一级学科，是一门从整体上研究马克

---

① 唐涛：《“全国马克思主义理论学科博士生导师学术研讨会”综述》，《思想理论教育导刊》2006 年第 11 期。

② 李建国、齐英艳：《“马克思主义理论学科定位与建设思路”研讨会综述》，《高校理论战线》2006 年第 7 期。

③ 梁树发：《马克思主义理论学科建设要贯彻整体性原则》，《思想理论教育导刊》2006 年第 7 期。

思主义基本原理和科学体系的学科，其设立不仅是由马克思主义理论本身的科学性决定的，也是由马克思主义作为我们党的指导思想、国家的主流意识形态建设和发展的需要决定的，作为实施马克思主义理论研究和建设工程、加强和改进大学生思想政治教育的重要基础而决定的。马克思主义理论一级学科的建立，对于全面加强马克思主义理论学科建设，进一步巩固和加强马克思主义在意识形态领域的指导地位，深入研究马克思主义理论，增强高校思想政治理论课教育教学效果，促进具有中国特色社会主义学科体系与教材体系的发展，都具有重大的现实意义和深远的历史影响。① 马克思主义理论及其各个二级学科，是社会主义国家意识形态的集中体现。马克思主义理论一级学科的设立，不仅是社会主义教育事业发展的必然，而且是社会主义意识形态不断成熟的标志之一，表明了执政的无产阶级政党已能够自觉地对待自己的意识形态的地位。这对于社会主义意识形态在国家政治生活中地位的确立，以及我国社会主义国家的形象在世界范围内的确立无疑有着重要意义。② 马克思主义理论学科的设立，对国家经济社会发展也做出了巨大贡献，主要表现在：高举马克思主义中国化旗帜，巩固马克思主义在意识形态领域的指导地位；支撑高校思想政治理论课，培养千百万中国特色社会主义建设事业的可靠接班人；坚持理论与实践相结合，全方位为中国特色社会主义建设事业服务；回应国际马克思主义思潮热，积极开展马克思主义理论的世界沟通与交流；不断为边疆稳定凝聚思想共识，实现边疆社会稳定和国家长治久安。

3. 是传播和发展马克思主义的必然要求

创建马克思主义理论一级学科是新时期国家学科规划和建设的一项重大战略举措。张雷声指出，马克思主义理论学科是推进马克思主义大众化的重要依托和学科支撑，马克思主义理论学科在内容研究、队伍建设和载体创新等方面，为全面实施推进马克思主义大众化的工程提供了重要的实践路径。全面建设一流马克思主义理论学科，既是新的历史条件下党和国

---

① 宋进、王刚、朱洁：《马克思主义理论学科建设面临的主要问题及对策》，《思想理论教育》2006 年第 7 期。

② 刘书林：《关于马克思主义理论学科的设立和建设》，《学校党建与思想教育》2006 年第 6 期。

家事业发展的战略要求，也是新的历史节点上马克思主义理论学科自身发展的现实需要。全面建设一流马克思主义理论学科对于发展21世纪马克思主义、落实党和国家的教育方针具有重要的理论意义和现实价值，是发展21世纪中国的马克思主义的必然要求，是全面贯彻党的教育方针、落实立德树人根本任务的必然选择。①

（二）关于马克思主义理论学科发展的历史回顾

马克思主义理论学科的创建有着厚重的历史背景与实践基础。从1982年至90年代中期，国家相继出台了一系列政策和配套管理措施。学位与研究生教育得到全面规范的制度管理，教育规模扩大，增长速度加快。马克思主义理论学科就是以此为前提建立起来的。若从1996年教育部修订研究生专业，设置马克思主义理论与思想政治教育专业为政治学一级学科内的一个二级学科算起，马克思主义理论学科迄今已27年了。若从2005年国务院学位委员会、教育部颁发《关于调整增设马克思主义理论一级学科及所属二级学科的通知》，建立马克思主义理论为一级学科算起，也已18个年头了。它适应我国改革开放和社会主义现代化建设对坚持、发展、创新马克思主义理论的需要，社会对马克思主义理论教育的需求，发展迅速。但关于马克思主义理论学科在我国的发展历程，我国学界存在三种不同的观点。

第一种观点认为，马克思主义理论学科发展始于中国共产党成立前。邢鹏飞认为，从开始研究、宣传和发展马克思主义理论算起，该学科在中国的发展历程则可以追溯到中国共产党成立之前。他综合运用学科的知识论、活动论和组织论视角，对中国马克思主义理论学科的历史传承与发展趋向进行分析后指出，近百年来中国马克思主义理论学科依次经历了以马克思主义理论研究和宣传为核心、以马克思主义理论类课程建设为核心、以马克思主义理论与思想政治教育专业建设为核心和以马克思主义理论一级学科建设为核心的四大发展阶段。新时代的马克思主义理论学科呈现学科与思想政治理论课程建设协同创新、学科知识体系分化丰富、学科共同

① 靳诺：《全面建设一流马克思主义理论学科》，《思想教育研究》2016年第1期。

体融合完善、学科依托单位规范性加强、学科社会服务职能逐步凸显等发展趋向。①

第二种观点认为，马克思主义理论学科在中国的发展始于中华人民共和国成立。徐军认为，学科成熟的重要标志是学科学术史的形成。马克思主义理论学科自中华人民共和国成立以来特别是改革开放以来，先后经历了教学形态、理论学术形态和学科形态的发展历程，在自身建设发展的科学化、专业化、规范化程度上实现了历史性飞跃。因此，不仅要从形态学意义上探究学科发展的阶段历程，总结学术发展和学科建设的成功经验，更要从马克思主义理论学科当前和今后建设发展过程中的战略性、宏观性的大问题、元问题入手，不断提升马克思主义理论学科的建设质量和水平。② 佘双好、董梅昊等学者认为，中华人民共和国成立以来，马克思主义理论学科从无到有，从硕士点到博士点的设立，实现了学科建设的一个又一个历史性跨越。马克思主义理论学科的设立并不是一帆风顺、凯歌高奏的，而是经历了一个复杂的发展过程，其复杂发展历程，既是学科成长过程中自然的历练，同时，也是学者们对学科建设认识的升华。马克思主义理论学科在创建和发展过程中，形成了与其他学科不同的特点和优势。③

第三种观点认为，马克思主义理论学科在中国的发展始于改革开放，且绝大多数学者持这种观点。王树荫认为，马克思主义理论学科的前身是1984—1995 年的思想政治教育学科、1988—1995 年的马克思主义理论教育学科和 1996—2005 年合并而成的马克思主义理论与思想政治教育学科。2005 年底经专家论证，决定正式设置马克思主义理论一级学科及所属二级学科。④ 陈秉公指出，从狭义上讲，建立马克思主义理论一级学科及其所属各个二级学科，则主要是改革开放以后的新突破和新进展。改革开放以来，

① 邢鹏飞：《中国马克思主义理论学科的百年传承与新时代的发展趋向》，《重庆工商大学学报（社会科学版）》2019 年第 4 期。

② 徐军：《改革开放以来马克思主义理论学科发展的回顾与展望》，《思想理论教育》2018 年第 10 期。

③ 佘双好、董梅昊：《马克思主义理论学科的发展历程及趋势》，《马克思主义理论学科研究》2020 年第 1 期。

④ 王树荫：《马克思主义理论学科发展的回顾与思考》，《首都师范大学学报（社会科学版）》2009 年第 1 期。

我国马克思主义理论学科建设取得突破性的进展，进入了马克思主义理论学科建设大发展时期。具体讲可分为两个阶段：第一阶段是马克思主义理论一级学科建立前的充分准备阶段，第二阶段是马克思主义理论一级学科建立后的大发展阶段。① 还有学者认为，马克思主义理论学科创建的宏大背景是改革开放的伟大实践，正是这场伟大的革命推动了马克思主义理论学科的创建和发展，这无疑也承认马克思主义理论学科在中国的发展始于改革开放新时期。②

但不管持何种观点，我国马克思主义理论学科能够成为一门学科特色鲜明、生命活力强大、发展前景良好的重要学科，是我国党的领导机关和几代学人紧密结合、接力奋斗的成果。马克思主义理论学科的发展过程既表现为学科分化与整合历史发展过程的产物，也体现了学科分化与整合的辩证发展过程。主要体现在四个方面：一是在学术渊源上，它是对马克思主义理论分科性研究的整合；二是在学科渊源上，它是以“马克思主义理论与思想政治教育”二级学科为基础对不同专业或学科整合的进一步发展；三是在学科内容上，它是在六个二级学科有着各自较为明确细化的专业分工基础上的有机整体；四是在学科与课程上，它既是对思想政治理论课不断分化、又不断整合的历史演化的反映，也进一步把思想政治理论课课程建设与马克思主义理论研究、思想政治教育整合起来。③

（三）关于马克思主义理论一级学科设立的现实依据和学科基础

马克思主义理论学科的建设与发展有其内在的动力与依据，其设立是根据时代需要在整合有关学科并以这些学科为基础而建立并逐步发展起来的。为使人们更全面深入了解马克思主义理论一级学科的建立和发展历史，一些学者对马克思主义理论一级学科设立的现实依据和学科基础进行了梳理。

1. 现实依据

首先，我国哲学社会科学的发展为设立马克思主义理论一级学科提供

---

① 陈秉公：《高校马克思主义理论学科建设的基本经验与前瞻》，《中国高等教育》2011 年第 12 期。

② 梅荣政：《在改革开放中马克思主义理论学科的创建和发展》，《马克思主义理论学科研究》2018 年第 5 期。

③ 张雷声：《马克思主义理论学科的分化与整合》，《思想理论教育导刊》2010 年第 11 期。

了外部契机。有学者指出，进入新世纪，从“四个同样重要”“五个高度重视”“五点希望”的提出，到党中央《关于进一步繁荣发展哲学社会科学的意见》的下发，对设立马克思主义理论一级学科提出了迫切要求。同时，全面实施马克思主义理论研究和建设工程，对马克思主义经典著作及马克思主义中国化三大理论成果的研究，对马克思主义理论教育教材的编写，以及加强马克思主义理论科研队伍的建设，也对设立马克思主义理论一级学科起到了直接的推动作用。① 其次，马克思主义理论学科自身的特性为其建立与发展提供了内部动力。有学者指出，马克思主义理论学科内在结构的整体性与层次性的统一、基本内容的严谨科学性以及现实性与超越性的结合是其能够成为独立建构的学科的主要依据；而高素质的教师队伍是其发展的关键要素，这集中表现在马克思主义理论学科师资队伍有先进的教育教学理念、扎实而深厚的理论功底和严谨而创新的教学方法；另外，话语体系的转换是马克思主义理论学科发展的活力所在。第三，时代需要和社会发展是马克思主义理论学科建设的时代依据。② 有学者强调，进行理论学科建设，要根据时代需要和社会发展来确立思路、内容与重点，必须围绕我国经济社会发展与人的发展的实际问题开展马克思主义理论学科建设和研究。马克思主义理论学科学位授权点创建的前提和基础是改革开放中所建立的国家学位和研究生教育制度；改革开放多方面的辉煌成就为马克思主义理论学科建立和发展，奠定了物质的、政治的、精神的基础；改革开放伟大实践在取得巨大成就和宝贵经验的同时，在社会的各个领域提出了许多新的问题，这些重大的时代课题，直接关乎社会主义道路和中华民族的命运，必须在前人探索的基础上，从理论和实践的结合上、社会生活的整体上、战略全局上进行探讨，作出科学说明。这就提出了建立具有整体性特征的学科要求，马克思主义理论学科便应时而生。③

2. 学科基础

马克思主义理论学科的设立不是“白手起家”，而是具有较为扎实的学

---

① 张雷声：《当前设立马克思主义理论一级学科具有一些重要优势》，《思想理论教育导刊》2005 年第 10 期。

② 马永庆：《马克思主义理论学科建设与发展的内在依据》，《学校党建与思想教育》2016 年第 11 期。

③ 梅荣政：《在改革开放中马克思主义理论学科的创建和发展》，《马克思主义理论学科研究》2018 年第 5 期。

科基础。基于马克思主义理论学科的前身是马克思主义理论与思想政治教育学科的历史事实，学界普遍认为，马克思主义理论与思想政治教育学科是马克思主义理论一级学科设立的学科基础，前者的建设积累为设立马克思主义理论一级学科奠定了坚实基础，这主要表现在：马克思主义理论与思想政治教育学科在理论研究、特定的描述对象、语言系统和理论体系结构方面已开始趋于规范化，在硕士点和博士点及一级学科学位授予权的设立、重点研究基地和重点学科的建立、学术研究队伍的形成、各种类型学术会议的召开、学科课程的设置、教学大纲的制定等方面基本趋于成熟，这都为马克思主义理论一级学科设立以后的学科制度建设提供了宝贵的经验。此外，马克思主义理论与思想政治教育学科的整合所产生的学科生长合力，也给马克思主义理论一级学科的设立以重要启示。近年来，马克思主义理论学科、专业建设、科学研究的不断深入，研究水平的提升，专家学者国内外交流的大大加强，也都为马克思主义理论学科建设提供了重要基础。①

（四）关于马克思主义理论一级学科的科学定位

开展马克思主义理论学科建设，首先要解决的就是这一学科的归属和定位问题，从宏观上确定这个学科的性质。只有这样，才能从根本上把握建设这一学科所要坚持的方向和路径。基于此，不少学者从不同方面对这一问题进行了探讨。

1. 性质定位

马克思主义理论学科究竟是一门怎样的学科？其性质和使命是什么？对此，有学者提出，马克思主义理论学科是研究马克思主义基本原理及其形成和发展的历史，研究马克思主义在世界上的传播与发展，特别是研究马克思主义中国化的理论与实践，同时把马克思主义研究成果运用于马克思主义理论教育、思想政治教育和思想政治工作的科学。马克思主义理论学科在中国特色社会主义现代化建设过程中肩负着特殊的历史使命：一方面，马克思主义理论学科承载着建设我国主导意识形态主渠道的重任，是

---

① 梅荣政：《设立马克思主义理论一级学科有充分的客观依据》，《思想理论教育导刊》2005年第10期。

中国特色社会主义从“自信”转向“他信”的重要载体；另一方面，马克思主义理论学科要发挥自身优势，从丰富的社会实践中凝练理论，为中国特色社会主义建设提供决策参考和智库支持。①

2. 角色定位

马克思主义理论一级学科在我国哲学社会科学中处于何种地位、扮演怎样的角色？对此，有学者提出，马克思主义理论一级学科既是我国哲学社会科学中的基础学科，又是领头学科，是关系党和国家前途命运的生命工程学科。这样的定位，使马克思主义在我国学科分类和建设中的地位同它在党和国家政治生活中的地位相平衡，使中国特色社会主义学科分类的特色更加鲜明。② 还有的学者表示，马克思主义理论学科是哲学社会科学的基础学科，不仅具有科学性与真理性，而且具有鲜明的意识形态性与价值性。这一学科所揭示的马克思主义立场、观点与方法具有普遍的指导意义，中国哲学社会科学话语体系的建构和国家意识形态安全的维护都迫切需要发挥马克思主义理论学科的领航作用。③

3. 功能定位

有的学者从学科功能的角度定位马克思主义理论学科，提出，在学理层面，马克思主义理论一级学科应揭示马克思主义理论这一基础性概念的本质及其所蕴含的学科意义上的根本功能和价值；在人才培养层面，马克思主义理论一级学科要用马克思主义理论培养马克思主义者，以之教育和武装人民，为社会主义事业组织主观力量；在社会实践层面，马克思主义理论一级学科要结合新问题、新形势，创新和发展马克思主义。④

4. 价值定位

有的学者指出，事物的价值与功能是事物的本质表现。马克思主义的阶级性、人民性是马克思主义价值的集中体现。马克思主义是无产阶级和

---

① 李辽宁：《论中国特色社会主义与马克思主义理论学科的历史使命》，《学科建设》2013 年第 9 期。

② 梅荣政：《关于马克思主义理论一级学科建设的三个问题》，《思想理论教育》2016 年第 10 期。

③ 陈金龙：《关于马克思主义理论学科领航的若干思考》，《思想理论教育》2015 年第 8 期。

④ 张澍军、冯昆：《学科对象、学科功能与学科意识——关于“马克思主义理论”学科建设的几点思考》，《高校理论战线》2006 年第 9 期。

人民群众的理论武器与行动指南，是马克思主义功能的科学表达。马克思主义理论学科建设必须从价值与功能上充分展现马克思主义的本质，坚持马克思主义理论学科的价值取向。① 有的学者指出，马克思主义理论学科价值定位必须坚持三个原则：一是坚持科学性和革命性相统一的原则，与时俱进地把马克思主义理论建设成为一门学理性较强的基础理论学科；二是坚持学术性与现实性相统一的原则，以学术性为动力实现马克思主义理论研究的综合创新；三是坚持理论与实践相统一的原则，以实践为基础实现马克思主义理论学科的价值目的。②

5. 发展定位

曾骊对马克思主义理论学科定位的具体演进逻辑进行了研究，提出认识中华人民共和国成立以来马克思主义理论学科的发展，要分别从三方面揭示其定位的不变与变：不变的是立党立国的政治定位、理论与实践并重的价值定位以及整体性研究的范畴定位；变的是学科定位的氛围从自卑到自信，学科定位的作用从起家到看家，学科定位的格局从国内到国际，从而发现马克思主义理论学科定位不是一成不变的。站在新时代的历史方位上，必须深刻把握习近平总书记提出的不忘本来、吸收外来、面向未来的要求，客观科学审视马克思主义理论学科定位的不变与变，为学科发展提供更多的理论支撑和实践指导。③ 还有学者指出，明确马克思主义理论学科的发展定位，需坚持马克思主义与时俱进的理论品质，即要在运用马克思主义指导实践和在实践中丰富、发展马克思主义。④

6. 范畴定位

任何学科都要针对该学科特定研究对象或领域，运用特定概念、范畴表达或反映本学科的本质特性、功能特性与社会特性，建构学科概念体系，形成学科标志。没有或缺乏概念体系，学科的内涵难以揭示，边界无法确

---

① 张耀灿：《论马克思主义理论学科的科学发展》，《思想理论教育》2008 年第 3 期。

② 郝潞霞、李红梅：《“马克思主义学科定位与建设思路”学术研讨会综述》，《马克思主义研究》2006 年第 10 期。

③ 曾骊：《不变还是变：马克思主义理论学科定位的演进逻辑》，《思想政治课研究》2020 年第 4 期。

④ 冯刚：《深刻把握新时代马克思主义理论学科：发展的重点》，《思想政治教育研究》2019 年第 2 期。

定，是不可能真正形成和发展独立学科的。因此，有学者提出，要建构马克思主义理论学科的概念体系，确定范畴定位，这就要求要正确处理“三个体系”的关系，即要正确认识和处理马克思主义理论体系、马克思主义理论学科体系、思想政治理论课教材体系的关系。①

（五）关于马克思主义理论学科的重要特征

马克思主义理论学科既有一般学科的共性，也有其特殊性。学界一致认为，马克思主义理论学科的突出属性是学术性与政治性的统一，同时也是科学性与价值性、实践性、理论性与服务性的高度统一，较之其他学科更具复杂性与难度。因此，在学科的建设与发展过程中既要尊重这一学科的特殊性，也要遵循学科建设的一般规律。

同时，学界也普遍赞同，整体性是马克思主义理论学科的显著特征，是马克思主义理论学科的学科规定性与重要学理根据，也是加强马克思主义理论学科建设的生命线。顾海良认为，马克思主义理论一级学科建设的整体性这一显著特点是以马克思主义的科学性和理论组成部分、理论研究领域的内在统一性为根据的，是以马克思主义的实践性、开放性和创造性的统一为前提的，也体现于马克思主义与现实的密切结合之中。② 有的学者指出，马克思主义理论学科是多方面的整体，包括内部与外部、学术与组织、上与下、客观与主观等“两个方面”的协同推进与建设。坚持整体性原则不仅是建设好马克思主义理论学科的需要，更是高校加强马克思主义理论教育和思想政治教育的需要。③

学者们还就马克思主义理论学科整体发展的根据、深刻意蕴与体系构建等问题进行了充分的探讨。袁银传认为，马克思主义理论学科的整体性主要包括马克思主义理论内容的整体性、历史发展的整体性以及研究方法

---

① 郑永廷：《马克思主义理论学科建设定位研究》，《马克思主义研究》2006年第10期。

② 顾海良：《当前马克思主义理论学科建设的主要问题》，《思想理论教育导刊》2006年第9期。

③ 孙其昂：《马克思主义理论学科建设两个方面的协同》，《学校党建与思想教育》2016年第5期。

的整体性。① 关于马克思主义理论学科整体发展的深刻蕴意，兰州大学王学俭教授认为，整体发展是共同发展、协调发展和内涵发展，就马克思主义理论学科整体发展的体系构建，他指出，马克思主义理论一级学科下属的6个二级学科各有特点和优势，应廓清其交叉融合、加强它们之间的相融相通、相互支撑、相互配合，以促进马克思主义理论学科的精细化建设与科学化发展，不断提高马克思主义理论学科发展的整体竞争力；不断优化马克思主义理论学科的资源配置，整合马克思主义理论研究的相关资源，发挥其对马克思主义理论学科发展的保障、支撑和引导作用。②

（六）关于马克思主义理论学科与思想政治理论课的关系

马克思主义理论学科与思想政治理论课的关系问题是高校思政课改革和建设中带有全局性和方向性的重要问题，是一个突出的认识问题和实践问题。马克思主义理论学科建设和高校思政课程改革是马克思主义理论研究和建设工程的基础性工作，要从整体上把握两者之间的关系。

1. 两者相互联系，具有一致性

秦宣指出，中华人民共和国成立以来，马克思主义理论学科建设与思政课的教学改革和发展是相伴相随的，二者相互联系、相互促进，在多方面具有一致性，如指导思想相同、基本目标一致、理论研究内容交叉；此外，还具有科学性、政治性与意识形态性等共同特点，在发展规划、教材建设、队伍建设、人才培养、资金投入以及学科与教学管理等方面也有许多相通之处，二者统一于中国特色社会主义合格建设者和可靠接班人的培养。③

2. 两者相互区别，具有独立性

学界一致认为，马克思主义理论学科与思想政治理论课二者虽然相互联系，具有许多共同点，但也有本质的不同，前者属于学科范畴，后者属于课程范畴，具有明显的异质性，在建设和发展方面有各自的特殊规定性，

---

① 袁银传：《关于马克思主义理论学科整体发展与学科群建设的思考》，《马克思主义理论学科研究》2017年第2期。

② 刘同舫、李爽：《第十一届全国高校马克思主义理论学科博导论坛综述》，《思想教育研究》，2016年第11期。

③ 秦宣：《马克思主义理论学科与思想政治理论课的关系》，《思想理论教育导刊》2007年第3期。

因而具有相对独立性。因此，在马克思主义理论学科建设和高校思政课课程建设的过程中，应遵循二者各自的发展规律，既不能把二者完全等同起来，也不能用学科建设代替课程建设，更不能用课程建设代替学科建设。

3. 两者相互支撑，具有互补性

如有学者指出，一方面，思政课教学吸引力、说服力、感染力与影响力的不断增强，使学生“真学”“真懂”“真信”“真用”，都迫切需要加强马克思主义理论的大众化、科学性、整体性与实践性研究；另一方面，思政课一流教学内容的研究、一流教学团队的培养、一流教材的建设与一流教学效果的建设，也丰富了马克思主义理论学科的内涵、壮大了马克思主义理论的研究队伍、推进了马克思主义理论的大众化研究，系统整体地推动了马克思主义理论学科的发展。① 有的学者提出了马克思主义理论学科对思想政治理论课建设的“四个支撑”，即要在完善马克思主义理论学科培养方案中，提供思政课教师后备人才支撑；要在夯实马克思主义理论学科学术基础上，提供理论创新的学术支撑；要在改进马克思主义理论学科评估体系中，提供相关课程的精品支撑；要在优化马克思主义理论学科交流平台中，提供学习交流的平台支撑。②

4. 两者一体发展，具有协同性

雷德鹏、黄东桂和肖安宝等学者认为，自“05 方案”实施以来，我国高校思政课与马克思主义理论学科进入同步建设的新轨道，我国高校思政课建设实践的一条基本经验及其未来走向是思政课与马克思主义理论学科一体化建设，其重点问题包括体制机制问题、队伍交叉渗透与融合度问题以及学术研究成果向教材体系、教学体系转化问题等。③ 马克思主义理论学科建设的任务是在高校思政课深化改革的背景下提出来的，其在思政课中具有基础性地位与学科支撑作用，马克思主义理论学科的建设与发展以高

---

① 陈德祥：《高校思想政治理论课精品课程建设与马克思主义理论学科的发展》，《思想政治教育研究》2010 年第 2 期。

② 卢黎歌、李迎霞、李华飞：《论马克思主义理论学科对思想政治教育课建设的“四个支撑”——马克思主义理论学科与思想政治理论课关系的初心与现实考量》，《教学与研究》2019 年第 12 期。

③ 雷德鹏、黄东桂、肖安宝：《思想政治理论课与马克思主义理论学科一体化建设问题探究》，《思想理论教育》2015 年第 8 期。

校思想政治理论课为基本的出发点、立脚点和主要服务对象；马克思主义理论学科为思政课提供理论基础与人才基地。

（七）关于马克思主义理论学科建设的主要成就与重要经验

马克思主义理论学科在建设与发展的过程中取得了重要成就，积累了一些重要经验。学术界围绕这一问题展开探讨，取得了丰硕的研究成果。

1. 主要成就

学术界较为一致地认为，马克思主义理论学科设立以来，在改革开放发展的历史进程中，得到了不断发展和推进，学科发展态势较好，学科建设研究取得长足发展，成绩突出，成效显著。主要体现在以下几个方面：一是学科点布局较为合理，已遍布祖国的东西南北中，一些省份成为马克思主义理论学科发展的区域中心。二是学科积累较为深厚，学科点的发展有自身的依托，原有的建设基础良好，学科支撑较为完备。三是学科地位作用日益明确，体现在学科规模拓展提升、学科体系建立健全、引领作用得到凸显、学科凝聚力和吸引力增强等方面。四是学科研究范式逐步形成，表现在学科研究的立场坚定鲜明、学科研究的内容丰富明确、学科研究的方法创新发展等方面。五是学科规范建设大力推进，反映在学科研究方向趋于稳定、学科队伍建设全力加强、人才培养体系逐步完善等方面，学科点的组织机构与思政课的教研机构日趋融合，专业人才培养日益规范等。六是学科规模和水平有了大幅度提高，体现在科研成果显著增多，服务人才培养和服务社会的能力大大增强，围绕我国重大理论与实际问题开展研究与教育成效显著，专业实力显著增强，近年来优秀成果的数量有较大幅度的增加，发表在顶级期刊上的科研论文日益增加，专业化程度明显提高等。

2. 重要经验

马克思主义理论学科在顺应我国改革开放和社会主义现代化建设对马克思主义理论的要求中快速发展。总结其发展经验，不同学者有不同的认识和结论。概括而言，主要有根本经验、宏观经验、中观经验和微观经验四种视角。从根本上说，马克思主义理论学科快速发展，根本原因和最重要的经验在于坚持党的坚强领导，以及党和国家对主流意识形态建设工作的高度重视。从宏观上看，马克思主义理论学科建设的主要经验体现在四个方面：一是适应国家急需，把学科建设与中国特色社会主义建设事业紧密联系在一起；二是坚持育人为本，把学科建设与人才培养紧密结合在一起；三是坚持问题导向，把学科建设与科学研究紧密结合在一起；四是坚持党的领导，把学科建设与队伍建设制度建设组织保证结合在一起。从中观上看，马克思主义理论学科建设与发展的经验主要体现为“四个必须”，即必须坚定不移地坚持马克思主义的指导地位，必须坚定不移地坚持与社会主义改革和现代化建设的伟大实践紧密结合，必须切实抓紧建设一支政治强、业务精、高素质的马克思主义理论队伍，必须始终坚持为思想政治理论课提供学科支撑。还有学者指出，必须坚持马克思主义中国化的正确方向，必须坚持整体研究马克思主义理论，必须坚持为思想政治理论课建设服务，必须深入研究和掌握本学科的建设规律。① 从微观上看，即主要从马克思主义理论学科自身看，其经验主要是“五个坚持”，即坚持马克思主义的指导地位，坚持社会主义办学方向，坚持把建设高素质的师资队伍作为基础工作，坚持为提高思政教育教学水平服务，坚持以清醒的学科意识规范学科建设等。

（八）关于马克思主义理论学科建设面临的机遇和挑战

时代在进步，社会在发展，实践发展无止境，学科建设也无止境。马克思主义理论学科建设面临着新的挑战、机遇与问题，面临着新的形势与任务。就世界而言，国际形势继续发生深刻复杂变化，世界多极化、经济全球化深入发展，文化多样化、社会信息化持续推进，国际格局和国际秩序加速调整演变。适应国内国际形势的发展，应对新挑战需要马克思主义的指导，特别是需要中国化的、时代化的马克思主义指导。

1. 面临的机遇

学界认为，当前马克思主义理论学科发展拥有着理论创新的时代机遇、服务大局的战略机遇、党和国家高度重视的政策机遇以及我国教育改革的转型机遇等诸多宝贵机遇。就政策机遇而言，马克思主义理论学科也许是唯一直接受中央领导关注、由中央思想政治工作领导小组批准、采取特事特办的学科。党中央对马克思主义理论学科的高度重视表现在多方面，比如：其一，马克思主义理论学科设置方案是经中央思想政治工作领导小组

① 陈秉公：《高校马克思主义理论学科建设的基本经验与前瞻》，《中国高等教育》2011 年第 12 期。

批准的。其二，马克思主义理论学科第一批学位授权点的评审是单独安排的（在第十届评审之后）。其三，该学科评审第一次批准的学位授权点数量，即一级学科博士点 21 个、硕士点 73 个，二级学科博士点 103 个、二级学科硕士点 453 个，超过了哲学、政治经济学、国际共产主义运动和科学社会主义、中共党史、政治学等相近学科十多年发展的总和。

2. 面临的挑战

虽然马克思主义理论学科建设面临诸多机遇，但也面临诸多问题和挑战。我们必须清醒地看到，今天制约马克思主义理论学科发展的因素依然存在，甚至发展起来以后的问题不比不发展的时候少。理论界立足市场经济的现实发展普遍认为，当下马克思主义研究和教学面临以下严峻挑战：一是市场经济带来的思想文化的商品化、市场化与学术性和真理性之间存在矛盾和冲突；二是思想文化多元化对马克思主义理论中心地位的冲击和挑战；三是马克思主义理论研究自身存在不足，使得其他学科对其产生偏见。

随着中国特色社会主义进入新时代新发展阶段，马克思主义理论学科建设也面临新的形势与新的任务，这对马克思主义理论学科建设提出了更高的要求。有的学者指出，中共中央办公厅、国务院办公厅印发的《关于进一步加强和改进新形势下高校宣传思想工作的意见》提出了马克思主义理论学科在新形势下发展所面临的新要求：第一，必须明确并坚定马克思主义理论学科发展的目标，这是提升这一学科引领作用与实施其领航计划的根本所在。第二，必须对马克思主义理论学科发展过程中存在的诸多问题严加规范，特别是要坚决反对各种错误倾向。第三，当下，马克思主义理论学科的发展面临着如何进一步拓宽其学科发展视野的一系列重要任务与问题，必须在发挥学科群优势中发展这一学科。① 顾海良指出，习近平总书记从党和国家全局高度对宣传思想工作理论和现实问题的阐述，包含了高校马克思主义理论学科建设的新意蕴，提出了高校马克思主义理论学科

---

① 张雷声：《马克思主义理论学科在改革开放中前行》，《思想理论教育导刊》2018 年第 10 期；李毅：《马克思主义理论学科建设和发展中需要正视的问题》，《思想教育研究》2006 年第 4 期。

建设的新要求和新任务：一是从巩固马克思主义在意识形态领域指导地位的高度，明确学科建设的新的定位；二是从“把全国各族人民团结和凝聚在中国特色社会主义伟大旗帜之下”的高度，把握学科建设的根本任务；三是从“增强国家精神力量”的高度，深化学科建设的重要内涵；四是从“把系统掌握马克思主义基本理论作为看家本领”的高度，承担学科建设的新的使命；五是从传播“着力打造融通中外的新概念新范畴新表述”的高度，拓展学科建设的新视域；六是从“负起政治责任和领导责任”的高度，高校党委要切实找准工作切入点和着力点，更加重视马克思主义理论学科建设。① 曾骊指出，进入新时代，马克思主义理论学科面临与习近平新时代中国特色社会主义思想三重契合问题：第一，如何理解习近平新时代中国特色社会主义思想的“道路之特”及与马克思主义理论学科定向的契合；第二，如何理解习近平新时代中国特色社会主义思想的“发展之变”及与马克思主义理论学科定位的契合；第三，如何理解习近平新时代中国特色社会主义思想的“内涵之新”及与马克思主义理论学科领航的契合。②

面对新形势新任务新要求，现有的马克思主义理论学科建设还不能完全适应需要，主要表现在以下五个方面：一是学科建设的总体水平需要进一步提高，马克思主义理论学科群的建设需要加强。集中体现为：在学科发展上，马克思主义理论学科的综合性与引领性同其学术视野“不平衡”，在学术研究上存在“宽而欠精”的现象，在人才培养上存在“多而欠专”的状况，在支撑教学上存在“全而欠深”的情形，在资政服务上存在“做而欠优”的问题③；在学科体系上，下属各二级学科的发展水平“不平衡”，比如博士点的专业发展与原有的基础不平衡；在学科布局上，马克思主义理论学科的区域设置与发展实力“不平衡”，存在“大而欠强”的局面。科研对教学的支撑辅助作用还不明显，学科研究方向和人才培养不能很好地支撑思政课教学。二是高水平的科研成果还比较少，立足于全球和国家全局高度的具有重大参考价值的成果略为欠缺。三是马克思主义理论有关课程的教学效果需要进一步提升。一些高校的思政课还没有成为受到

---

① 顾海良：《高校马克思主义理论学科建设的新要求》，《中国高等教育》2013（24）。

② 曾骊：《定向·定位·领航：马克思主义理论学科与新思想的三重契合》，《思想政治课研究》2021年第3期。

③ 靳诺：《全面建设一流马克思主义理论学科》，《思想教育研究》2016年1期。

大学生欢迎的课程，马克思主义理论学科课程设置边界不清，公共课教学与专业课教学缺少层次，思政课与马克思主义理论学科建设存在“两张皮”现象。四是马克思主义理论学科的带动力、辐射力和队伍的影响力需要加强。五是学科建设的规范性还有待继续加强。

（九）关于马克思主义理论学科的建设思路与举措

中国特色社会主义进入新时代，改革开放面临再出发，面临新机遇和新挑战，面临新形势新要求和新任务，马克思主义理论学科应何去何从？围绕马克思主义理论学科的建设和发展，学术界既从宏观上、整体上探讨了马克思主义理论学科建设的思路，又从微观操作层面探讨了马克思主义理论学科建设与发展的具体举措。

1. 加强马克思主义理论学科建设必须要有明确的思路

张雷声认为，加强马克思主义理论学科建设，带动教学质量、科研水平、教师素质的整体提升，必须有明确的学科思路、方向、职责和目标：其一，要明确学科发展思路，在凝练学科方向上下功夫；其二，要明确学科建设方向，在提高教学质量上下功夫；其三，要明确学科建设责任，在增强教师学术素养上下功夫；其四，要明确学科发展目标，在夯实学生理论基础上下工夫。① 有学者指出，在新的历史起点上，马克思主义理论学科要坚持以习近平新时代中国特色社会主义思想为指导和根本遵循，扎根中国大地，以我们正在做的事情为中心，围绕当代中国马克思主义、21 世纪马克思主义展开研究，实现学科示范引领发展、分化与整合发展、内涵和质量发展、课程支撑发展和全面均衡发展。② 也有学者从意识形态安全的视角观照马克思主义理论学科建设，提出了以下新的理念与思路：一是强化信仰教育，把高质量的人才培养作为学科建设的落脚点；二是深化理论研究，不断提升马克思主义的理论魅力与现实解释力；三是整合多方力量，共同构建维护主流意识形态安全的防护网；四是加强普及交流，为维护主流意识形态安全营造良好环境。③ 还有学者提出，面临新形势新要求和新任

---

① 张雷声：《高校马克思主义理论学科的建设与创新》，《高校理论战线》2009 年第 1 期。

② 佘双好、董梅昊：《马克思主义理论学科的发展历程及趋势》，《马克思主义理论学科研究》2020 年第 1 期。

③ 李辽宁：《当代中国意识形态安全与马克思主义理论学科的创新发展》，《思想理论教育》2015 年第 1 期。

务，马克思主义理论学科建设应从以下几个方面下功夫以适应国家大势：一要不断提升对马克思主义理论学科内涵的认识，牢固树立“育新人”的目标观，始终坚持“立德树人”的质量观，深刻领悟马克思主义是完整世界观，强化马克思主义经典、原理及创造性运用的教学；二要以时不我待的态度来抓紧师资队伍建设，要端正认识，着力解决教师严重缺编的紧迫问题，从国家层面到学校层面再到学科层面，都要用明确、规范的制度措施，抓紧落实造就三个层次的马克思主义理论人才，即马克思主义理论大家、学科领军人物、较高素质的后备人才，抓紧两头，以老带青；三要抓紧形成更高水平的人才培养体系，要把立德树人融入思想道德教育、文化知识教育、社会实践教育各环节，贯穿高等教育各领域，学科体系、教学体系、教材体系、管理体系要围绕这个目标来设计，教师要围绕这个目标来教，学生要围绕这个目标来学。①

2. 要从整体上推进马克思主义理论学科建设

张耀灿指出，作为整体性研究的马克思主义理论一、二级学科，应当坚持以马克思主义整体性原则为指导。马克思主义理论一、二级学科同分门别类研究马克思主义的学科一样，具有阶级性、科学性、整体性和教育性等突出特点。在马克思主义理论学科建设中，既要研究马克思主义理论体系，又要研究理论教育、思想武装的客观规律。科学把握马克思主义理论学科内涵、正确定位、建设思路的重要前提是必须认真总结历史经验，正确认识和处理其与相关学科的关系，防止和克服学科边界泛化、窄化这两种倾向，具体而言，就是要正确处理马克思主义理论学科内各二级学科的关系、马克思主义理论学科与分门别类研究学科的关系、马克思主义理论学科与哲学社会科学其他学科的关系、理论教研与实践育人的关系、马克思主义理论专业人才培养本硕博各层次的衔接关系等。② 秦宣认为，要从整体上推进马克思主义研究和学科建设，在建设内容上，要注意把握马克思主义理论、马克思主义理论学科的整体性；在建设主体上，要协调处理

---

① 梅荣政：《在改革开放中马克思主义理论学科的创建和发展》，《马克思主义理论学科研究》2018 年第 10 期。

② 张耀灿：《略论马克思主义理论学科的科学发展》，《学校党建与思想教育》（高教版）2008 年第 1 期。

好各种建设力量的关系，调动建设主体的积极性，形成整体性的研究与建设力量；在建设平台上，要注意协调理论研究、课程教学、社会实践、网络媒体之间的关系，着力搭建整体建设的平台；在管理机制上，要协调处理好各管理部门的关系，形成齐抓共管的建设格局。① 有的学者指出，当前的马克思主义理论学科研究还没有充分体现出其自身的整体性与广泛的具体性这种独有的学术特质，其中一个非常重要的原因就是对于马克思主义理论学科应当具有什么样的学术意识认识还比较模糊，没有达成共识。为促进马克思主义理论学科更好地发展，需要培育自觉地研究理论的意识、培育自觉地研究重大现实问题的意识、培育自觉地进入和研究网络的意识、培育自觉地与日常思想政治工作对接的意识、培育自觉地进行中国创新的意识等。还有的学者提出，深入推进马克思主义理论学科整体发展需要处理好以下十种关系，即马克思主义理论与马克思主义理论相关学科之间的关系、马克思主义理论的整体性与各个二级学科之间的关系、马克思主义理论的科学性与阶级性之间的关系、马克思主义理论的理论性与现实性之间的关系、马克思主义理论的真理性与时代性之间的关系、马克思主义理论的世界性和民族性之间的关系、马克思主义理论的学术性与大众化之间的关系、马克思主义理论的体系性与问题意识之间的关系、国内马克思主义研究与国外马克思主义研究的关系、马克思主义理论学科自身建设与马克思主义引领作用的关系。②

3. 要高度重视马克思主义理论学科发展的保障机制建设

有学者指出，提高马克思主义理论学科建设的水平，应该更加重视马克思主义理论学科发展保障环节的构建，以使马克思主义理论学科建设能够在符合学科建设规律的前提下得到科学、持续发展。首先应在思想上高度重视马克思主义理论学科建设；其次，应在遵循学科发展规律的基础上，采取相应的政策，助其尽快走上稳步发展的轨道；再次，应加强制度建设，实行规范化管理，为马克思主义理论学科不断发展提供根本保障；最后，

① 秦宣：《从整体上推进马克思主义研究和学科建设》，《理论视野》2010 年第 3 期。

② 张有奎：《深入推进马克思主义理论学科整体发展的若干问题》，《思想理论教育》2017 年第 6 期。

应针对马克思主义理论学科建设的目标和任务，在文献资源上提供优质服务。① 逄锦聚指出，适应新形势、完成新任务，马克思主义理论学科要站在新的历史起点上，深化改革，着力建设，把学科建设、人才培养和科学研究质量提升到更高的水平：把质量作为中心和生命线，进一步提升马克思主义理论学科的水平和质量；加强马克思主义理论学科体系（马克思主义理论学科体系主要是指由马克思主义理论一级学科和所属的二级学科构成的体系）中的整体性研究和学科群（马克思主义学科群主要包括马克思主义理论学科和马克思主义哲学、政治经济学、科学社会主义、文学、史学、新闻学、法学、社会学、政治学、民族学、宗教学等在内的马克思主义的各个组成部分的学科）建设，提升马克思主义理论学科的引领作用，发挥马克思主义理论学科的带动力和辐射力；进一步建设高水平教师队伍，为马克思主义理论学科建设提供人才保证；加强领导和组织机构建设，为马克思主义理论学科发展提供组织保证。还有学者指出，推进马克思主义理论学科建设与发展，从整体上把握马克思主义理论学科与思政课之间的关系是前提，师资队伍建设是核心要素，健全的制度是基本保障。另外，强有力的组织管理工作也是有效解决学科发展历史遗留问题与层出不穷新问题的重要保障。②

4. 要优化马克思主义理论学科的课程设置

有学者就马克思主义理论学科课程设置的基本原则进行了研究阐述：一是必须着眼整体大局、整合研究力量，充分运用马克思主义理论整体的发展机制，整合课程内容，遵循理论的整体性研究原则，以马克思主义的科学性与学术性带动其意识形态功能的体现；二是创新研究思维，课程体系的构建必须以提高学生的创新素质与能力为准则；三是拓宽关注视域，坚持专业宽、基础厚和能力强三者相统一，加强其马克思主义理论素养与完善其人文社会科学知识结构；四是要遵循专业教育与通识教育相结合的原则，在本科教育中设立马克思主义理论学科的基础课程与专业课程，且

① 纪亚光：《论马克思主义理论学科建设的保障环节》，《思想理论教育导刊》2013 年第 10 期。

② 逄錦聚：《站在新的历史起点建设更高水平的马克思主义理论学科——写在马克思主义学科增设十周年之际》，《马克思主义研究》2015 年第 8 期。

从硕士研究生的基础与专业课程中提炼出各二级学科共同的核心与主干课程，解决好课程内容的整合这一难点和问题。[①] 有学者指出，应打通圈子壁垒，为不同梯队的高校搭建学科建设和课程建设交流的平台；在学科点建设评估、职称评聘中适当增加思政课建设（教学）效果的权重；用好权威教学资源，增强科研对教学的支撑辅助作用；完善马克思主义理论学科的研究方向和人才培养方案。[②]

5. 要提高马克思主义理论学科的学术研究水平

学术研究水平是反映学科建设水平的重要标志。开展学术研究也是学科建设的重要内容。高水平的研究成果，能对学科形成有力的支撑和拉动作用。由此，有学者指出，要进一步凝练马克思主义理论的学科方向，产出高水平科研成果，扩大学术影响力，开拓新时代马克思主义理论学科学术研究新境界。新时代马克思主义理论学科建设和发展面临着历史性的条件与机遇，也肩负着历史性的使命和任务。为更好适应新形势新使命新任务的需要，有的学者为马克思主义理论学科开展学术研究提出了建设性的意见建议，强调指出，这一学科建设要着力于学术研究和理论创新，加强学科基本概念和理论范畴的凝练。梁杰皓指出，要打造一个更加开放包容的学科平台，有更加鲜明和独特的研究方向，构建“共商共建共享”的协作共同体。[③] 用中国马克思主义理论和学术话语体系解读中国实践、中国道路，不断概括出理论联系实际的、科学的、开放融通的新概念、新范畴、新表述，发展具有中国特色、中国风格、中国气派的21世纪中国马克思主义；要深入研究马克思主义理论学科中的基本理论问题和习近平新时代中国特色社会主义思想，发挥好马克思主义理论学科的特殊功能和作用，注重这一学科的方向性、学术积累和共同发展。[④]

6. 要加强马克思主义理论学科的人才培养

理论界的研究成果表明，新时代对马克思主义理论学科的专业人才培

---

① 张雷声：《马克思主义理论一级学科总体建设》，《思想理论教育》2007年第11期。

② 王军、朱喆：《马克思主义理论学科与思想政治理论课的支撑互动分析》，《思想教育研究》2016年第7期。

③ 梁杰皓：《马克思主义理论学科建设和发展的历程、问题与对策》，《西部学刊》2019年1月上半月刊（总第82期）。

④ 田克勤、张泽强：《进一步加强马克思主义理论学科建设的几个问题》，《毛泽东邓小平理论研究》2017年第5期。

养提出了新的更高的要求，但马克思主义理论类专业的建设现状与卓越人才培养的现实要求还存在着很大差距。就目前来说，由于学科办学实力不足、资源整合能力欠佳、缺乏学科信仰、科研态度不够端正、理论基础知识较为薄弱、缺少浓厚科研氛围等原因，马克思主义理论学科研究生整体的科研水平不高、理论研究的问题意识不足、科研创新能力不强且人才培养供给侧存在不容忽视的问题和挑战。因此，学者们提出，马克思主义理论学科人才培养质量的提高是一项系统工程，需要多措并举与综合施策。① 第一，要加强马克思主义理论科领域人才培养的顶层设计与宏观管理。制定专业卓越人才的培养计划，设立马克思主义理论本科专业；加强对专业人才培养过程的管理与监控，制定明确的专业建设基本规范与建设门槛，不断提升人才培养质量；为马克思主义理论本科专业的建设提供相关政策支持。② 有的学者提出，需要从夯实办学基础、坚定学科信仰、以需求和问题为导向、注重经典著作全面系统学习、注重实践教学体系建设、寓科研能力培养于教学中、营造良好科研与学术氛围以及加强科研组织管理制度保障等方面着手，不断提升马克思主义理论学科人才培养质量，进一步处理好政治旨趣与学理性质、学习心态与学术生态、研究方向与学科视野、经典张力与时代现实、科学研究与教学素养等基本关系。第二，要改进和优化马克思主义理论学科的人才培养模式。③ 有的学者指出，马克思主义理论一级学科的人才培养以兼具理论创新能力与实践能力为根本目标，坚持知识、能力与素质的辩证统一，具有专业宽、基础厚和能力强等综合性特点。鉴于此，本科教育必须设立马克思主义理论一级学科专业，研究生教育必须设立六个二级学科专业。④ 有的学者提出，要全面建设马克思主义理

① 刘武根：《论提高马克思主义理论学科研究生培养质量的途径》，《思想理论教育导刊》2017 年第 10 期。

② 佘双好：《武汉大学马克思主义学院建设基本经验与发展设想》，《高校马克思主义理论研究》2016 年第 4 期。

③ 邵彦敏、陈诗：《关于提升马克思主义理论学科研究生科研能力的思考》，《思想政治教育研究》2015 年第 3 期；庞立生：《关于马克思主义理论学科研究生培养中若干关系的思考》，《思想教育研究》2019 年第 7 期；朱艳红、苏守波：《马克思主义理论学科研究生培养质量研究》，《山东理工大学学报（社会科学版）》2017 年第 6 期。

④ 张雷声：《马克思主义理论一级学科总体建设》，《思想理论教育》2007 年第 11 期。

论学科本硕博一体化人才培养体系，这既是加强思政课教师队伍建设的客观要求，也是创新马克思主义理论学科人才培养模式的有效路径；应实现专业人才培养的循序渐进与衔接贯通，更加注重内涵式、体系化和系统化的人才培养模式，从完善人才培养体系、创新招生方式、强化课程体系建设、推动学术交流与创新培养机制等方面发力，注重优化存量、提高增量，保持人才引育流量的可持续性；大胆创新完善人才选育选拔机制；树立系统观念贯通设计，构建全学科、一体化的人才培养制度；坚持“专业匹配、人岗相适”的就业导向，不断提高人才培养质量，确保专业人才学有所用。① 第三，要综合运用多维创新思维模式培养马克思主义理论学科人才。有的学者指出，新时代马克思主义理论学科研究生培养需要综合运用多维创新思维模式，这一思维模式由夯实功底的求是思维方式、追本溯源的历史思维方式、全球视野的比较思维方式、知己知彼的联系思维方式、系统整体的全局思维方式、批判反思的辩证思维方式、尽心尽力的无我思维方式和众智集成的聚合思维方式八大思维方式组成，它们是相互作用、不可分割的整体。在马克思主义理论学科研究生培养过程中，师生作为学习共同体综合运用这一思维模式，有利于培养符合时代发展要求的创新型研究生。②

7. 要加强马克思主义学院建设

马克思主义理论学科的建设与发展需以马克思主义学院（以下简称“马院”）的建设与发展为依托，马院的建设关乎高等教育事业发展全局。党的十八大以来，中央和地方都高度重视我国高校马院的建设与发展。2021年，中共中央办公厅印发的《关于加强新时代马克思主义学院建设的意见》从重要意义、总体要求、扎实推动马院内涵式发展、强化马院建设政策支撑机制、建强建优全国重点马院和切实加强党对马院建设的领导等方面，

---

① 靳诺：《全面建设马克思主义理论学科本硕博一体化人才培养体系——学习习近平总书记学校思想政治理论课教师座谈会 重要讲话精神》，《马克思主义理论学科研究》2019 年第 2 期；刘方涛、程云蕾：《对马克思主义理论学科本硕博一体化人才培养的思考》，《学校党建与思想教育》2021 年第 20 期。

② 陆树程、李佳娟：《论新时代马克思主义理论学科研究生培养的思维模式》，《思想理论教育导刊》2020 年第 5 期。

指明了方向和进路。新时代，党中央和地方各级党委的高度重视与支持，为高校马院的全面建设发展提供了难得的历史机遇。但由于大气候与各不同层次马院所面临的真实小环境之间存在着阶段性错位，全国马院在办学条件、教学科研实力与师资队伍建设等方面存在相当大的差距。同时，马院发展普遍存在一些问题，如学科布局“大而欠强”、学科整合“分而欠清”、教师队伍“杂而欠专”、学术研究“宽而欠精”、课程教学“教而欠育”、学生对思政课“认而欠同”、资政服务“做而欠优”等。鉴于此，有学者提出要大力加强马院建设。第一，要坚持党对马院建设工作的领导。党的领导是新时代马院建设发展的根本保证，既是马院坚持“马院姓马，在马言马”鲜明导向和办学原则的根本体现，又是马院守好学习研究宣传马克思主义主阵地的根本前提，也是马院建设发展和行稳致远的根本保障。坚持党对马院建设的领导，主要体现在加强组织领导、强化政策落实和严格督导考核等方面。要把政治建设摆在首位，坚持和完善党委领导下的校长负责制，抓好马院领导班子这支关键队伍，形成明方向、讲制度和抓主体的链条，把党的领导贯穿于新时代马院建设的方方面面，确保党对马院建设的领导落实落细落小。① 第二，要坚持以习近平新时代中国特色社会主义思想为指导。要在“马”言“马”、在“马”信“马”、在“马”用“马”、在“马”护“马”以及在“马”兴“马”；要立足实际、走在前列，抓住问题、创新发展，勇于担当、不辱使命，抓好统筹、形成合力，深耕主业、巩固基业，建强学科、厚植优势，站在高地、守住阵地，认清形势、着眼大事，把握主题、紧跟时代，举旗亮剑、立德树人，认真履责、努力建设，精准发力、提升实效。② 第三，要推动马院走内涵式发展道路。有的学者指出，内涵式发展应该是马院建设的重中之重，这是党和国家培养时代新人的要求，是落实马克思主义在意识形态领域指导地位根本制度的需要，是用习近平新时代中国特色社会主义思想铸魂育人的需要。要从加强马克思主义理论学科建设发挥马克思主义理论学科领航作用，推进思想政

---

① 王易：《新时代建好建强马克思主义学院关键在于坚持党的领导》，《思想理论教育导刊》2021 年第 12 期。

② 《推动马克思主义学院发展上“高原”、起“高峰”》，《湖南日报（理论 · 学习）》2016 年 5 月 17 日第 009 版。

治理论课改革创新，加强课程体系与教材体系建设并强化创新成果转化，加强马克思主义理论研究宣传，着力打造高素质教师队伍，提高专业人才培养质量等方面下功夫扎实推动马院内涵式发展。① 第四，要发挥重点马院的引领作用。有的学者指出，重点马院具有示范引领作用，要继续打造一批重点马院。重点马院的建设要凝聚学科方向做大做强马克思主义理论学科，要精心设计培养方案、培养马克思主义理论与实践的高端人才，关注社会思潮和热点问题、引领社会舆论的主动权和话语权，要加强领导班子建设和青年教师队伍建设，加强智库建设，要用马克思主义学科自己的语言和研究范式来研究社会现象，做好顶层设计与分工，让不同地区的马院有自己的特色；重点马院要支持所在地的其他高校马院建设，等等。②

8. 要加强马克思主义理论学科的期刊和数据库建设

研究表明，马克思主义理论学科期刊和数据库的建设与学科建设相辅相成，学科期刊和数据库是传播马克思主义理论的学术平台，是开展马克思主义理论交流的重要载体，期刊和数据库的建设与发展对规范马克思主义理论学科建设、提高学科的学术研究水平，具有极为重要的意义。基于以上认识，学界认为：第一，自马克思主义理论一级学科设立以来，学科期刊建设取得了较大进展，但也还存在着统一性不强、同质化严重、传播力较弱以及管理不足等问题。为此，马克思主义理论学科期刊要怀着强烈的责任感和使命感，主动面向现实，强化问题导向，积极适应环境，拓宽学术视野，强化比较和对话，积极承担丰富和发展马克思主义、促进思想与现实相互靠近的学术使命，不断探索繁荣和发展马克思主义理论研究的实践路径；强化学术性与政治性的统一、提升办刊质量和特色、推动理论传播和现实问题的深入讨论、强化管理水平和队伍素质。第二，马克思主

---

① 马晓琳、刘敏：《新时代马克思主义学院内涵式发展的四重进路》，《中国高等教育》2022年（Z1）；李建华：《扎实推进高校马克思主义学院的内涵式发展》，《中国高等教育》2021年第19期；谢晓娟、冯贺：《扎实推动马克思主义学院内涵式发展》，《思想理论教育导刊》2021年第12期。

② 将占峰：《“马克思主义理论学科发展与思想政治理论课创新论坛”述要》，《教学与研究》2017年第7期；燕连福：《新时代全国重点马克思主义学院建设面临的问题、机遇与发展对策》，《高校马克思主义理论研究》2018年第4期；卢黎歌、隋牧蓉：《关于全国重点马克思主义学院发挥引领示范作用的思考》，《马克思主义理论学科研究》2017年第6期。

义理论专题数据库的建设是这一学科发展与专业个性化需求的产物，在学科建设中具有深远的意义。数据库通过对专业文献的采集与整合使相关纸本资源数字化，读者可以通过数据处理与网上全文浏览马克思主义理论专业经典名篇、必读书目与其他文献资料，老师和学生们通过信息平台能够快速准确地了解马克思主义理论的精髓，从而使其迅速成长与成熟。但由于人为差异因素的存在，以及相关工作人员数字资源管理能力与服务质量意识仍有待提高等方面的原因，直接影响了元数据的标引质量与数据库建设的质量。为此，要大力加强马克思主义理论专题数据库的建设。第三，国内学界还就如何通过科学的学术评价加强马克思主义理论阵地、学术阵地建设等问题展开了探讨。理论界一致认为，开展马克思主义理论学科期刊评价系统研究，对于引领马克思主义理论学科发展方向、构建马克思主义理论学科权威评价体系具有重要意义。学术期刊要把握国内外马克思主义研究的前沿与趋势，刊发具有时代意义的优秀论文，把相关刊物建设成为坚持和发展马克思主义的坚强阵地和反映当代理论、学术研究前沿的重要平台，为中国特色社会主义事业提供学术引领和智力支持，为建构中国特色社会科学和学术话语体系、不断开辟马克思主义中国化新境界作出贡献。

（十）关于马克思主义理论学科所属二级学科的建设与发展

1. “马克思主义基本原理”学科的建设与发展

马克思主义基本原理学科，经过多年的建设发展，在学术研究、学科建设以及“马克思主义基本原理概论”课程建设方面取得了明显的进展。学界对这一学科建设与发展的研究，也取得了较为丰厚的研究成果。

关于马克思主义基本原理学科的定位。有的学者认为，马克思主义基本原理是马克思主义理论一级学科所属的二级学科，既在内容上凸显马克思主义理论的学科特性，又从整体上统筹和引领其他二级学科的发展。①

关于马克思主义基本原理学科存在的问题，研究者从宏观与微观层面出发，指出“马克思主义基本原理”这一二级学科的建设既有宏观层面上的问题，也有微观层面上的问题。宏观层面的问题是对学科建设思路的把

---

① 左路平：《马克思主义基本原理学科的定位、问题域与未来发展——全国首届马克思主义基本原理学术研讨班会议综述》，《马克思主义理论学科研究》2021 年第 7 期。

握，要解决的问题是按照分科性思路还是整体性思路来建立学科体系。微观层面的问题是每个学科点对学科建设内容和学科队伍的把握，要解决的是学科规划、科学研究、人才培养问题，以及学科带头人和导师队伍的建设等问题。①

对本学科宏观层面的研究中，有学者从学习贯彻习近平新时代中国特色社会主义思想的角度，对新时代马克思主义理论一级学科及其二级学科学术发展进行了思考。②

在微观层面的研究中，主要围绕“马克思主义基本原理概论”课程教学展开。一是关于教学内容。有学者从“马克思主义基本原理概论”教学内容出发，认为“马克思主义基本原理概论”课教学内容供给和教材体系建构应有更强的问题意识及现实针对性，更注重唯物史观基本原理的教学，加强对马克思主义关于社会建设思想和世界历史思想的研究和阐释。③ 也有学者指出，马克思主义基本原理是对马克思主义经典原著的内容凝练和理论概括，因此要把经典原著融入“马克思主义基本原理概论”课教学，这有助于解决重复教育问题、丰富基本原理内涵、防止教条主义。融入过程中还应坚持以基本原理为主导、保持基本原理整体性和基本原理联系社会实践的三条原则，注意处理好基本原理阐释与经典原著印证、引证式融入与精读式融入、纸质文本与电子媒介三个结合④，从而努力将“马克思主义基本原理概论”课建设成为学生喜欢、受益、难忘的课程。⑤ 二是关于教学的实现路径。有学者对教学的实现路径进行了研究，指出在教学专题设计上要以习近平新时代中国特色社会主义思想为指引，保障专题的正确政治方向；在教学主旨上要以讲授基本原理知识为载体把习近平新时代中国特

---

① 顾钰民：《把握“马克思主义基本原理”学科建设的三大要点》，《思想理论教育导刊》2008 年第 3 期。

② 孙熙国：《习近平新时代中国特色社会主义思想与马克思主义基本原理研究的新境界》，《思想理论教育导刊》2018 年第 3 期。

③ 黄伟力：《优化“马克思主义基本原理概论”课教学内容供给与教材体系的思考——学习习近平总书记在纪念马克思诞辰 200 周年大会上的讲话》，《思想理论教育》2018 年第 7 期。

④ 杨宏伟、刘栋：《经典原著融入“马克思主义基本原理概论”课教学的探索》，《思想理论教育》2016 年第 10 期刊。

⑤ 林怀艺：《“原理”课教学中的经典著作学习引导》，《思想理论教育导刊》2014 年第 2 期。

色社会主义思想的理论精髓讲清讲透，引导学生坚定马克思主义信仰；在教学理念上要坚持整体性教学理念，使学生领会习近平新时代中国特色社会主义思想始终贯穿着马克思主义的基本立场、观点和方法的整体性本质。① 也有学者从教学的讲述路径出发，指出："马克思主义基本原理概论"课专题化教学的讲述路径应当把握四种取向，即情境取向、经典取向、比较取向、实践取向，据此，从真理到价值、从历史到逻辑、从立场到方法、从理论到实践，全面揭示马克思主义基本原理的意蕴，彰显其理论价值和实践价值。② 三是关于教学方法。更多学者关注了教学方法，提出了借鉴教育叙事研究的讨论与方法，构建"原理"课叙事式教学法，从叙说什么、谁在叙说、叙说文本、如何叙说四个方面开展叙事式教学，能够有效调动学生学习的积极性、主动性，增强课堂教学的针对性和实效性，使学生在理性上接受、情感上认同、行动上践行马克思主义。③ 四是关于教学原则。有学者从理论联系实际的角度出发，指出在"马克思主义基本原理概论"课教学过程中，理论联系实际是最基本的一个原则。由于实际层次的不同，理论联系实际也有着不同的层次或形态，即理论要联系理论的实际、理论要回答实践中的重大社会问题、理论要在自己的实际工作中加以具体运用。④ 此外，在教学探索中，有学者研究了教学导向性与科学性的关系，指出导向性是"马克思主义基本原理概论"课教学的根本原则，而科学性则是"马克思主义基本原理概论"课教学的重要基础。"马克思主义基本原理概论"课应正确认识和处理好两者的关系，努力实现导向性和科学性的统一。⑤

2. "马克思主义发展史"学科的建设与发展

"马克思主义发展史"学科的历史不长，对该学科建设的探讨主要集中

---

① 郭彩星、阎占定：《"马克思主义基本原理"课专题化教学的实现路径》，《学校党建与思想教育》2022 年第 1 期。

② 汪涛、李建森：《"原理"课专题化教学的四条讲述路径》，《思想理论教育导刊》2013 年第 4 期。

③ 王强：《"马克思主义基本原理概论"课叙事式教学方法探索》，《思想理论教育》2015 年第 7 期。

④ 周泽红、黄伟力：《"马克思主义基本原理概论"课教学导向性与科学性的关系探析》，《思想教育研究》2009 年第 11 期。

⑤ 常宗耀：《论理论联系实际的三种形态——"马克思主义基本原理概论"课教学探究》，《学校党建与思想教育》2011 年第 34 期。

在学科建设中的概念界定、学科建设与发展现状、不同视域下对学科建设的思考三个方面。

在概念界定上，有的学者从马克思主义史学史视域出发，对马克思主义史学展开客观理性的探讨，寻找其深层学术意蕴。目前既有的马克思主义史学史研究仍不够充分，如何才能进一步拓展研究视野，体现其研究深度与创新意识，是亟须面对的难题。① 有的学者从本学科基础理论出发，认为可以从马克思主义发展的本质理论、条件理论、道路理论、主体理论、阶段理论、规律理论和研究方法等七个方面，理解本学科的基础理论，并对其进行初步探索。② 有的学者从学科的特点出发，认为明确马克思主义发展史这门学科的建设方向，对于马克思主义理论学科的发展来说至关重要。③

在学科建设与发展现状上，顾海良将马克思主义历史发展的过程与阶段划分为五个阶段，强调指出，对马克思主义发展史的研究，首先应该有一个“过程”的描述或者概括，若没有对“过程”的理解，就难以对马克思主义的历史发展及其科学价值作出准确的判断。他还指出，对马克思主义发展史的研究，重要的并不是刻意地将它划分为几个阶段，而是准确描述和叙述马克思主义历史发展的过程，展示马克思主义历史发展的轨迹和脉络，从中得出规律性结论。④ 有学者则从该学科的研究主线入手，对该学科领域内的八个不同研究主线进行了介绍与辨析。⑤

在不同视域下对学科建设的思考上，有的学者从马克思主义传播史的角度出发，指出目前在宏观层次上几乎已经穷尽了所有问题，要向前推进，就需要借用物理学的思维方法，向微观层次进军。在这个视角下，马克思主义传播史研究涉及一个学科群，至少包括马克思学、列宁学、马克思主义学、马克思主义典藏体系研究、马克思主义经典文本系列考据解读、马

① 赵庆云：《马克思主义史学史视域下的概念研究》，《史学集刊》2021 年第 4 期。

② 梁树发：《马克思主义发展史的基础理论》，《思想理论教育导刊》2012 年第 7 期。

③ 韩喜平：《把握“马克思主义发展史”学科建设的方向和特点》，《思想理论教育导刊》2011 年第 11 期。

④ 本刊记者：《马克思主义发展史研究的若干问题——访国家教育行政学院院长顾海良教授》，《马克思主义研究》2012 年第 10 期。

⑤ 韩喜平、闵凯：《“马克思主义发展史”研究主线的选择与辨析》，《思想理论教育导刊》2013 年第 1 期。

克思主义在世界的传播、马克思主义在中国的传播等。[①] 有的学者则从马克思主义发展史视域出发，关注马克思主义研究的新进展，指出研究马克思主义发展史必须做到逻辑还原、文本还原、历史还原三者有机统一、互相印证，才能避免独断论；必须做到逻辑和历史、事理和史实紧密结合高度一致，它才能是科学的、有预见力的，从根本上消除苏联范式带来的不利影响。[②]

3. “马克思主义中国化研究”学科的建设与发展

马克思主义中国化研究学科近年来发展迅速，成果丰厚。目前学界主要从该学科的基本理论与概念、发展现状与问题、不同视角下对学科建设的思考、人才培养四个方向对该学科的建设与发展进行研究。

在学科理论与概念建设与发展上，有学者探讨了学科设立的必要性和意义，确定了学科研究方向和领域及其培养方案，探究了如何正确处理本学科与其他二级学科关系等问题。[③] 在学科定位上，有学者指出马克思主义中国化研究学科是马克思主义理论一级学科所属的二级学科，在其中处于中心地位，是一门经验性、规范性和理论性学科；马克思主义中国化研究学科的精神实质在于有效地促进意识形态领域的认同性整合。[④] 在学科建设上，有学者对学科研究对象、研究内容进行了研究，提出了学科建设原则，探讨了学科建设方法。[⑤] 有的学者从学科发展的重点出发，指出要进一步推进马克思主义基本原理同中国具体实际相结合，切实把握马克思主义理论中国化研究学科发展本质，不断与时俱进，把握马克思主义理论中国化研究学科发展的时代特征；同时要加强马克思主义理论学科群建设，强化学科协同；完善马克思主义理论人才选拔和培养，不断增强马克思主义理论人才队伍的理想信念、理论素养、专业技能以及育人能力。[⑥] 在学科的文献

---

① 杨金海：《马克思主义发展史学科群建设之思——马克思主义传播史研究视角》，《北京行政学院学报》2018 年第 1 期。

② 桁林：《马克思主义发展史研究中的“还原论”和“结合论”——马克思主义发展史视域中的马克思主义研究新进展》，《天津行政学院学报》2012 年第 4 期。

③ 田克勤：《“马克思主义中国化研究”学科设立的意义》，《东北师大学报》2006 年第 5 期。

④ 王飞南：《马克思主义中国化研究的学科定位与精神实质》，《吉首大学学报（社会科学版）》2012 年第 4 期。

⑤ 王炳林、张立梅：《“马克思主义中国化研究”学科建设论纲》，《教学与研究》2013 年第 4 期。

⑥ 冯刚：《深刻把握新时代马克思主义理论学科发展的重点》，《思想政治教育研究》2019 年第 2 期。

构建上，有学者认为马克思主义理论学科的文献建构，要彰显马克思主义理论学科的基本特征、反映马克思主义理论的各类文本、拓宽马克思主义理论文献的范围、强化马克思主义理论的教育功能。

在学科发展现状与问题上，学者们从不同的时间节点出发，探讨了不同时期的“马克思主义中国化研究”学科现状、学科性质、研究对象、研究体系、研究内容、研究方法，与马克思主义理论一级学科中其他5个二级学科的关系等。① 也有学者指出了学科建设与发展过程中面临的问题，特别提出在学科建设过程中务必要处理好与其他二级学科的关系；② 处理好马克思主义中国化研究中过程研究与成果研究的关系；处理好整体性研究与分科性研究的关系；把握好基础理论研究与问题研究的关系；还必须不断完善学科点的培养方案；加强学科队伍建设。③

在不同视角下，学者们提出对建设本学科的不同思考。一是以马克思主义哲学中国化学科研究为视角。有学者指出为了回应世界性的现代化思潮和中国特色社会主义实践的发展，要加强马克思主义哲学中国化学科的理论研究，在理论创新和方法论创新的双重维度上探索构建中国的马克思主义哲学学科体系的思路。④ 二是在社会治理视角下，有学者指出新时期马克思主义中国化研究学科建设应以培育社会主义核心价值观为目标定位，增强社会主义意识形态吸引力和凝聚力；以实现“四个全面”战略布局为路径选择，进行中华民族伟大复兴的中国梦研究、与时俱进的中国化马克思主义研究、马克思主义法治观研究、马克思主义政党观研究；以服务“五位一体”建设为内容，进行马克思主义经济学、马克思主义政治学、马

① 师吉金：《2008年以来“马克思主义中国化研究”学科建设研究述评》，《探索》2014年第2期；程连升、邢江平：《“马克思主义中国化研究”学科建设研讨会综述》，《党史研究与教学》2009年第4期；顾钰民：《“马克思主义中国化研究”学科建设研究述要》，《思想理论教育导刊》2009年第11期；顾钰民：《“马克思主义中国化研究”学科研究报告》，《思想理论教育导刊》2013年第8期。

② 杨昕：《2006年马克思主义理论学科建设研究综述》，《思想理论教育》2007年第5期。

③ 赵付科：《“马克思主义中国化研究”学科建设研究综述》，《当代世界与社会主义》2010年第2期。

④ 李俊文：《构建新时代马克思主义哲学学科体系的思考——以马克思主义哲学中国化学科研究为视角》，《学习与探索》2019年第11期。

克思主义社会学、马克思主义文化学、马克思主义生态学为分支的学科化建设。① 三是在学科交叉与学科关系的视角下，在马克思主义理论一级学科下的六个二级学科中，马克思主义中国化研究学科具有举足轻重的地位。马克思主义中国化研究学科与其他五个二级学科之间既有区别，也存在着功能互补，交叉与渗透的联系。② 有学者指出马克思主义中国化同中共党史、马克思主义政治学的研究范围存在着学科互涉情况，但在研究层面上也有明晰的区分。③ 有不少学者从自身研究领域出发，对马克思主义中国化研究二级学科提出了建设与发展的意见。④

从人才培养的角度，本学科主要关注中国化马克思主义理论教育与教学以及对研究生的培养。在学科建设上，深入研究“马克思主义中国化研究”学科建设，探讨该学科设立的必要性和意义，确定学科研究方向和领域及其培养方案，探究正确处理该学科与其他二级学科关系等问题，对进一步加强和改进高校思想政治教育工作具有重要的战略意义和现实意义。⑤ 在研究生培养上，有学者指出，“马克思主义中国化研究”专业博士生培养质量的提高必须要适应当代中国研究生教育质量提升的整体背景，坚持高端引领，创新“马克思主义中国化研究”专业博士生培养观念；优化博士生课程的设置，创新“马克思主义中国化研究”专业博士生培养模式；提高博士生科学研究的能力和水平，创新“马克思主义中国化研究”专业博士生培养机制。⑥

---

① 平章起、魏晓冉：《社会治理现代化过程中的马克思主义学科建设》，《理论与现代化》2017 年第 1 期。

② 刘霞、杨菲蓉：《马克思主义中国化研究学科建设中的若干关系》，《理论与改革》2010 年第 6 期。

③ 李怡：《学科互涉中的“马克思主义中国化研究”》，《贵州社会科学》2010 年第 12 期。

④ 程美东：《关于马克思主义中国化研究学科发展若干问题》，《南京政治学院学报》2012 年第 3 期；姚宏志：《马克思主义中国化研究学科建设基本问题述论》，《教学与研究》2010 年第 5 期；顾钰民：《论“马克思主义中国化研究”二级学科建设》，《理论学刊》2009 年第 8 期；张静如：《关于马克思主义中国化研究学科建设的一点想法》，《党史研究与教学》2009 年第 3 期；周中之、李进：《马克思主义中国化研究学科建设之初探》，《马克思主义研究》2008 年第 5 期。

⑤ 宋连胜：《“马克思主义中国化”学科建设与思想政治理论教育和教学》，《东北师大学报》2006 年第 5 期。

⑥ 孙蚌珠、程美东：《马克思主义理论学科人才培养要以研习马克思主义经典为基础——北京大学马克思主义学院博士生中期考核改革纪实》，《湖南社会科学》2017 年第 1 期。

4. “国外马克思主义研究”学科的建设与发展

国外马克思主义研究学科的成果较少，主要集中在对国外马克思主义研究学科内容的探讨、研究意义的探讨、研究历史与现状的评议以及对我国研究国外马克思主义四个方面。

在国外马克思主义研究学科的内容方面，学者们对国外马克思主义研究学科的研究范围、研究内容、研究对象进行了介绍。运用不同的标准，对国外马克思主义研究学科的边界进行了界定。① 有学者对国外马克思主义研究的学科内涵进行了梳理，并指出国外马克思主义研究学科师资力量的集中和整合以及教材建设是当前面临的迫切任务。② 有学者对不同时期的国外马克思主义研究中心进行了比较，指出20世纪的国外马克思主义研究是以西方为中心的。但自21世纪以来，无论是从国外马克思主义自身的发展，还是我国的国外马克思主义研究来说，中国的发展及其带来的世界历史性影响都是21世纪国外马克思主义研究中不可绕过的问题。21世纪国外马克思主义研究需要进行研究中心的转换，将中国及其与世界关系的研究作为一个重要的维度纳入理论视域，并在中国与世界的互动关系中寻求人类性问题的解答思路。③

在国外马克思主义研究学科的研究历史方面，不同学者站在不同的时间节点上。有的学者对国外马克思主义研究70年的历史演进、发展成就与时代趋势进行介绍；④ 有的学者以近30年来对国外马克思主义理论的学术研究为基础，探讨国外马克思主义研究学科建设；⑤ 有的学者则对改革开放以来我国“国外马克思主义”研究进行了回顾与反思，指出以后的研究应

---

① 孙伟：《关于国外马克思主义学科边界、研究范围、研究对象的探讨》，《马克思主义哲学》2022年第1期；隽鸿飞：《论国外马克思主义研究学科的边界》，《马克思主义理论学科研究》2021年第7期。

② 梁树发：《国外马克思主义研究的学科内涵及建设》，《思想理论教育导刊》2007年第3期。

③ 隽鸿飞、张海成：《21世纪国外马克思主义研究中心的转换》，《马克思主义理论学科研究》2020年第1期。

④ 亓光、魏凌云：《国外马克思主义研究70年：历史演进、发展成就与时代趋势——“第六届全国国外马克思主义研究论坛”综述》，《马克思主义研究》2019年第12期。

⑤ 隽鸿飞、张爽：《国外马克思主义研究及其学科发展状态研究》，《思想理论教育导刊》2013年第7期。

重视价值判断与事实判断相结合、传统研究与追踪研究相结合、学术意识与问题意识相结合、理论建设与学科建设相结合。①

对国外马克思主义研究学科的历史与现状的评议研究方法较为单一，众多学者对国外马克思主义学科的研究进行综述，从不同角度提出自己对国外马克思主义学科的思考。②

在我国研究国外马克思主义研究学科方面，有学者指出研究边界的日益模糊、研究对象选择的随意性和研究方法的非历史性，是制约我国国外马克思主义研究进一步走向深入的三大核心问题。③ 我国学者通过对国外马克思主义学科的研究，指出国外马克思主义的思想资源、话语方式为当代中国马克思主义的发展提供有效借鉴，在概念范畴的具体应用、体现时代精神的问题意识、立足民族现实的主体自觉等方面，都有重要的启发性意义。④

5. “中国近现代史基本问题研究”学科的建设与发展

“中国近现代史基本问题研究”学科的研究成果多为宏观成果，主要集中在对“中国近现代史基本问题研究”学科的特性及其对学科建设的思考两方面上。

关于学科特性，有学者指出，作为马克思主义理论一级学科下属二级学科的中国近现代史基本问题研究，有别于中国史一级学科下属二级学科的中国近现代史研究。⑤ 中国特色近现代史学是一个政治性极强的学科，

---

① 刘志丹：《改革开放以来我国“国外马克思主义”研究的回顾与反思》，《理论导刊》2015年第3期。

② 隽鸿飞：《国外马克思主义研究学科建设的几点思考》，《思想理论教育导刊》2010年第11期；梁树：《西方马克思学与国外马克思主义研究学科建设》，《马克思主义与现实》2008年第1期；王宏维：《“国外马克思主义重大前沿问题学术研讨会”综述》，《马克思主义研究》2007年第6期。

③ 王雨辰：《论我国国外马克思主义研究的三个核心问题——兼论我国国外马克思主义研究的自我身份认同》，《北京大学学报（哲学社会科学版）》2011年第5期。

④ 韩秋红：《试论国外马克思主义研究的学科意义、学术价值与话语创新——在马克思主义理论创新发展的意义上》，《东北师大学报（哲学社会科学版）》2020年第5期。

⑤ 刘大可：《中国近现代史基本问题研究刍议》，《党史研究与教学》2021年第4期；张静、解庆宾、王俊桥：《“中国近现代史基本问题研究”学科建设的再思考》，《思想理论教育导刊》2016年第1期；宋俭：《关于中国近现代史基本问题研究学科属性的思》，《思想理论教育导刊》2010年第8期。

“革命”是贯穿其中的一条主线，它的构建和发展反映了中国革命和中国道路的内在逻辑。① 在学科发展上，要学习贯彻习近平新时代中国特色社会主义思想②，推动马克思主义理论学科学术发展。③

关于学科建设，近年来，学界围绕“中国近现代史基本问题研究”学科建设主要探讨了该学科的基本理论问题、学科建设路径问题，以及“中国近现代史纲要”课程建设等问题。④ 首先，在基本理论问题上，有学者指出，中国近现代史基本问题研究二级学科作为新设立的学科，其基本学术规范和学科体系、研究重点、学科定位和建设思路，目前仍未形成一个明确而统一的成型意见。其次，在学科建设路径上，有学者提出，增设“中国近代史基本问题研究”二级学科非常重要且必要，⑤ 要进一步加强该学科的建设，必须依据该学科属性与地位，在明确该学科与相关学科的区别与联系的基础上，科学界定本学科的重点研究内容，制定切实可行的措施，⑥同时还要深入思考马克思主义一级学科与该二级学科的内在关系。⑦ 第三，在课程建设上，学界主要就如何开设好相关课程、⑧ 如何强化高校思想政治理论课特别是“中国近现代史纲要”的课程功能和教师队伍建设⑨等问题进行了探讨，也有学者对“中国近现代史基本问题研究”学科建设与“中国近现代史纲要”课程建设的逻辑关系进行了辩证的理解，指出，对于“中

---

① 戚学民:《中国特色近现代史学研究三题》,《求索》2019 年第 4 期。

② 仝华:《习近平新时代中国特色社会主义思想与“中国近现代史基本问题研究”学科建设》,《思想理论教育导刊》2018 年第 3 期。

③ 王丽:《马克思主义史学的前沿阵地——兼论“中国近现代史基本问题研究”学科建设》,《理论与改革》2015 年第 1 期。

④ 李松林、韦磊:《“中国近现代史基本问题研究”学科研究报告》,《思想理论教育导刊》2013 年第 4 期。

⑤ 沙健孙:《关于增设“中国近现代史基本问题研究”二级学科的几个问题》,《思想理论教育导刊》2008 年第 8 期。

⑥ 徐涛:《对中国近现代史基本问题研究二级学科建设的几点思考》,《山西师大学报（社会科学版）》2011 年第 4 期；齐鹏飞:《关于“中国近现代史基本问题研究”二级学科建设若干问题的思考》,《教学与研究》2009 年第 2 期。

⑦ 朱志敏:《谈谈马克思主义一级学科下设“中国近现代社会发展史”二级学科的问题》,《党史研究与教学》2008 年第 5 期。

⑧ 仝华:《开设“中国近现代史基本问题研究”学科相关课程的思考》,《思想理论教育》2009 年第 7 期。

⑨ 宋进、王玲:《关于“中国近现代史基本问题研究”学科建设的若干思考》,《思想理论教育》2008 年第 13 期。

国近现代史基本问题研究”学科的增设，主要是解决思想政治理论课“中国近代史纲要”的学术支撑和学科支撑问题。①

6. “思想政治教育”学科的建设与发展

在党的百年奋斗历程中，思想政治教育作为党的“生命线”和优良传统，对党的领导地位的巩固起着十分重要的保障作用。自1984年思想政治教育学科设置以来，伴随着改革开放的伟大实践，思想政治教育学科实现了快速发展，学界研究也取得了较为丰厚的成果，研究方向主要集中在对学科建设成果及经验的总结回顾以及对学科建设面临的挑战分析两方面。

关于思想政治教育学科建设与发展的成果与经验。对学科建设成果的总结回顾方面研究成果众多，在不同时期，都有学者对本阶段的学科建设进行总结。沈壮海回顾了30多年来思想政治教育学科的飞跃性发展，指出这种发展离不开我们不断增进的学科自觉。② 佘双好梳理了思想政治教育学科在30多年的发展历程中取得的令人瞩目的成就，这些成就具体体现在：思想政治教育作为一个相对独立学科的地位得到了确立，思想政治教育研究有了特定的研究对象和研究领域，有了可供研究的特定的话语体系，并且在思想政治教育领域形成了人数众多的学术队伍和专业组织。③ 黄蓉生等人对改革开放40年来思想政治教育学科的发展进行梳理后指出，改革开放40年来，思想政治教育学科发展势头强劲，经历了初始、稳步、融合、深化四个发展阶段，成效显著，也积累了宝贵的发展经验，主要是积极回应时代新问题深化学科理论研究，严格遵循学科建设规律推进学科健康发展，有效传播马克思主义中国化成果提升学科创新能力，拓展国际比较视野彰显学科中国特色。④ 李斌雄则运用个案分析的方法，以武汉大学为例，对思想政治教育专业人才培养和学科建设发展的主要经验进行了总结，提出，

① 齐鹏飞、张晓京：《浅析“中国近现代史基本问题研究”学科建设与“中国近现代史纲要”课程建设的逻辑关系》，《思想理论教育导刊》2008年第12期。

② 沈壮海：《思想政治教育学科的新自觉与新未来》，《马克思主义理论学科研究》2015年第1期。

③ 佘双好：《思想政治教育学科发展现状与发展路径的回溯与展望》，《思想理论教育导刊》2012年第12期。

④ 黄蓉生、颜叶甜：《改革开放40年思想政治教育学科发展的历史演进、宝贵经验与前行路径》，《思想理论教育导刊》2019年第4期。

把微观历史研究和宏观历史研究结合起来，以武汉大学为例比较具体地研究总结我国高等学校在20世纪思想政治教育专业和学科建设的主要经验，对于当前探索改革思想政治教育专业人才培养模式的新思路具有重要启迪价值。①

关于思想政治教育学科建设面临的诸多挑战。邱柏生提出，随着中国特色社会主义进入新时代，高校思想政治工作也进入新时代，我们除了继续面临着原先的社会、经济、政治等方面的老挑战外，还面临着一些思想理论方面的新挑战。这些挑战主要有：确立四个自信的基础与条件是什么；对技术的作用如何理解；思想政治教育学科建设的新平台如何建构；教育立信的要素是什么；等等。② 张耀灿则从学科发展中产生的问题与不足出发指出，30多年来，思想政治教育学科建设的成就是显著的，但还存在一系列问题，如：思想政治教育基础理论研究有一些问题尚待突破；有研究者对学科建设之初就已经解决了的问题又重新质疑；思想政治教育学科的学术争鸣、学术批评开展还不够；有的研究者认为思想政治教育学科“不科学”“没有科学性”；在思想政治教育调查研究中存在信度效度不强、科学性欠缺的问题；有的研究从书本到书本，不从实际出发，不重视调查研究，不重视先进经验的理论升华；对什么是思想政治教育学科的元问题、元理论认识尚未达成共识；跟踪实践前沿和理论前沿不够，问题意识不强；渗透性思想政治教育研究相对较弱；思想政治教育学科专业课程尚无国家级网络共享精品课程；思想政治教育学科建设标准有待确立。③ 佘双好在总结改革开放以来思想政治教育学科取得显著成绩的同时，提出，思想政治教育学科建设也存在一些突出的问题，表现在思想政治教育研究的科学程度并不高，在思想政治教育研究领域出现理论与实际相脱离，与我们所从事的特定的思想政治教育和正在做的思想政治教育相脱离的倾向，思想政治

① 李斌雄：《思想政治教育专业人才培养和学科建设发展的主要经验——以武汉大学思想政治教育专业1984—2004年的发展为例》，《学校党建与思想教育》2016年第11期。

② 邱柏生：《新时代高校思想政治教育学科建设面临的若干挑战》，《思想政治教育研究》2019年第1期。

③ 张耀灿：《思想政治教育学科建设存在的若干问题》，《思想理论教育》2015年第5期。

教育作为马克思主义理论学科所属二级学科的特色还不鲜明等。①

针对上述问题，有些学者指出，习近平总书记关于思想政治教育工作的重要论述，使思想政治教育学科建设的定位更加明晰。如佘双好提出，习近平总书记关于思想政治教育工作的论述，为新时代思想政治工作提供价值指针和基本遵循，思想政治教育学科应以习近平总书记关于思想政治教育工作重要论述为价值指针，不断拓展学科领域、丰富学科内涵、增强学科特色、提升学科水平，更好地在党的思想政治工作实践进程中发挥重要作用。②

三、研究内容

本课题围绕“马克思主义理论学科在中国的发展”这一研究主题，按照中国马克思主义理论学科“从哪里来”“到了哪里”“到哪里去”的逻辑进路展开，研究内容涉及中国马克思主义理论学科的发展历程、马克思主义理论学科在中国发展的基本经验、马克思主义理论学科的发展现状、新时代马克思主义理论学科建设发展的对策建议。研究内容具体如下：

第一章介绍中国马克思主义理论学科的历史演变。马克思主义理论学科在中国有着悠久历史和深厚积淀。新民主主义革命时期是以马克思主义理论研究和宣传为核心的发展阶段，初步形成了马克思主义理论学科的知识系统、人才系统、组织机构系统。1949—1977 年是以马克思主义理论类课程建设为核心的发展阶段，有力地推动了马克思主义理论学科专门知识系统的分化发展。1978—2004 年是以马克思主义理论与思想政治教育专业建设为核心的发展阶段，逐步建立起了完整的马克思主义理论教育体系。2005—2011 年是以马克思主义理论学科建设为核心的发展阶段，马克思主义理论学科的学科边界逐步清晰、教学科研组织机构建设稳步推进、学科地位逐渐得到社会认可。2012 年至今是新时代马克思主义理论学科的创新发展阶段，马克思主义理论学科知识体系逐步丰富、共同体逐步完善、学

---

① 佘双好：《思想政治教育学科发展现状与发展路径的回溯与展望》，《思想理论教育导刊》2012 年第 12 期。

② 佘双好：《新时期思想政治教育学科建设的价值指针——学习习近平总书记关于思想政治工作的论述》，《马克思主义理论学科研究》2017 年第 1 期。

院建设逐步规范、社会服务职能逐步凸显。认真梳理中国共产党领导探索马克思主义理论学科建设的艰辛历程和辉煌成就，领悟建设好马克思主义理论学科的历史必要性，增强学科自觉和学科自信。

第二章总结马克思主义理论学科在中国发展的基本经验。马克思主义理论学科在中国发展的过程中积淀了许多面向未来的有益经验。一是坚持服务党的中心工作，将马克思主义理论学科发展与党的中心工作紧密结合，自觉肩负起以马克思主义为指导，坚持为人民服务，为中国共产党治国理政服务，为改革开放和社会主义现代化建设服务的时代重任。二是坚持支撑思想政治理论课建设，将马克思主义理论学科与思想政治理论课建设协调发展，以马克思主义中国化的理论武装大学生的头脑。三是坚持树德育人，把学科建设与人才培养紧密结合在一起，培养能担当民族复兴大任的时代新人。四是坚持问题导向，把学科建设与科学研究紧密结合在一起，做到“真学、真懂、真信、真用”马克思主义。五是坚持党的领导，把学科建设与队伍建设、制度建设、组织保证结合在一起，确保党牢牢掌握意识形态工作话语权。探寻隐藏在事实深处的规律，总结马克思主义理论学科在中国发展的基本经验，是深入挖掘马克思主义理论学科的中国特色及其优势的内在要求。

第三章为马克思主义理论学科发展的现状分析。随着中国特色社会主义进入新时代，马克思主义理论学科的发展状况也发生了重大变化。选取典型案例进行深入调研和分析探讨，是透视马克思主义理论学科发展现状的重要方式。本课题以湖南省马克思主义理论学科点为研究对象，通过考察湖南省马克思主义理论学科点的分布情况，包括学科点的地域分布、院校类型与层次分布、依托建设单位分布、专业层次协调性等；导师基本情况，包括导师的院校分布、性别结构分布、年龄分布和任职状况等；学术产出情况，包括导师近五年主持课题数量与层次、论文产量与研究主题分布、导师学术影响等；人才培养情况，包括硕士生和博士生培养的研究方向、课程设置、毕业论文选题等，发现自马克思主义理论一级学科设立以来，湖南省马克思主义理论学科建设总体态势良好，呈现出布局趋于合理、专业实力显著增强、组织机构与思想政治理论课教学科研机构逐步融合、专业化程度明显提高、专业人才培养逐步规范等特点。

第四章探讨马克思主义理论学科建设取得的新进展和面临的主要问题。基于现已公布的全国马克思主义理论学科建设最新数据，对马克思主义理论学科取得的最新进展和面临的主要问题进行整体性分析，是进一步高质量推进马克思主义理论学科建设的重要前提。当前，马克思主义理论学科在人才培养、师资队伍、科学研究、社会服务等方面取得了可喜的进展。但与此同时，师资队伍建设还存在体制机制不健全、配比不足、综合素质有待提升等问题；思政课建设还存在教学机构与马克思主义理论学科点、本科专业机构融合程度不够、内容交叉重复且衔接性不强、教学、激励和评估机制不完善等问题；科学研究还存在发展不平衡、学术影响力相对较弱、资政育人水平较低、学术队伍“青黄不接”等问题；人才培养还存在高质量生源短缺、招生机制与培养体系不健全等问题；对外学术交流还存在学科点间差距较大、区域布局不平衡、交流深度不够、保障不足等问题；社会服务还存在意识不强、水平不高、保障机制不完善等问题。

第五章为新时代马克思主义理论学科建设发展对策建议。破解马克思主义理论学科建设面临的主要问题，继续发挥其作为领航学科的引领作用，需要多措并举。一是要完善马克思主义理论学科建设发展的目标定位。以繁荣发展中国特色哲学社会科学为重要目标，以支撑高校思想政治理论课建设为直接目标，以加强我国意识形态领域建设为政治目标。二是要推动马克思主义理论学科的学科规范和特色发展。坚持基本原则、搭建支撑平台、构建有力保障；坚持立足于国情和学科本身。三是要加强马克思主义理论学科的师资队伍建设。提升教师综合素质以保持定力，整合师资力量以发挥合力，完善构建教师激励和评价机制以提供动力。四是要推进马克思主义理论学科创新型人才的培养。构建完善的本硕博一体化创新型人才培养体系，深入学习马克思主义经典著作，营造开放自由的学术环境。五是要完善马克思主义理论学科建设机制。以社会需求为导向，完善动力机制；立足思政课教学，完善转化机制；打破学科壁垒，完善资源整合机制。六是要提高马克思主义理论学科的社会影响力。坚持与时俱进，保持马克思主义理论本身的科学性、先进性；依托社会实践，发挥马克思主义理论学科的社会服务功能；利用网络新媒体，扩大马克思主义理论学科的影响覆盖面。

四、研究方法

本课题以马克思主义的辩证唯物主义和历史唯物主义为指导，综合运用文献研究法、历史研究法、案例研究法和系统分析法，坚持历史与逻辑相结合、共性与个性相结合、全局与重点相结合，对“马克思主义理论学科在中国的发展”问题进行深入研究。

（一）历史与逻辑相结合

本课题坚持历史与逻辑分析相结合。一方面，基于中国马克思主义理论学科发展呈现连续性与阶段性相统一的特征，分五个时期系统梳理中国共产党领导探索马克思主义理论学科建设的艰辛历程和辉煌成就；另一方面，对中国马克思主义理论学科的发展历程进行逻辑思辨，提炼概括蕴含其中的宝贵经验，力求为推进新时代马克思主义理论学科高质量建设发展提供自信底气和历史智慧。

（二）共性与个性相结合

本课题坚持共性与个性分析相结合。一方面，以湖南省马克思主义理论学科点为典型案例，对其分布情况、导师基本情况、学术产出情况、人才培养情况等进行深入调研和重点剖析；另一方面，收集整理全国马克思主义理论学科建设的最新数据资料，整体性把握马克思主义理论学科建设取得的新进展和面临的主要问题，力求为推进新时代马克思主义理论学科高质量建设发展提供现实依据。

（三）全局与重点相结合

本课题坚持全局与重点分析相结合。一方面，针对马克思主义理论学科发展建设面临的主要问题，深入探究强化师资队伍、优化课程建设、提升科研水平、健全人才培养、增强对外交流、促进社会服务等的有效方式；另一方面，坚持将马克思主义理论学科的发展问题作为一项系统工程，对其目标定位、学科规范和特色、师资队伍、人才培养、建设机制、社会影响力等进行综合分析，力求为推进新时代马克思主义理论学科高质量建设发展提供路径选择。

第一章 中国马克思主义理论学科的历史演变

以2005年国务院学位委员会、教育部下发《关于调整增设马克思主义理论一级学科及所属二级学科的通知》（学位〔2005〕64号）为标志，马克思主义理论一级学科在中国正式创立，形成完整的马克思主义理论学科体系。关于马克思主义理论学科内涵，该通知指出："马克思主义是科学的世界观和方法论，是反映客观世界特别是人类社会的本质和规律的科学真理。它既应该从哲学、政治经济学、科学社会主义等方面进行分门别类的研究，更应该进行整体性研究，完整地把握马克思主义的科学体系。'马克思主义理论'就是一门从整体上研究马克思主义基本原理和科学体系的学科。它研究马克思主义基本原理及其形成和发展的历史，研究它在世界上的传播与发展，特别是研究马克思主义中国化的理论与实践，同时把马克思主义研究成果运用于马克思主义理论教育、思想政治教育和思想政治工作。"① 根据学术界的普遍观点，学科主要有三层含义：一是从知识论的角度，将学科视为分门别类的知识体系，强调学科有特定的研究对象和结构化的知识体系；二是从活动论的角度，将学科视为生产、传授、应用相关知识的活动体系，强调学科有特定的研究方法、传授方法、习练方法和应用方法；三是从组织论的角度，将学科视为一类特殊的社会建制，强调学科有特定的组织形式并得到社会认可和社会支持②。可见，作为一门独立完

---

① 教育部思想政治工作司组编：《加强和改进大学生思想政治教育重要文献选编（1978—2014）》，知识产权出版社2015年版，第329页。

② 谢桂华：《高等学校学科建设论》，高等教育出版社2011年版，第58页。

备的学科形态，马克思主义理论学科如果从学位〔2005〕64号文件算起，已具有十余年的历史，但如果从中国共产党人开始研究宣传马克思主义理论算起，马克思主义理论学科在中国的发展历程则可以追溯到中国共产党成立前夕。因此，马克思主义理论学科在中国既是年轻的学科，又是有着悠久历史和深厚积淀的学科。追溯马克思主义理论学科在中国的历史发展演变历程，可以分为“以马克思主义理论研究和宣传为核心的发展阶段、以马克思主义理论类课程建设为核心的发展阶段、以马克思主义理论与思想政治教育专业建设为核心的发展阶段和以马克思主义理论一级学科建设为核心的发展阶段”①。

一、新民主主义革命时期：以马克思主义理论研究和宣传为核心的发展阶段

马克思主义理论在中国的早期传播，为早期马克思主义者的诞生、中国共产党的成立、马克思主义研究和宣传组织机构的建立奠定了坚实的基础。中国共产党成立后，为了适应革命的需要，党始终高度重视马克思主义理论的学术研究，不断发展马克思主义理论，成立了相关组织机构开展理论宣传教育工作。

（一）开展马克思主义理论的学术研究和宣传工作

中国人最早接触马克思的社会主义学说，是借助于西方人的间接介绍而开始的。如果从王韬的《普法战纪》算起，中国人从19世纪70年代开始零星接触到西方工人运动和社会主义思想。《西国近事汇编》的出版，使中国人知道了欧美各国中与统治者相对立的另一种理想世界和力量，那就是“康密尼党”“康密尼人”［英文communist（共产主义者）的音译］。1899年2月起，上海《万国公报》刊登英国传教士李提摩太译、中国人蔡

① 邢鹏飞：《中国马克思主义理论学科的百年传承与新时代的发展趋向》，《重庆工商大学学报》（社会科学版）2019年第4期。

尔康笔述的《大同学》一书节录，其中多次提及马克思、恩格斯的名字。①维新派梁启超，中国资产阶级革命家孙中山、朱执信、马君武、宋教仁和廖仲恺等人都宣传和介绍过马克思和社会主义的学说，但他们并不是马克思主义者，虽然对马克思主义、社会主义思想的介绍起到了一定作用，却不深入。他们一般只是把社会主义和马克思主义当作一种学理或学派进行阐述，并未潜心钻研和领悟真谛，更没有对社会主义和马克思主义怀有虔诚的追求和探索。资产阶级革命派也仅仅把马克思主义归结为社会主义，又把社会主义等同于孙中山的民生主义，因而没有完整地理解马克思主义，更没有真正接受马克思主义。这一时期，由于中国社会现实的需要，中国思想界和爱国知识分子开始学习、接受、研究并积极宣传马克思主义，社会主义思潮兴起，导致马克思主义在中国的传播呈现出燎原之势。但总体而言，这一时期马克思主义理论的传播和接受，正如瞿秋白所言，“隔着纱窗看晓雾，社会主义流派，社会主义意义都是纷乱，不十分清晰的。正如久壅的水闸，一旦开放，旁流杂出，虽是喷沫鸣溅，究不曾自定出流的方向”。②

中国人真正找到马克思主义是在十月革命以后。随着十月革命影响的逐步深入，中国先进知识分子对于马克思列宁主义的需要日益迫切，从五四运动开始，出现了广泛学习和研究马克思列宁主义的热潮，使中国思想界涌现出一批具有初步共产主义思想的知识分子，他们研读、翻译马克思主义原著，撰写马克思主义理论研究文章和著作，开展马克思主义理论的学术研究。如李达自 1918 年翻译撰写了大量马克思主义的研究文章和著作，其中《唯物史观解说》《马克思经济学说》《社会问题总览》三本重要著述，成为当时进步知识分子学习马克思主义的重要资料。李大钊于 1918 年发表《法俄革命之比较观》《庶民的胜利》《Bolshevism 的胜利》《新纪元》等文章，1919 年又发表了《我的马克思主义观》一文，对马克思主义的唯物史观、剩余价值学说和阶级斗争理论做了比较完整的研究和介绍。陈独秀

---

① 程伟礼等：《先知的足迹：中国早期马克思主义者的心路历程》，河南人民出版社 1996 年版，第 1 页。

② 张琳璋：《瞿秋白》，中央文献出版社 2009 年版，第 40 页。

创办的《新青年》等进步刊物，刊登马克思主义研究的理论文章，为中国人进行马克思主义理论启蒙和学术研究起到了巨大的历史作用。

中国共产党成立后，为了适应革命的需要，党始终重视马克思主义理论研究和宣传工作。中共一大结束后，毛泽东、何叔衡等回到湖南，为了扩大宣传马列主义，培养党团革命干部学习马克思列宁主义，团结社会上进步青年，于 1921 年 8 月间在湖南长沙利用船山学社旧址和经费创办了湖南自修大学。湖南自修大学是中国共产党历史上第一所研究、传播马克思主义，培养革命干部的新型学校。创设湖南自修大学的目的是“努力研究致用之学术，实行社会改造的准备”。办学方式是“采取古代书院与现代学校二者之长，取自动的方法，研究各种学术，以期发明真理造就人才，使文化普及于平民，术学周流于社会”。① 实际上自修大学主要学习马克思主义著作。自修大学于 1921 年 9 月开学，初期有学生 24 名。1922 年 7 月党的二大以后，毛泽东邀请李达担任自修大学校长，主持教务。1922 年 9 月，为集中培养文化水平较低的革命青年，自修大学附设了补习学校。毛泽东任指导主任，夏明翰任教务主任。截至 1923 年 11 月学校被封闭，自修大学及附设补习学校已经培养了来自湖南的 34 个县和外省 4 个县的 200 多名青年。湖南自修大学在党的创建初期，为革命培养出一批卓越的共产主义战士，人们称它是“湖南革命的‘总汇处’”“湖南革命的先锋”。

土地革命战争时期，以毛泽东为代表的中国共产党人坚持武装斗争，建立了以瑞金为中心的中央革命根据地。为巩固苏区，中央充分认识到加强马克思主义研究和宣传教育的重要性。1933 年 3 月 12 日“马克思共产主义学校”成立，学校内组建了马列主义研究会、党校雇员工会支部、反帝拥苏互济会和工农剧社分社等组织。为满足教学需要，学校集中马克思主义理论研究的学者教师集中开展理论研究，编撰了大量的教材，如《列宁主义问题》《共产党宣言》《论清党》《中国革命基本问题》等，封面均署名“马克思共产主义学校出版”。

抗日战争时期，为了适应领导抗战这一历史重任的要求，党中央在延

---

① 中共中央文献研究室编：《毛泽东年谱（1893—1949）》（上卷），人民出版社、中央文献出版社 1993 年版，第 94 页。

安恢复和创办了培养党、政、军干部的党校、抗大、陕公、鲁艺等一批学校。马列学院院长张闻天非常重视马列著作的研究和编译工作，亲自兼任马列学院编译部主任。他在繁忙的工作中，还和吴亮平一起重新译校了他们当年在莫斯科中山大学学习时翻译的《法兰西内战》，用吴黎平和刘云的笔名出版。编译部一成立，就明确了工作目标：前期集中主要力量编译出版“马恩丛书”10 册，后期编译出版《列宁选集》20 卷。当时翻译依据的蓝本主要来自苏联，有俄文、英文、德文、法文、日文等各种版本。编译部汇集了多种外语人才，如何锡麟、柯柏年、王实味、景林、赵飞克、吴文焘等。从 1938 到 1942 年间，编译部的同志集中翻译了 10 部马克思恩格斯的重要著作，统一冠名“马克思恩格斯丛书”。还翻译了《列宁选集》等数十种马列主义经典著作，由延安解放社出版。这些著作满足了党中央大量培养干部的迫切需要，是马克思主义理论研究的重要成果，在党内外引起了强烈反响。

（二）开辟马克思主义中国化的伟大实践

中国共产党自成立之初，就以马克思主义作为自己的指导思想，但怎样把马克思主义基本原理与中国实际相结合，找到一条符合中国实际的革命道路，却经历了一个曲折的探索过程。中国共产党先后经历了陈独秀右倾机会主义、瞿秋白“左”倾盲动主义、李立三的“左”倾冒险主义和王明“左”倾教条主义等错误，尤其是从 1931 年开始在党内占统治地位的“左”倾教条主义错误，把马克思主义教条化，把共产国际决议和苏联经验神圣化，致使中国革命遭受严重挫折，几乎陷入绝境。1935 年的遵义会议以后，毛泽东领导全党坚决纠正“左”倾错误，注重在马克思列宁主义指导下系统地总结中国革命的实践经验。到抗战初期，又排除了党内在统一战线问题上的右倾错误干扰。经过延安整风运动，中国共产党才逐渐形成了一条合乎中国实际的正确理论、路线、方针和政策。这一过程，就是把马克思主义基本原理同中国具体实际相结合、同中华优秀传统文化相结合的历史过程，也是毛泽东思想形成和发展的过程。

大革命时期，毛泽东以马克思主义为指导，通过社会调查研究，深刻分析了中国社会各阶级在革命中的地位和作用，于 1925 年写作了《中国社会各阶级的分析》一书。书中回答了中国的革命力量在哪里的问题，指出无产阶级最忠实的同盟军是农民，而民族资产阶级是一个动摇的阶级，有力地回击了以陈独秀为代表的右倾机会主义错误。

土地革命时期，以毛泽东为代表的中国共产党人成功地开辟了农村包围城市、武装夺取政权的新民主主义革命道路，解决了中国革命的道路问题。毛泽东于1928年至1930年撰写了《中国的红色政权为什么能够存在》《井冈山的斗争》《星星之火，可以燎原》等文章，解决了在中国这样一个农民人口占绝大多数、经济文化落后的半殖民地半封建国家如何进行新民主主义革命的问题。同时，在这一时期，毛泽东同党内一度占统治地位的把马克思主义当教条，把共产国际的决议和苏联经验神圣化的错误倾向作斗争，撰写了《关于纠正党内的错误思想》《反对本本主义》等文章。

遵义会议以后直至抗日战争时期，毛泽东从理论上系统地总结了中国革命的经验，分析和批判了教条主义错误，并及时吸取抗日战争的新经验，形成了比较系统的哲学思想、军事思想、统一战线思想和党的建设思想。1938年，毛泽东在党的六届六中全会上作了《论新阶段》的报告，强调指出："使马克思主义在中国具体化，使之在其每一表现中带着必须有的中国的特性，即是说，按照中国的特点去应用它，成为全党亟待了解并亟须解决的问题。"① 这是中国共产党首次明确提出"马克思主义中国化"的重大命题，这是从血与泪的深刻教训中总结出的深刻经验，对党后来的理论和实践都产生了深远影响。这一时期，毛泽东代表性的著作在哲学思想方面有《实践论》《矛盾论》等；在军事思想方面有《论持久战》《战争和战略问题》等；在统一战线思想方面有《论反对日本帝国主义的策略》《统一战线中的独立自主问题》等；在党的建设思想方面有《改造我们的学习》《整顿党的作风》《反对党八股》等。同时，毛泽东通过《中国革命和中国共产党》《新民主主义论》《新民主主义的宪政》等文章系统地阐述了新民主主义革命理论的总路线和基本纲领，精辟地论证了党在民主革命时期的政策和策略，这标志着毛泽东思想走向成熟。1945年，在党的七大上，刘少奇对马克思主义中国化从理论上作了进一步的阐述，指出毛泽东思想是中国

---

① 《毛泽东选集》（第2卷），人民出版社1991年版，第534页。

化的马克思主义，并正式将毛泽东思想确立为党的指导思想并写入党章。毛泽东思想是中国共产党推进马克思主义中国化过程中的第一个重大理论成果。

以毛泽东为代表的老一辈无产阶级革命家根据马克思列宁主义的基本原理，对中国革命和建设实践中的一系列独创性经验作出理论概括，创造性地回答了什么是中国革命、为什么要进行革命和怎样进行革命的基本问题，形成了新民主主义革命理论，实现了马克思主义中国化的第一次历史性飞跃。

（三）重视马克思主义理论人才的培养

建党初期的中共党员绝大部分是知识分子和少量工人，土地革命时期农民占了党员的绝大多数，党员文盲达到半数以上，党员既缺少马克思主义理论素养，又缺乏革命斗争的实际经验，存在严重的“干部荒”和“本领荒”。因此，加强对党员干部的马列主义理论教育工作，提高他们的政治水平，是党的重要任务。

1927 年，蒋介石发动了反革命政变，面对蒋介石的白色恐怖，以毛泽东为代表的中国共产党人没有放弃马克思主义信念，坚持武装斗争，建立了以瑞金为中心的中央革命根据地。为巩固苏区，中央充分认识到加强马克思主义教育、培训党的干部的重要性。1933 年 3 月 13 日，依托马克思共产主义学校首期招生 320 人，课程主要有马克思列宁主义的基本原理、党的建设、苏维埃的建设、工人运动、历史、地理和自然科学常识等。从而有效提高了干部的马克思理论水平和思想理论素质。

抗日战争时期，全党同志越来越感到学习和运用马克思列宁主义理论的重要性。毛泽东强调：“指导一个伟大的革命运动的政党，如果没有革命理论，没有历史知识，没有对于实际运动的深刻的了解，要取得胜利是不可能的。”“普遍地深入地研究马克思列宁主义的理论的任务，对于我们，是一个亟待解决并须着重地致力才能解决的大问题。”① 正是在这样的历史条件下，依托马克思列宁学院，以班为教学组织开展马列主义理论培训。

① 《毛泽东选集》（第 2 卷），人民出版社 1991 年版，第 533 页。

“学院开设的课程包括政治经济学、哲学、马列主义基本问题、党的建设、中国现代革命运动史、西洋革命史。教员配备在当时延安堪称一流，讲授政治经济学的是副院长王学文，讲授哲学的是艾思奇，讲授马列主义基本问题的是第一个翻译《反杜林论》的吴亮平，讲授中国现代革命运动史的是张闻天等人，讲授西洋革命史的是陈昌浩，党的建设前半部分马列建党理论是康生讲授，后半部分党建基本问题则分别请刘少奇、陈云等作专题报告。”① 马列学院还经常邀请毛泽东、周恩来、朱德、刘少奇、博古、王若飞、林伯渠、徐特立等中央领导人以及各根据地回延安的领导人作报告或讲课，阐述重大理论问题或政策问题，介绍工作情况和经验。比如，毛泽东经常来马列学院作报告，先后讲过《战争和战略问题》《反对投降活动》和《新民主主义论》等，刘少奇的《论共产党员的修养》，就是在马列学院演讲稿基础上整理而成的，周恩来、朱德、彭德怀、邓小平、彭真、董必武分别作过《国内外形势与大后方统一战线》《形势与华北抗日游击战争》《华北战场》《华北抗战形势与敌后根据地建设》《关于晋察冀形势》《关于大后方形势》的报告。马列学院从 1938 年 5 月开办起到 1941 年 5 月改组时，共招收过 5 个班即 5 期学员，加上为准备参加党的七大代表专门开设的两个班 100 多人，前后共招收学员约八九百人。学员的基本构成是两部分：一部分是参加革命战争多年，或在国民党统治区做过多年地下工作的老干部，其中不乏很有资历的红军指挥员和地下党的领导人；另一部分则是一二·九运动后入党的知识青年，而这部分人在入学之前，绝大多数先经过抗大、陕北公学、中组部训练班以及中央党校的短期学习。

通过学习和研究，马列学院的学员们受到了马列主义基础知识的教育，深入了解了中国社会情况，对党在抗战时期的路线、方针和政策有了比较清醒的认识，对党的新民主主义理论和政策也有了比较全面的了解。同时，通过学习，学员们提高了思想理论水平，加强了党性锻炼和修养，对革命青年从思想上确立无产阶级的世界观，坚定共产主义信念，起了决定作用。所有经过马克思主义理论学习和锻炼的干部，在之后各个时期的艰苦斗争中，在各条战线的广泛实践中起了应起的骨干作用。

---

① 卢毅：《延安马列学院的授课和学习》，《中国党政干部论坛》2013 年第 4 期。

（四）探索马克思主义理论研究宣传的组织机构建设

1. 专门从事马列主义研究和宣传的马克思共产主义学校

（1）马克思共产主义学校的创办

1931 年 11 月 1 日至 5 日，中央苏区召开了党的第一次代表大会，即“赣南会议”，会议决定成立“苏维埃区域中央局党校”。任弼时兼任中央局党校校长，董必武任教务主任。这是马克思共产主义学校的前身。1933 年 1 月 31 日，苏维埃人民委员会议决成立苏维埃党校。随后，1933 年 3 月 12 日中央苏区《红色中华》报道，中央局为纪念马克思逝世五十周年，广泛有系统地传播马克思所创造的共产主义，集中“党团、政府、工会的力量，创办一个大规模的苏维埃党校”——“马克思共产主义学校”，并将要在 3 月 13 日开学。此外，在其他苏区，在极其艰难的条件下也不放松马克思主义的传播和教育。在闽浙赣苏区，建立了赣东北省委共产主义学校，培养县、区、省委机关干部。在鄂豫皖苏区，建立了列宁高级学校，为地方和红军培养党、政干部。在湘鄂西苏区，建立了湘鄂西省委党校。

1934 年 10 月中旬，由于国民党对苏维埃的疯狂进攻，红军主力被迫实行战略转移，开始了举世闻名的长征，马克思共产主义学校也被迫停办，随同中央撤离瑞金。1935 年 11 月，在瓦窑堡召开的中央政治局扩大会议（瓦窑堡会议）上，决定恢复“马克思共产主义学校”，正式定名为中央党校，由中共中央组织部管理，校长为董必武。12 月初开始招生，先后办两期，第一期主要训练陕北干部，学习党的抗日民族统一战线的方针政策；第二期主要是传达学习中共中央瓦窑堡会议的决议和毛泽东《论反对日本帝国主义的策略》的报告。1936 年 6 月，党校迁到保安。学校设 1 个高级班和 8 个普通班，还增加了白区工作班和白军工作班，专门培训到白区和白军中去做秘密工作和统战工作的干部。同年 10 月，党校迁到定边，和红四方面军党校合并，学校的规模又有了进一步的扩大。西安事变和平解决后，中共中央于 1937 年 1 月进入延安，中央党校亦于 2 月迁至延安。1941 年底和 1942 年 2 月，中央党校进行了两次改组，到 1943 年 3 月，中央决定毛泽东兼任中央党校校长。改组后的中央党校，其办学方针是实事求是，其根本任务是批判和纠正主观主义、宗派主义、党八股，树立和发展理论联系实践、密切联系群众以及批评和自我批评的思想作风。

（2）马克思列宁学院的创办

马克思列宁学院（简称“马列学院”），是抗日战争时期和解放战争时期中共中央创办的以学习、研究马克思列宁主义基本理论为重点的干部学校。

为了适应领导抗战这一历史重任的要求，党中央决定创办马克思列宁学院。1938 年 5 月 5 日，即马克思诞辰 120 周年纪念日，马克思列宁学院在延安成立，校址设在延安城北七八里的蓝家坪。党中央负责人之一的张闻天兼任院长。马列学院的教育方针就是坚持用马克思主义的基本理论和中国革命的实践经验来教育干部，注重党的基本理论和基本政策的训练，强调学习马克思主义的立场、观点和方法，要学习用马克思主义的观点去观察、分析和解决问题。马列学院下设两个部——一个是干部培训部，另一个是编译部，专门负责翻译和编辑马列主义著作。1941 年 5 月，毛泽东在延安干部会议上作了《改造我们的学习》的报告。根据报告精神马列学院于 1941 年 5 月改组为马列研究院。要求对马列主义的学习与研究要有根本的方向性的改变，不能从书本到书本，而是要走出机关，走出教室，走出书斋，到丰富的实际生活中去。1941 年 7 月，马列研究院又改组为中央研究院。同年 12 月 17 日，中共中央政治局通过的《中共中央关于延安干部学校的决定》明文规定中央研究院为培养党的理论干部的高级研究机关，直属中共中央宣传部。这样，就把培养党的理论研究干部同党的理论宣传工作更好地联系起来了。1943 年 5 月，中共中央决定中央研究院并入中共中央党校，为该校的第三部①。

中央党校的彻底改组，在中国共产党干部教育史上是一次重要事件，它为党校的建设和以后的发展奠定了基础，在中国共产党干部教育的指导思想、方针、任务和教学方法等方面都创造了极其丰富的经验，做出了重大贡献。到目前，中央党校是轮训和培训中国共产党的高中级领导干部和马克思主义理论干部的最高学府，是中国共产党中央直属的重要部门，是

① 根据 1941 年 12 月《关于延安干部学校的决定》，中央研究院（即原“马克思列宁学院”）为培养党的理论干部的高级研究机关，中央党校（即原“马克思共产主义学校”）为培养地委以上及团级以上具有相当独立工作能力的党的实际工作干部及军队政治工作干部的高级与中级学校。

学习、研究、宣传马列主义、毛泽东思想、中国特色社会主义理论体系和习近平新时代中国特色社会主义思想的重要阵地和干部加强党性锻炼的熔炉，是党的哲学社会科学研究机构。

2. 专门性质高校的马克思主义理论教育机构

抗日战争时期，中华民族处于生死存亡的严峻时刻，中国共产党主张坚决抗战。为了适应战争的需要，共产党在广大解放区创立了新民主主义教育，制定了抗日的教育政策，使教育长期为战争服务；改变教育的旧制度、旧课程，实行新制度、新课程；用革命的办法创办了许多不同类型的学校，培养了大批的革命干部，为夺取抗日战争的胜利作出了伟大的贡献。根据当时的实际情况，中国共产党成立了一些命名为学院、公学和大学的干部学院，实施高等教育，给学生以较高级的专门教育，培养军事、政治、经济和文化等方面的人才。在这些学校中，党高度重视马克思主义理论宣传教育，先后成立了干部教育部、政治部、学习组等组织机构，开设马克思主义理论课程，促进了马克思主义理论的教育和研究。

1938 年 10 月，党的六届六中全会召开，毛泽东在《中国共产党在民族战争中的地位》报告中指出："政治路线确定之后，干部就是决定的因素。因此，有计划地培养大批的新干部，就是我们的战斗任务。"① 从而把干部的教育和培养提到了党的政治路线的高度来认识。六中全会后不久，1939 年 2 月 17 日，中共中央发出《关于成立干部教育部的通知》，成立了中央干部教育部，负责领导全党的理论学习。中央干部教育部下设两个科，即党内干部教育科和国民教育科。张闻天、李维汉分任正、副部长，把加强马克思主义理论学习作为"有头等重要意义"的工作来抓②，并从 1939 年开始有组织地掀起学习高潮。1939 年 5 月 20 日，毛泽东《在延安在职干部教育动员大会上的讲话》中指出，"现在中央设了干部教育部，负责领导全党的学习。同志们不仅看看书就算了，而且要有组织地学习。全国各级党部，边区各级政府，各个民众团体，各类学校，都须设立这样的机关，建立这样的制度，来领导并进行学习。在军队里也是一样，要设立教育部，

① 《毛泽东选集》（第 2 卷），人民出版社 1991 年版，第 526 页。
② 《胡乔木回忆延安整风》（上），《党的文献》1994 年第 1 期。

建立起学习制度。这样的学习制度，中央要在全国推广，只要共产党力所能及，就要把它推动起来，造成一个学习的热潮”①。

中央要求各级机关、学校、部队均设干部教育领导机关与人员。1940年1月3日发布的《中央关于干部学习的指示》明确规定：“各级党委和政治部的宣传部下应设立干部教育科，负责管理干部教育的工作。”② 同年3月20日发布的《中央关于在职干部教育的指示》再次强调：“学习的组织责任，属于支部，支部应设学习干事。学习的领导属于各级宣传部。各级宣传部应经常检查学习状况，并指导之。”③ 1940年6月，中央干部教育部与中央宣传部合并，改称中央宣传教育部，同年10月又改称中央宣传部，原干部教育部的党内干部教育科和国民教育科统归宣传部建制。由此，建立由中央干部教育部的党内干部教育科、各级党委宣传部的干部教育科和基层支部的学习干事组成的多级组织管理系统，各级党员干部的理论学习有专门机构专职人员管理，为理论学习顺利进行提供了组织保障。

为提高党内高级干部的理论水平和政治水平，1941年9月26日中央书记处决定成立高级学习组。延安及各地高级学习组统归中央学习组管理和指导，中央学习组即思想方法学习研究组，以中央委员为范围，毛泽东任组长，王稼祥任副组长。各地在接到中央通知后，即开始积极筹备。如重庆南方局很快建立了以周恩来为组长、董必武为副组长，包括25人的高级学习组。中央政治局还建立各干部学校的归口管理机构，以加强对包括思想政治工作在内的各项工作的具体领导。在党的指导下，各校普遍配备了较强的领导班子，并逐层落实各项工作。如抗大除设立政治部全面负责思想政治工作外，还坚持“把支部建在连队”，“学习组织按连队编制，各队都有较强的政治指导员，负责党的政治学习工作”④。

---

① 《毛泽东文集》（第2卷），人民出版社1993年版，第179－180页。

② 中共中央文献研究室、中央档案馆编：《建党以来重要文献选编（1921—1949）》（第17册），中央文献出版社2011年版，第2页。

③ 中共中央文献研究室、中央档案馆编：《建党以来重要文献选编（1921—1949）》（第17册），中央文献出版社2011年版，第223页。

④ 转引自王景玉：《中国共产党在延安时期的学习实践研究》，《当代世界与社会主义》2011年第3期。

为了更好地整顿和改革学校教育，根据整风的精神，中共中央于1941年12月17日作出了《关于延安干部学校的决定》，这个决定是反对主观主义与教条主义的精神在学校教育上的具体运用，是整顿和改革学校教育的指针。《决定》建立健全了各种干部学校，对有关学校的具体目的和任务进行了分工："（甲）中央研究院为培养党的理论干部的高级研究机关。（乙）中央党校为培养地委以上及团级以上具有相当独立工作能力的党的实际工作干部及军队政治工作干部的高级与中级学校。（丙）军事学院为培养团级以上具有相当独立工作能力的军事工作干部的高级与中级学校。（丁）延大、鲁艺、自然科学院为培养党与非党的各种高级与中级的专门的政治、文化、科学及技术人才的学校。"① 《决定》还要求以上各校的课程、教材和教学方法，必须与各校的具体目的相适应。针对过去对专门课程的学习不够重视的缺点，《决定》作出了具体的规定："凡带专门性质的学校（例如军事的、政治法律的、财政经济的、自然科学的、文艺的、师范教育的、医学的等等），应以学习有关该项专门工作的理论与实际的课程为主。文化课、政治课与专门课的比例应依各校情况决定之。一般说来，专门课应占百分之五十（不须补习文化之学校，则专门课应占百分之八十），文化课应占百分之三十，政治课应占百分之二十。坚决纠正过去以政治课压倒其他一切科目的不正常现象。"② 这样，就理顺了马克思主义理论课程与专业课程教学之间的关系。

1943年4月至1944年5月，鲁迅艺术文学院、自然科学院、民族学院、新文字干部学校和行政学院并入延安大学，使该校成为一所大规模的综合性的大学。该校设行政学院、自然科学院、鲁迅文艺学院及医药系，同时设有干部处、教育处、校务处等行政机构。延安大学的办学方针，反对过去那种"空虚""不实际"的教育，强调学习并运用马列主义理论去研究和解决中国革命的实际问题，提倡在党的领导下努力学习科学技术。不但重

① 中共中央文献研究室、中央档案馆编：《建党以来重要文献选编（1921—1949）》（第18册），中央文献出版社2011年版，第762页。

② 中共中央文献研究室、中央档案馆编：《建党以来重要文献选编（1921—1949）》（第18册），中央文献出版社2011年版，第763页。

视向学生传授知识和技能，发展认识能力的教育，而且更加重视向学生进行政治思想和品德教育，使学生既掌握参加革命和建设的本领，又具有献身于革命事业的高尚的思想品质。在课程设置方面，延安大学的课程设置分全校共同课和各院系专修课两种。在校内学习的全部时间中，全校共同课占30%，各院系专修课一般占70%；在各院系专修课中，理论政策课一般占30%，业务知识课与技术课占70%。全校共同课具体科目包括：边区建设概论、中国革命史、革命人生观、时事教育。

至此，在专门性高等院校中，中国共产党合理解决了向学生传授知识和技能与向学生进行马克思主义理论教育的关系问题，设置了完整的思想政治理论课，并将思想政治理论课作为公共必修课执行，初步确定了文化课、政治课与专门课的比例。这些创举，不但为抗日战争和解放战争时期培养了大批具有较高马克思主义素养的专门的政治、文化、科学及技术人才，也为中华人民共和国成立以后高校马列主义课的设置、高校马列主义教育研究机构的建设提供了直接的参照。

综上所述，在新民主主义革命时期，中国共产党始终重视马克思主义理论的研究和宣传教育工作，培育马克思主义理论人才，不断推进马克思主义中国化时代化，开辟了马克思主义理论的新领域，建立起了党委直接领导下的以干部教育部、宣传部和政治部为核心的高校马克思主义理论教育研究机构。这些创举初步形成了马克思主义理论学科的知识系统、人才系统、组织机构系统等框架，为中华人民共和国成立后开展马克思主义理论研究和宣传教育提供了直接经验和坚实基础。

二、1949—1977年：以马克思主义理论类课程建设为核心的发展阶段

中华人民共和国成立后，在全国普遍开设了马克思主义理论课程，与之相适应，开始通过专业化的方式培育马克思主义理论的师资，在高校系统开始建设马列主义教研室，开展系统的教学和科研工作，有力地推进了马克思主义理论学科的发展。

（一）以马克思主义理论为核心的高校思想政治理论课程体系的初步建立

1949年10月，华北人民政府高等教育委员会在各大学专科学校文法学院各系课程暂行规定中，明确规定了以废除反动课程（国民党党义、六法全书等）、添设马列主义课程、逐步地改造其他课程为各院系课程的实施原则；同时规定了辩证唯物论与历史唯物论（包括社会发展简史）、新民主主义论（包括近代中国革命运动史）（以上两门为各大学专科学校各院系共同必修课）和政治经济学为文学院与法学院的共同必修课程。但由于师资、教材缺乏准备等原因，当时高校都没能按文件的规定开设“辩证唯物论与历史唯物论”，而只开设了其中的“社会发展史”。经过一年的准备和实践，1951年9月教育部颁布了《关于各高等学校1951年度上学期进行“辩证唯物主义和历史唯物论”等课教学工作的指示》，将“社会发展史”改为“辩证唯物论和历史唯物论”、与“新民主主义论”及“政治经济学”同时开设。1952年10月，教育部颁布了《关于全国高等学校马克思列宁主义、毛泽东思想课程的指示》。1953年2月，教育部颁布了《关于确定马列主义基础自1953年度起为各类型高等学校及专修科（二年以上）二年级必修课程的通知》，规定各类型高等学校及专修科（一年的专修科除外）自1953年度起，有条件者即在二年级开设马列主义基础，政治经济学改为三年级以上各类型高等学校的三年级必修课。1953年6月教育部下发了《关于改“新民主主义论”为“中国革命史”及“中国革命史”的教学目的和重点的通知》，决定自1953年度起，将高等学校一年级开设的“新民主主义论”一律改为“中国革命史”。

1956年新中国完成三大改造，进入了社会主义社会。为了适应政治经济形势发展的需要，当时的高等教育部对高校思想政治理论课进行了较为全面的调整，并于9月9日颁发了《高等教育部关于高等学校政治理论课程的规定（试行方案）》①，确定了高等学校政治理论课程名称，并明确规定了各门课程的学时、顺序、课堂讲授与讨论的学时比例、考试与考查方式，

① 何东昌：《中华人民共和国重要教育文献》，海南出版社1998年版，第681页。

区分了专科和本科学校政治理论课：

一是在课程设置方面，文件确定了4门课程的名称及学时。（1）“马列主义基础”，除历史系的业务课另订外，其他系科一律都开，学时分102与68两种。（2）“中国革命史”，除历史系的业务课另订外，其他系科一律都开，学时分136与102两种。（3）“政治经济学”，财经系科系业务课另订，医科院校、农林院校的兽医系、四年制综合大学的中国语文系、外国语言与理科各系及四年制艺术院校不开，其余各系科都开，学时分136与68两种。（4）“辩证唯物主义与历史唯物主义”，哲学系科业务课另订，四年制财经、农林与工科各系四年制不开五年制设选修，其余各系科一律都开，学时分102与68两种。

二是在各课程的开设顺序方面，文件对各课程的年级和学期进行了规范。一年级开马列主义基础课，102学时的学一年，68学时的学半年或一年由学校自定。二年级开中国革命史，学一年。三年级开政治经济学，136学时的学一年，90学时的学半年或一年由学校自定。四年级开辩证唯物主义与历史唯物主义，102学时的学一年，68学时的学半年或一年由学校自定。在有些系科，政治理论课也就是业务基础课，得不按此顺序。马列主义基础与中国革命史之间的顺序，学校可根据师资条件，作适当调整。

三是在课程教学方式方面，文件对讲授与课堂讨论的学时比例进行规定。讲授与课堂讨论的学时比例按4∶1或5∶1。即讲授四学时或五学时，可讨论一学时，学校也可作适当安排。

四是在课程考核方面，分考试与考查两种。凡半年学完的，学完考试。一年学完的，第一学期考查，第二学期考试。这一规定，一般都应按照执行，个别系科可由学校根据具体情况决定。

五是在专科教学方面，专科学校和高等学校的专修科的政治理论课。文件要求，所有二年制专修科只开中国革命史，学时136或102。三年制专修科，除开中国革命史（136或102学时）以外，学校可根据专业性质开设马列主义基础或政治经济学或辩证唯物主义与历史唯物主义。

调整后的课程初步形成比较稳定的体系，有力推动了我国高校政治理论课程体系建设的系统化、规范化，这也可以说是中华人民共和国成立以来所形成的第一个高校思想政治理论课的课程设置及教学体系，即“56方案”。“56 方案”的产生标志着高校思想政治理论课的课程教学体系的初步确立。

总的来看，这一时期思想政治理论课属于初创期，课程调整力度较大，教学内容处于变动之中。课程内容主要围绕马克思主义基础理论和中国革命史展开，但这一时期的思想政治理论课建设对此后几十年的高校思想政治理论课教学产生了深远影响。虽然我国高校思想政治理论课的课程设置和教学内容一直处于改革和变动之中，但此阶段的教学内容却一直被保留下来。正是思想政治理论课强调马克思主义理论的教学，进行思想政治教育的目的就是要把学生培养成为懂得马克思主义基础的专门人才，才有力地促进了马克思主义理论的研究和教学。

（二）马克思主义理论的专门师资人才的培养

随着马克思主义理论课程的开设，急需培养大批马克思主义理论的专门教师。为此，1952 年 9 月 1 日，《中共中央关于培养高等、中等学校马克思列宁主义理论师资的指示》[①] 指出，全国高等、中等学校经过这次结合“三反”运动的思想改造和组织清理，肃清封建买办法西斯思想、批判资产阶级思想之后，亟须树立工人阶级的思想领导，进行马克思列宁主义的思想建设。而提高马克思列宁主义的政治理论课程的教学水平，则是学校思想建设工作的中心环节。过去由于普遍缺少足够称职的政治理论师资，以致这些课程的教学水平一般都不高。为了加紧培养高等、中等学校政治理论师资，特作出系列指示。

一是由中央教育部负责筹划，在中国人民大学创设马克思列宁主义研究班，为全国各高等学校培养一部分政治理论师资。第一期招收研究生三百人，研究期限一年至二年，1952 年秋季开始实行。

二是在高等学校的助教和高等、中等学校高年级学生中选拔优秀的党员、团员在本校担任政治理论课程的助教或助理，经常地指导他们结合自己的实际工作，有系统地学习马克思列宁主义的理论，逐渐培养他们成为高等、中等学校新的政治理论师资。这是现阶段培养政治理论师资的最有

---

① 中共中央文献研究室编：《建国以来重要文献选编》（第 3 册），中国文献出版社 2011 年版，第 280 – 281 页。

效的方法之一，各级党委必须加以重视，并应指定宣传部门的负责干部领导他们的政治理论学习，帮助他们解决工作和学习中的各项问题。

三是各大行政区应选择具备适当条件的高等学校，举办马克思列宁主义研究班，培养高等学校的政治理论师资；设立政治教育系或政治教育专修科，培养中等学校的政治理论师资。

根据文件要求，中国人民大学开始创设马克思列宁主义研究班，为全国高等院校培养马克思主义理论师资。中国人民大学马克思列宁主义研究班培养的学生，在全国发挥了重要示范作用，很多人成为高校的马克思主义理论教研室（部）主任。一大批共和国建设者、知名专家学者，比如彭珮云、布赫、萧灼基、吴树青、郑必坚、胡福明、黄楠森、蒋学模、陈先达、罗国杰、孙国华、高放、吴易风、吴家麟、陈锦华、杨春贵等都在此进修、学习。全国各地除选派人员到中国人民大学学习外，还在本地区高校中开办马克思列宁主义研究班，进行马克思主义理论人才的培养。例如，西北局除选派 42 人参加中国人民大学马克思列宁主义研究班外，在西北大学设置了马克思列宁主义研究班，开设新民主主义、马克思列宁主义基础（包括社会发展史、辩证唯物论和历史唯物论）、政治经济学等为主的课程①。在教材建设和科学研究方面，以中国人民大学为代表，组织编写了系列马克思主义理论系列教材，如《辩证唯物主义原理》《历史唯物主义原理》《〈资本论〉辞典》《马克思恩格斯思想史》《马克思主义伦理学》《空想社会主义》《中国革命史讲义》等，这些著作教材，发行达数百上千万册，成为一代代学人记忆中的永恒经典。在新中国马克思主义理论学科建设，以及以马克思主义为指导的高校人文社会科学学科建设中，中国人民大学始终走在全国高校前列，开创了无数个“第一”和“唯一”。

根据文件“培养中等学校的政治理论师资”的要求，北京师范大学率先设立了政治教育专业，此后全国其他高等师范院校相继开设了这一专业，主要专业课程是马克思主义理论课。北京师范大学政治教育专业的培养目标是“既能教中学政治课又能作党团工作的中学政治工作干部”。在本科课程设置方面，一年级开设社会主义教育、世界共产主义运动史、党的建设、

---

① 陈燕楠：《中共党史研究》，人民出版社 2014 年版，第 510 页。

时事政策、教育学（专题报告）、语文习作和作品分析、文艺理论、中国近代史、劳动课、体育；二年级开设中共党史、政治经济学、时事政策、逻辑学、劳动课、体育；三年级开设政治经济学、哲学、时事政策、劳动课。①

总之，由于采取规范化的培养方式，这一时期培养了大批的马克思主义理论专门人才，既为高校马克思主义理论课程和中学政治课程教学提供了师资，也为马克思主义理论科学研究奠定了坚实的人才基础。

（三）探索马克思主义理论与中国实际的“第二次结合”

从中华人民共和国成立到社会主义改造基本完成这一过渡时期的中国社会属于新民主主义性质的社会。新民主主义社会不是一个独立的社会形态，而是一种具有过渡性质的社会形态。新民主主义革命的必然发展趋势就是社会主义革命，对于如何从新民主主义社会过渡到社会主义社会，如何走好中国革命的第二步，中国共产党运用和发展马克思主义关于社会主义革命理论，结合中国的具体国情，创造性地开创了一条具有中国特色的社会主义改造道路，形成了具有中国特色的社会主义改造理论。

以毛泽东为主要代表的中国共产党人，在马克思列宁主义关于过渡时期理论的指导下，依据中国过渡时期不同经济成分、不同阶级属性、不同经营方式和不同文化习惯等具体情况，适时地制定了党在过渡时期的总路线，并形成了一条适合中国特点的不拘一格的社会主义改造道路。首先，在农业方面，积极引导农民组织起来，走互助合作道路；遵循自愿互利、典型示范、国家帮助的原则；制定了依靠贫下中农，巩固地团结其他中农，发展互助合作，由逐步限制到最后消灭富农剥削的农村阶级政策；坚持积极领导、稳步前进的方针的同时，采取了循序渐进的步骤，大致经历了互助组、初级农业生产合作社、高级农业生产合作社三个发展阶段。其次，对手工业的社会主义改造跟农业大致相同，从供销合作入手，逐步到走生产合作的道路，经历了手工业供销小组、手工业供销合作社和手工业生产合作社三个阶段。再次，对资本主义工商业进行社会主义改造的道路，采

① 《政治教育系教育改革方案（试行方案）》，《北京师范大学学报（社会科学）》1958 年第 5 期。

取和平赎买的办法改造资本主义工商业；采取从低级到高级的国家资本主义形式；经历了初级形式的国家资本主义、个别企业的公私合营和全行业的公私合营三个阶段；对于原来的资本主义工商业者都改造为自食其力的社会主义劳动者。创造性地完成由新民主主义到社会主义的过渡，实现了中国历史上最伟大的最深刻的社会变革。

在社会主义改造基本完成，开始全面建设社会主义的时候，毛泽东提出要以苏为鉴，“把马克思列宁主义基本原理同中国实际进行‘第二次结合’，找出在中国进行社会主义革命和建设的正确道路”①。正是在这样的背景下，以毛泽东为代表的第一代领导集体，从20世纪50年代后期开始，长达10年的初步探索，取得了一些宝贵的理论成果。在社会主义建设的基本方针方面，提出调动一切积极因素，为社会主义事业服务的思想；在社会矛盾方面，提出正确处理人民内部矛盾是国家政治生活的主题；在走中国工业化道路方面，提出正确处理重工业、轻工业和农业的发展关系；在社会主义发展阶段方面，提出“不发达的社会主义”和“比较发达的社会主义”的思想；在社会主义发展战略方面，提出分“两步走”、实现“四个现代化”的思想；在经济建设方针方面，提出既反保守又反冒进、在综合平衡中稳步前进的方针；在所有制结构方面，提出“三个主体，三个补充”的思想；在经济体制和运行机制方面，提出发展商品生产、利用价值规律的思想。此外，毛泽东及党的其他领导人还在社会主义民主政治建设、教育科学文化工作、知识分子工作、国防建设和军队建设、实现祖国统一、外交和国际战略、执政党建设等方面提出了一系列重要思想观点。

党在探索社会主义建设道路过程中取得的重要理论成果，是毛泽东思想的重要组成部分，丰富和发展了科学社会主义，成为中国特色社会主义理论体系的重要思想源泉。

（四）以教学和科研为中心任务创建马列主义教研室

中华人民共和国成立以来，中国共产党开始在高校普遍设立马克思主

① 中共中央文献研究室编：《十八大以来重要文献选编》上，中央文献出版社2014年版，第691页。

义理论课程，凸显了我国社会主义高校的性质和鲜明政治优势。高校马克思主义理论教育研究组织机构建设与党对高等学校的领导和高校思想政治理论课程的改革调整密切相关。与我国高校的领导管理体制和思想政治理论课程设置的变化历程相适应，高校思想政治理论教育工作的领导管理体制和思想政治理论课教学组织机构也经历了一个曲折发展的历史过程。

第一阶段，是从 1950 年至 1956 年，校长负责制下直属于学校行政的马列主义教研室（或命名政治理论教研室等）。根据 1950 年 8 月教育部《高等学校暂行规程》的规定，高校“采取校长负责制”，在校长的领导下设校务委员会。学校党组织在政治上起核心作用，不直接领导学校行政。大多数高校设置了直属于学校行政的政治理论教研室或马列主义教研室，并按课程设教研组，负责政治理论课教学组织与管理。例如，北京大学成立了“新民主主义论教学委员会”，后又成立了“政治课教学委员会”，开设了“辩证唯物主义与历史唯物主义”“社会发展史”“中国革命史”等课程，1952 年院系调整后成立了“马列主义基础教研室”和“中国革命史教研室”，1959 年成立“马列主义基础教研室”，统管全校马克思主义理论课的教学，由校长陆平兼任教研室主任；在湖南，早在 1950 年 2 月，中国共产党的重要创始人、时任湖南大学校长李达先生亲手创设了湖南大学马列主义教研室，1953 年院系调整后，湖南师范学院设立了马列主义基础教研室，开设马克思主义哲学、中国革命史、联共（布）党史、政治经济学等课程，当时的湖南师范学院汇聚了一批年轻的马克思主义学者，如王谦宇、谭双泉、周作翰、郭德干、李金奎、彭国璋、胡浩正等，他们后来成为我国具有重要影响力的马克思主义理论教育家。

第二阶段，是从 1956 年至 1966 年，党委领导下的马列主义教研室（部）。这一时期高校实行党委领导下的校务委员会负责制。1958 年，中共中央、国务院《关于教育工作的指示》明确规定：“在一切高等学校中，应当实行学校党委领导下的校务委员会负责制。”① 这种体制加强了学校德育

① 《中共中央文件选集（一九四九年十月——一九六六年五月）》（第 29 册），人民出版社 2013 年版，第 36 页。

工作，保证了党的路线、方针、政策的实现。但同时也容易出现以党代政、党政不分的倾向。1962 年，教育部提出新的政治理论课程设置方案，高校开设中共党史、政治经济学和哲学三门政治理论课。这一阶段，大多数高校设置党委领导下的马列主义教研室（部），并按课程设教研组（室），负责政治理论课教学组织与管理。

第三阶段，1966—1976 年，“文化大革命”期间马克思主义教育与研究机构的取消与停办。社会主义改造基本完成后，我国进入了社会主义建设时期。我们党是经过长期残酷的战争后迅速进入社会主义历史阶段的，对于如何在一个经济文化落后的国家建设社会主义，缺乏充分的思想准备和科学认识。过去革命战争时期积累下来的丰富的阶级斗争经验，使人们在观察和处理社会主义建设的许多新矛盾时容易去沿用和照搬，因而把在一定范围存在的阶级斗争仍然看作主要矛盾，并运用大规模群众性政治运动的方法来解决。由于党对世界形势和我国阶级形势以及党和国家的政治状况判断出现失误，党的指导思想逐步出现偏差，高校思想政治理论教育中开始突出反修、防修的内容，“左”的偏差日益明显。在 1966 年至 1976 年间，高校马克思主义理论教育陷入混乱之中，脱离了正常轨道。

总体而言，在中华人民共和国成立初期，从马列主义教研室的地位来看，马列主义教研室（部）在学校组织体系中属于独立的二级单位，与系处级别相同，且很多高校的马列主义教研室由学校校长或书记直接担任。在师资队伍方面，思想政治理论课教师不仅享受专职教师的待遇，而且还在阅读文件、参加会议、工资福利等方面与对应职级的干部相同或相近。在教学和科研方面，马列主义教研室承担起思想政治理论的教学工作，马克思主义理论科学研究工作，形成了大批马克思主义理论家。

综上所述，这一时期马克思主义理论类课程的设置有力地推动了马克思主义理论学科专门知识系统的分化发展，也为高校马克思主义理论教师和中小学政治课教师的培养提供了直接的动力，奠定了马克思主义理论学科的知识系统和人才基础。马列主义教研室的成立和发展，也为马克思主义理论学科的组织机构和学术共同体的整合提供了组织机构平台。

三、1978—2004 年：以马克思主义理论与思想政治教育专业建设为核心的发展阶段

党的十一届三中全会以后，随着中国特色社会主义道路的开拓，围绕着建设有中国特色的社会主义理论成果，思想政治理论课进行了多次改革，逐步建立起了完整的马克思主义理论教育体系。为了适应改革开放以来思想理论建设的需要，国家教育部门开始通过设置思想政治教育、马克思主义理论教育、马克思主义理论与思想政治教育等专业，培养马克思主义理论的专门人才，推动了马克思主义理论学科的实践发展。

（一）高校思想政治理论课的恢复与改革

“文化大革命”结束后，邓小平同志非常重视高等教育，复出后亲自主持召开科学和教育工作座谈会，恢复高考制度。1977 年高等学校恢复招生工作，实行德智体全面衡量，要求学生政治历史清楚，拥护中国共产党，热爱社会主义，热爱劳动，遵守革命纪律，同时恢复高校政治理论课。1978 年 4 月，在全国教育工作会议上邓小平同志要求教育工作向深度广度发展，指出：“学校应该永远把坚定正确的政治方向放在第一位”，“我们希望从事教育工作的同志，各个有关部门的同志，整个社会的家家户户，都来关心青少年思想政治的进步，把被‘四人帮’破坏了的优良革命传统恢复和发扬起来”。① 教育部办公厅下发《关于加强高等学校马列主义理论教育的意见》，指出马克思主义理论课是社会主义各类高等学校的必修课，要求开设哲学、政治经济学、中国共产党党史和国际共产主义运动史等课程，对马列主义理论课的目的和任务提出了新的要求，强调了课程的重要意义，强调开设马克思主义理论课，是新中国大学区别于旧中国大学，社会主义高等学校区别于资本主义高等学校的重要标志②。这一时期，马列主义理论课主要是适应拨乱反正和社会主义现代化建设的需要，对大学生开展马列主义、党史、革命理想教育，让学生了解拥护党的路线、方针、政策，培养

① 《邓小平文选》（第 2 卷），人民出版社 1994 年版，第 104 – 106 页。

② 教育部社会科学司组编：《普通高校思想政治理论课文献选编（1949—2008）》，中国人民大学出版社 2008 年版，第 70 页。

学生运用马列主义立场、观点、方法分析问题和解决问题的能力，逐步树立唯物主义的世界观。

1978 年召开的党的十一届三中全会，实现了中华人民共和国成立以来党的历史上具有深远意义的伟大历史转折，开启了改革开放和社会主义现代化建设的历史新时期。以邓小平为核心的党的第二代中央领导集体，重新确立了实事求是的思想路线，把党和国家的工作中心转移到经济建设上来，实行改革开放，开始了建设社会主义的新探索，大学生马克思主义理论教育也进入新的发展时期。1980 年 7 月，教育部在认真听取各方面意见和多次修改的基础上，遵照党中央的指示，吸取中华人民共和国成立三十年来正反两方面的经验，及时制定了《改进和加强高等学校马列主义课的试行办法》（以下简称《试行办法》），提出了系统地改进和加强高等学校马列主义课的重要措施，从高等学校马列主义课的地位和任务，教学方针，课程、学时、大纲和教材，教学制度、教学环节和教学方法，开展科学研究、提高教学质量，马列主义教研室的设置和任务，教师队伍的建设，加强领导、健全领导体制，八个部分系统详细部署了高校马列主义课的相关问题。《试行办法》强调，高校马列主义课在各类专业中都是必修课，不能选修或免修。高等学校马列主义课的任务，是对学生进行马列主义、毛泽东思想的基本理论教育，帮助学生完整地、准确地理解马列主义、毛泽东思想的科学体系，提高社会主义觉悟，逐步树立无产阶级的世界观，掌握科学的方法论，初步具有运用马列主义的立场、观点和方法分析实际问题的能力，自觉地为社会主义现代化建设服务，为人民服务。在课程设置方面，根据实践经验和现有条件，本科开设中共党史、政治经济学、哲学，文科专业加开国际共产主义运动史，也可试开科学社会主义。试开《科学社会主义》有利于学生对社会主义的理解，也有利于理解把马克思主义理论和中国实际结合起来探索中国特色社会主义道路。

随着我国社会主义现代化建设进入新的历史时期，在建设有中国特色的社会主义事业中，大量的新情况、新问题出现。针对这些新问题，党和国家教育部门紧紧围绕中国特色社会主义建设和大学生的思想实际，进一步完善大学生的思想理论教育。在 1984 年 9 月 4 日，中共中央宣传部、教育部关于印发《关于加强和改进高等院校马列主义理论教育的若干规定》

的通知，“为了增强马列主义理论教育的现实性，现在着手准备在全国高等院校增设《中国社会主义建设基本问题》课程”；“为了提高学生的思想素质，增强鉴别能力，高等院校应逐步开设西方现代哲学思潮、经济思潮、政治思潮和文艺思潮的评论讲座”①。12 日，《教育部关于印发〈关于高等学校开设共产主义思想品德课的若干规定〉的通知》指出，“共产主义思想品德教育，是高等学校学生思想政治教育的重要组成部分”，要求“各地教育部门和高等学校应切实加强领导，积极抓好共产主义思想品德课的建设，使其发挥应有的作用”。②

1985 年 8 月 1 日，中共中央颁发《中共中央关于改革学校思想品德和政治理论课程教学的通知》（中发〔1985〕18 号）（以下简称《通知》），标志着高校思想政治理论教育改革全面启动。《通知》规定，“进行中国社会主义建设和改革的理论、政策和实际知识的教育，使学生了解我国党和人民正在进行的有世界意义的伟大事业和青年一代的密切关系及崇高责任”。③ 紧接着国家教委在 1986 年 3 月颁发《国家教育委员会关于在高等学校进一步贯彻〈中共中央关于改革学校思想品德和政治理论课程教学的通知〉的意见》、9 月颁发《国家教育委员会关于在高等学校开设“法律基础课”的通知》等文件，对高校马克思主义理论课和思想品德课的课程设置作出具体部署，正式形成了思想政治理论课的“85 方案”。“85 方案”在政治理论课的课程设置方面，将“中共党史”课改为“中国革命史”，组织编写示范性大纲，推动教材建设，评审推荐全国试用教材；增加“中国社会主义建设”课和“马克思主义原理”，探讨教学内容和体系，组织编写试用教材和教学参考大纲；开设研究“世界政治经济和国际关系”课，开展专题讲授或组织讲座。并预计从 1990 年起，全国多数高校政治理论课的课程设置可基本上实现中央《通知》要求，教学内容也将得到充实、提高。在

---

① 教育部思想政治工作司组编：《加强和改进大学生思想政治教育重要文献选编（1978—2014）》，知识产权出版社 2015 年版，第 29 页。

② 教育部思想政治工作司组编：《加强和改进大学生思想政治教育重要文献选编（1978—2014）》，知识产权出版社 2015 年版，第 34 页。

③ 教育部思想政治工作司组编：《加强和改进大学生思想政治教育重要文献选编（1978—2014）》，知识产权出版社 2015 年版，第 39 页。

思想教育课程设置方面，设置了“形势与政策”“法律基础”两门必修课，“大学生思想修养”“人生哲学”“职业道德”三门选修课。在研究生马克思主义理论课方面，1987 年 6 月《国家教育委员会关于高等学校研究生马克思主义理论课（公共课）教学的若干规定》，要求硕士研究生都开设“科学社会主义的理论与实践”课，文科各专业开设《马克思主义经典著作选读》课，理工农医各专业开设“自然辩证法概论”课；博士研究生文科各专业开设“马克思主义与当代社会思潮”课，理工农医各专业开设“现代科学技术革命与马克思主义”课程。各省、自治区、直辖市和高等学校进行了传达、学习，并制定了贯彻落实措施。“85 方案”增加了“中国社会主义建设”这门课程，主要讲授改革开放以来，我们党在社会主义现代化建设过程中提出的一系列新的观点、新的思想，特别是邓小平建设有中国特色社会主义的重要论断，反映了党对社会主义的新认识，这是高校对大学生进行中国特色社会主义理论体系教育的开始。通过教育，让学生知道中国的现代化建设，必须从中国的实际出发，必须把马克思列宁主义同我国的具体实际结合起来，走自己的道路，建设有中国特色的社会主义。

“85 方案”实施到 1998 年，形势发生了变化，我们党对社会主义的本质的认识发生了一次质的飞跃，实现了中国特色社会主义理论体系内容的第一次理论创新和丰富。为认真扎实有序地做好邓小平理论“三进”工作，1998 年 6 月 10 日，中宣部、教育部印发了《关于普通高等学校“两课”课程设置的规定及其实施工作的意见》的通知，规定了本科开设“马克思主义哲学原理”“马克思主义政治经济学原理”“毛泽东思想概论”“邓小平理论概论”“当代世界经济与政治”（文科开设）五门马克思主义理论课，“思想道德修养”和“法律基础”2 门思想品德课。以此为标志，形成了思想政治理论课的“98 方案”。从课程设置看，“98 方案”加大了马克思主义中国化创新成果的分量，特别是中国特色社会主义理论体系的开创之作——“邓小平理论”的分量，体现了我们党对大学生中国特色社会主义理论教育的高度重视，使大学生中国特色社会主义理论体系教育迈上了一个新台阶。

“98 方案”的最大特点就是根据十五大精神和中国特色社会主义建设的伟大实践，将邓小平理论纳入课程体系，实现了“中国社会主义建设”课程到“邓小平理论概论”课程、“中国革命史”到“毛泽东思想概论”的调整，凸显了马克思主义中国化时代化的历程和理论成果的教育。

（二）思想政治教育专业和学科的建设

思想政治教育专业是目前马克思主义理论学科目录下的基础性本科专业，也是马克思主义理论学科目录下最为完备的学科专业。这一时期思想政治教育专业经历了思想政治工作科学化讨论、思想政治教育本科专业设立、思想政治教育学科建立与研究生培养三个阶段。

第一阶段，开展思想政治工作科学化讨论，确定专业的名称。1978 年 5 月，叶剑英在全军政治工作会议上明确指出：“毛主席关于革命军队政治工作的学说，是无产阶级军事科学的一个重要组成部分，是马克思主义军事学说的重大发展。它是前无古人，举世无双的。”① 1980 年 3 月 19 日，总政治部主任韦国清在总政治部直属队党代会上又提出政治工作也是一门科学的问题。随后，一场关于思想政治工作科学化的讨论，在全国范围内热烈开展起来。1980 年 5 月 27 日至 6 月 6 日，在第一机械工业部和全国机械工会联合召开的思想政治工作座谈会上，提出“思想政治工作要成为一门科学”。接着，《光明日报》以“思想政治工作要科学化”为题开展讨论，《人民日报》《解放军报》《工人日报》《文汇报》等纷纷发表报道及讨论文章。讨论重点集中在回顾建国后思想政治工作的历程，总结经验教训，拨乱反正，科学地认识思想政治工作的重要地位和作用上。讨论的最初一批成果，由《光明日报》理论部编辑出版了《论思想政治工作科学化》文集。1982 年，中宣部、教育部联合召开政治理论教育座谈会，一致认为思想政治工作是一门科学，应该加强研究工作。从此，关于思想政治工作科学化的讨论扩展到了各条战线，促进了人们对思想政治工作地位作用的科学认识，党的思想政治工作的优良传统得到恢复和发扬，也探讨了新时期思想政治工作面临的新情况、新特点、新问题，提出了一些思想政治工作的新内容、新途径和新方法。思想政治教育科学化的提出，确实具有开山创业之功效。它不仅为思想政治工作正了名，而且又提醒政工人员注意，不能

---

① 叶剑英：《叶剑英选集》，人民出版社 1996 年版，第 492 页。

陷入忙忙碌碌的事务主义，要注意摸索思想工作带规律性的东西，在科学化的途径中探索思想政治工作的新路子。

第二阶段，思想政治教育本科专业的建设。1983 年 7 月 1 日，中共中央批转的《国营企业职工思想政治工作纲要（试行）》指出，"为了提高广大思想政治工作干部的政治素质和业务能力，在抓紧思想政治教育的同时，必须有计划地加强对他们的专业训练"，"中央和地方要筹办以培养思想政治工作的领导干部为目标的政治院校。现有的全国综合性大学、文科院校，各部、委、总局所属的大专院校，有条件的都要增设政治工作专业或政治工作干部进修班"，"要经过若干年的努力，在全国形成一个初级、中级和高级的政治工作干部的教育训练体系，在全体政治工作干部中造成一个人人奋发学习、刻苦钻研的好风气，努力造就一大批思想政治工作能手，一大批精通思想政治工作的专家"。① 为了贯彻落实这一精神，有关部门经过科学论证和积极筹备，教育部于 1984 年连续发出《教育部关于在十二所院校设置思想政治教育专业的意见》等三个文件，布置在一部分高等院校设置思想政治教育专业，开办本科班、第二学士学位班、大专起点本科班的工作。1984 年暑假过后，首批经过选拔、考试的思想政治教育专业本科和第二学士学位的新生入学了。国家教委每年都召开思想政治教育专业的工作会议，研究专业建设的指导思想、课程设置、教材编写、思想政治工作等有关问题，交流情况和经验，修订教学计划，组织编写专业系列教材。经过几年的实践和探索，课程体系已基本形成，教学计划也趋于稳定，教学质量稳步提高，已为社会输送了几届（数千名）毕业生。到 1989 年，开办思想政治教育专业的高等院校，已从最初的 10 多所发展到 30 多所。与此同时，一部分经济管理干部院校也开办了政工专业，各级党校、团校也都为培训政工干部做了大量工作。1993 年 7 月，原国家教育委员会在调整高等学校本科专业目录时，将政治与思想品德教育专业和思想政治教育专业合并，统称为思想政治教育专业，包含师范类和非师范类，归属于教育学门类，列入教育学一级学科。1998 年又将该专业调回到法学门类。1994 年，

① 中共中央文献研究室编：《十二大以来重要文献选编》（上），人民出版社 1986 年版，第 380－381 页。

全国64所高校开设思想政治教育专业。其中47所招收本科生共8800人，已毕业3500人；18所学校招收第二学士学位班共2600人，已毕业2300人；23所学校招收硕士生共600人，已毕业400人。总计9年招收入学生1.2万多人，已毕业6200多人，思想政治教育专业已经成为文科专业中最大的专业之一①。

第三阶段，思想政治教育学科的创建与研究生的培养。1987年5月29日，中央下发《中共中央关于改进和加强高等学校思想政治工作的决定》，要求“有关院校要认真办好思想政治教育专业，办好第二学士学位班，并创造条件培养这方面的硕士和博士研究生，为造就从事思想政治教育的专门人才开辟一条新路”。② 1987年9月20日国家教委印发《关于思想政治教育专业培养硕士研究生的实施意见》的通知，首次提出思想政治教育学科、学科建设的概念。为加强思想政治教育学科和专业建设，开辟培养思想政治教育高层次专门人才的有效途径，以适应新时期社会主义建设事业的需要，国家教委决定思想政治教育专业从1988年开始培养硕士研究生。经过严格的审批程序，1988年全国有10多所高等院校获准首批招收思想政治教育专业硕士研究生。到1991年，在高等院校、军事院校、党校中，共有20多所院校获得了思想政治教育专业或军队政治工作学专业的硕士学位授予权，开辟了培养思想政治工作高级专门人才的新途径③。1993年10月8日，《国家教委关于普通高等学校思想政治教育专业办学的意见》明确了思想政治教育学科属性，思想政治教育学是以马克思主义理论为基础的、研究人们社会主义思想意识形成、发展规律和实施思想政治教育的规律的一门应用学科，具有很强的政治性、思想性、实践性和综合性。

（三）马克思主义理论教育专业和学科的建设

马克思主义理论教育和思想政治教育在我国的革命实践中有很长的历

---

① 徐文良：《难忘的历程——高等学校思想政治教育的回顾与思考》，吉林人民出版社2008年版，第412页。

② 中共中央文献研究室编：《十二大以来重要文献选编》（下），人民出版社1988年版，第1420页。

③ 国家教委思想政治工作司组编：《党的思想政治教育史》，高等教育出版社1993年版，第412页。

史和优良传统，在我国革命和建设中发挥了重要作用。中华人民共和国成立以后，随着思想政治理论的设立和调整，急需高校对口培养相关课程的专业教师。建国初期高等学校就相继建立了马列主义基础、辩证唯物主义和历史唯物主义、政治经济学、中国革命史等马克思主义理论类专业。20世纪50年代后期和70年代后期又设置了国际共产主义运动史、中共党史、科学社会主义等专业。

截至1986年底，经国家教委批准同意，已在南京工学院、天津大学、浙江大学、华东化工学院、成都科技大学、华南工学院、山东海洋学院、武汉水运工程学院等八校设置了马克思主义基础专业，在上海交通大学设置了该专业第二学士学位班。根据多数学校原来申报设置专业报告时的计划，马克思主义基础专业的培养目标、业务要求、课程设置等，都是围绕培养马克思主义原理、中国革命史、中国社会主义建设等几门课的师资来规定的。从该专业所担负的培养工作任务来说，存在着专业设置面过宽，学科、专业特点不突出，业务要求难以统一，教学力量容易分散等问题和困难。为了解决这些问题，使马克思主义基础等专业正式列入本科、研究生专业目录，1987年4月17日，国家教委政教司《关于调整高等学校“马克思主义基础”专业教学计划的通知》①，按照专业必须体现学科主要特点和比较广泛的社会需要、宽窄要适当、有若干门与其他邻近学科专业相区别的主干课程等要求，提出了设置马克思主义理论教育类有关专业的意见：高等学校的马克思主义原理、中国革命史、中国社会主义建设、世界政治经济与国际关系等课程的教师及科研人员，将分别由马克思主义基础（研究生专业称“马克思主义原理”）、中国革命史、中国社会主义建设、世界政治经济与国际关系四个专业担负培养任务，四个专业统属新设的马克思主义理论教育学科（现在本科专业目录中为一级学科，在研究生专业目录中暂定为二级学科）；凡列入国家教委制定的专业目录中的各专业，均须根据目录中“专业简介”的规定要求，进一步明确培养目标、业务要求和课程体系。

马克思主义基础，培养目标是培养能从事马克思主义原理课程的教学

① 杨放：《教育法规全书》，南海出版公司1990年版，第712－715页。

和研究工作以及党政部门有关实际工作的高级专门人才。主要专业课程为马克思主义原理、马克思主义发展史、马克思主义著作选读、近现代外国哲学、近现代外国经济学说、外国政治思想史、西方马克思主义、国外社会主义流派评介、政治学、国际共产主义运动、中国革命史、中国社会主义建设、当代资本主义、世界政治经济与国际关系、教学实习等。

中国革命史，培养目标为培养能从事中国革命史课程的教学和研究工作以及党政部门有关实际工作的高级专门人才。主要专业课程为中国通史、世界通史、马克思主义原理、中国革命史、中国社会主义建设、中国近现代经济史、中国近现代政治思想史、中国各民主党派史、中国工人运动史、中国学生运动史、共产国际与中国革命、教学实习等。

中国社会主义建设，培养目标是培养能从事中国社会主义建设课程的教学和研究工作以及党政部门有关实际工作的高级专门人才。主要专业课程为马克思主义原理、中国革命史、中国社会主义建设、中国社会主义建设文献选读、政治学、中华人民共和国宪法、社会调查的理论和方法、中华人民共和国经济史、社会主义经济政治体制比较、中国经济与社会发展战略、教学实习等。

世界政治经济与国际关系，培养目标为培养能从事世界政治经济与国际关系课程的教学和研究工作以及党政部门有关实际工作的高级专门人才。主要专业课程为马克思主义原理、世界近代现代史、国际政治概论、世界经济概论、主要资本主义国家经济与政治、苏联东欧经济与政治、发展中国家经济与政治、国际关系史、中国社会主义建设、中华人民共和国对外政策、当代国际关系、教学实习等。

关于马克思主义理论教育专业、学科与思想政治教育专业、学科的区别与联系方面，马克思主义基础、科学社会主义、中国革命史、中国共产党党史、中国社会主义建设，世界政治经济与国际关系等专业的研究对象，在具体范围和层次上虽有一些差别，但同马克思主义理论教育有着紧密的联系，从而构成马克思主义理论教育的主干和分支。思想政治教育专业主要是在马克思主义指导下，研究进行思想政治教育和青年一代正确世界观、政治观、人生观、道德观形成和发展的规律。其主要研究对象是：马克思主义关于思想政治教育的理论；人们思想和行为活动的规律；实施思想政治教育的规律；思想政治教育的组织与管理等。该专业的业务要求和主干课程同马克思主义理论教育类专业要求比较接近，因此列为一类，统称马克思主义理论、思想政治教育类。

至此，在本科层次就形成了马克思主义理论教育类专业（含马克思主义原理、中国革命史、中国社会主义建设、世界政治经济和国际关系），在硕士层次形成了“马克思主义理论教育”学科专业。马克思主义理论教育专业于1988年与思想政治教育专业同时开始招生。

（四）马克思主义理论与思想政治教育学科的设立

1987年9月，原国家教委即印发《关于思想政治教育专业培养硕士研究生实施意见》，除将“思想政治教育”学科专业列入普通高校社会科学本科专业目录外，还批准10所高校于1988年开始招收硕士生，同时，为设立“马克思主义理论教育”学科专业作准备，批准中国人民大学、北京大学、清华大学、上海交通大学、哈尔滨工业大学等高校试办“马克思主义原理”“中国革命史”“中国社会主义建设”等方向的研究生班。1988年，原国家教委批准中国人民大学挂靠在科学社会主义学科博士点上，招收马克思主义理论教育（马克思主义原理）博士生。至1989年，有思想政治教育、政治教育这两个本科专业的学校达62所。1990年，国务院学位委员会第九次会议通过了《授予博士硕士学位和培养研究生的学科专业目录》，在法学门类政治学一级学科下正式增设马克思主义理论教育、思想政治教育两个硕士授权学科专业。这一时期，全国高校获得这两个二级学科硕士学位授予权的学科点各有35个。①

1994年8月，在《中共中央关于进一步加强和改进学校德育工作的若干意见》中明确提出：“要把思想政治教育作为人文社会科学的重点学科加强建设”，这是中央首次提出把思想政治教育科学作为重点学科加强建设。根据这一精神，筹建和发展思想政治教育学科的博士点被提上了重要议事日程。1994年6月，林泰、陆庆壬、郑永廷、邱伟光、张耀灿、刘廷亚向

① 余明远：《思想政治教育学导论》，西北工业大学出版社2012年版，第54－55页。

国务院学位委员会、国家教育委员会提交《六教授关于设立博士学位点的建议书》，强调设立思想政治教育专业博士点的必要性和迫切性，论证了设立思想政治教育专业博士点的可行性和现实性。1995 年，在研究讨论启动思想政治教育专业博士点申报工作的过程中，国务院学位办委托许征帆、张静如先生等到清华大学、北京科技大学、首都师范大学等学校进行调研，对思想政治教育专业的教学、科研和硕士研究生的培养情况作综合评估。专家组得出的结论是：思想政治教育专业经过十年建设，已经有了很好的基础，取得了长足的发展，但存在着理论性不强和本科、第二学士学位和硕士生专业层次不够清晰的问题，建议与马克思主义理论教育合并，发挥综合优势，共同建设博士点。国务院学位委员会采纳了专家组这一建议，在国务院学位委员会和国家教育委员会 1997 年颁发的《博士、硕士学位和培养研究生的学科、专业目录》中，在法学门类、政治学一级学科下设置了马克思主义理论与思想政治教育二级学科、专业，代码为 030205。本科专业名称没有变动，仍然是思想政治教育。

首批马克思主义理论与思想政治教育博士点全国只有三家：中国人民大学、武汉大学（与华中师范大学合作）、清华大学（与首都师范大学、北京科技大学合作）。1997 年首次招收博士研究生。

将“马克思主义理论教育”与“思想政治教育”合并在一起，列入国家学科专业目录，对于更好地发挥从事马克思主义理论教育的专家、学者的作用，加强马克思主义理论公共课的师资培训，促进马克思主义理论学科的孕育，具有极大的积极意义，并取得了明显效果。

（五）马克思主义学院开始创立

“文化大革命”结束后，各高校逐步恢复了政治理论课教学研究和科学研究机构，重建“马列主义教研室”，担负全校马列主义公共课教学。而且马列主义教研室是直属学校党委领导的二级机构，明确了其担负高校马列主义课的课程教学和马克思主义理论的科学研究的两大职能，由此奠定了改革开放以来高校思想理论教育科研机构的基础。随着“85 方案”的实施，高校思想政治理论课由原来的“一课”变成了“两课”，即从马列主义理论课变为政治理论课和思想品德课。因此，一些高校开始设立了马克思主义理论课和思想品德课教学部（简称“两课”部），以统一承担学校的“两课”教学。“85 方案”实施了十余年之久，不仅推进了高校思想政治理论课程体系建设，也奠定了高校马克思主义理论教育持续、稳步发展的坚实基础。

1989 年春夏之交的政治风波和苏联解体、东欧剧变的教训，突显了高校开展马克思主义理论教育的重要意义。虽然风波已得到平息，但是，“马克思主义理论教育在许多学校至今还没有放到应有的重要位置上来，还不同程度地存在着认识不足、措施不力和效果不够理想的问题；许多学生的深层认识问题尚未得到根本解决，资产阶级的社会政治学说、价值观念和生活方式对青年学生仍有较大影响；学校思想政治工作薄弱的局面还未从根本上改变，学校仍然存在着某些不安定因素”。① 针对这些问题，在总结和吸收 1985 年以来“两课”教学改革的经验的基础上，1991 年国家教委及时下发了《关于加强和改进高等学校马克思主义理论教育的若干意见》，要求高校提高对马克思主义理论教育重要作用的认识，把马克思主义理论教育放在学校教育的重要位置。

在此背景下，北京大学为加强马克思主义理论的教育和研究、理顺体制、集中力量，更好地发挥北京大学作为综合性大学的优势，自 1991 年 3 月开始酝酿筹建马克思主义学院的工作。由学校党委副书记任彦申、副校长梁柱负责，广泛地听取了各方面意见，并进行了反复研究论证，就筹建工作向学校作出报告。1992 年 3 月 17 日，北京大学下发党发〔1992〕16 号、校发〔1992〕37 号文件《关于建立北京大学马克思主义学院的决定》，明确提出：学院在学校党委和行政的领导下，负责统一组织全校马克思主义公共理论课的教学，开展马克思主义的理论研究，承担高等学校马克思主义理论课教师和党政干部的理论培训任务，并接受学校委托，组织校内各方面的理论力量开展理论研讨活动，进一步把学院建成一个马克思主义理论的教育、研究和培训基地，成为思想政治教育的一个重要阵地；马克思主义学院下设教学研究部、马列主义研究所（社会发展研究所）、思想教

① 教育部思想政治工作司组编：《加强和改进大学生思想政治教育重要文献选编（1978—2014）》，知识产权出版社 2015 年版，第 113 页。

育研究室和理论培训部。[①] 这是我国高校成立的第一所马克思主义学院，是高校马克思主义理论教育制度的一个重要创新。此后，一些高校开始效仿北京大学设立独立的马克思主义学院，以加强马克思主义理论的研究与教育教学。

总体而言，这一时期随着中国特色社会主义的实践发展和理论创新，以及高校思想政治理论课程体系的不断与时俱进，马克思主义理论与思想政治教育学科开始全面建设，许多高校陆续成立马克思主义学院或思想政治理论课教研部，将学科建设与思想政治理论课教学统一起来，开展马克思主义理论学科的科研和研究生层次的人才培养，有力地推进了马克思主义理论学科的发展。

四、2005—2011 年：以马克思主义理论学科建设为核心的发展阶段

2005 年，国务院学位委员会、教育部增设马克思主义理论一级学科及所属二级学科。马克思主义理论学科具备了独立完整的学科形态，进入快速发展时期。

（一）高校思想政治理论课程的重大改革

随着我国改革开放的深入推进，经济成分和经济利益多样化、社会生活多样化、社会组织形式多样化等给思想理论工作带来大量新情况、新问题，西方各种思想和文化的渗透给学校思想政治工作带来挑战。面对新形势、新问题、新挑战，2004 年 8 月，中共中央、国务院发出《关于进一步加强和改进大学生思想政治教育的意见》（中发〔2004〕16 号），强调指出，高等学校思想政治理论课是大学生思想政治教育的主渠道，是大学生的必修课，是帮助大学生树立正确的世界观、人生观、价值观的重要途径，

① 邢鹏飞、张佩：《中国马克思主义学院的历史传承与发展趋向》，《中共云南省委党校学报》2019 年第 4 期。

体现了社会主义的本质要求①。为贯彻落实文件精神，中宣部和教育部于2005年2月下发了《中共中央宣传部、教育部关于进一步加强和改进高等学校思想政治理论课的意见》（教社政〔2005〕5号），3月印发了实施方案（教社政〔2005〕9号文件）②，规定开设4门必修课，分别是马克思主义基本原理（3学分），毛泽东思想、邓小平理论和“三个代表”重要思想概论（6学分），中国近现代史纲要（2学分），思想道德修养与法律基础（3学分），另外开设“当代世界经济与政治”等选修课。

可见，从“98方案”到“05方案”，高校思想政治理论课教学内容更凸显了马克思主义理论教学内容的综合性和完整性。一方面，将原“98方案”“马克思主义哲学原理”“马克思主义政治经济学原理”等课程整合为“马克思主义基本原理”课程，凸显了马克思主义理论的整体性。另一方面，从“98方案”单开“邓小平理论概论”到将“邓小平理论概论”和“‘三个代表’重要思想概论”整合在一起，到“05方案”整合为“毛泽东思想、邓小平理论和‘三个代表’重要思想概论”，再到2008年8月将“毛泽东思想、邓小平理论和‘三个代表’重要思想概论”调整为“毛泽东思想和中国特色社会主义理论体系概论”，反映了高校思想政治理论课充分体现了马克思主义中国化时代化的最新成果，促进了马克思主义中国化学科建设、课程建设、教材建设和教师队伍建设。

（二）马克思主义理论一级学科的正式设立

根据《中共中央国务院关于进一步加强和改进大学生思想政治教育的意见》和《中共中央关于进一步繁荣发展哲学社会科学的意见》精神，为了加强马克思主义理论体系研究、马克思主义发展史和马克思主义中国化研究、思想政治教育研究，推进党的思想理论建设和巩固马克思主义在高等学校教育教学中的指导地位，加强高校思想政治理论课建设、培养思想政治教育工作队伍，决定在《授予博士、硕士学位和培养研究生的学科、

① 教育部思想政治工作司组编：《加强和改进大学生思想政治教育重要文献选编（1978—2014）》，知识产权出版社2015年版，第266页。

② 教育部思想政治工作司组编：《加强和改进大学生思想政治教育重要文献选编（1978—2014）》，知识产权出版社2015年版，第293－299页。

专业目录》中增设马克思主义理论一级学科及所属二级学科。国务院学位委员会、教育部于2005年12月23日，颁布《关于调整增设马克思主义理论一级学科及所属二级学科的通知》（学位〔2005〕64号）①，标志着马克思主义理论学科的正式设立。

根据文件要求，新增设的马克思主义理论一级学科，暂设置于“法学”门类内，下设五个二级学科，即：马克思主义基本原理、马克思主义发展史、马克思主义中国化研究、国外马克思主义研究、思想政治教育（2008年学位〔2008〕15号文件又增设“中国近现代史基本问题研究”二级学科）。原政治学一级学科下的“马克思主义理论与思想政治教育”二级学科调整到马克思主义理论一级学科下，分别归入“马克思主义基本原理”和“思想政治教育”二级学科。至2006年年初，马克思主义理论学科已有21个一级学科博士学位授权点、103个二级学科博士学位授权点（如包括一级学科以下的则有200多个）及25个博士后流动站。② 这样，使高校思想政治理论课各门课程有了明确的学科依托，思想政治理论课也被直接纳入学科建设的领域，形成了学科与课程良性互动的局面。

（三）马克思主义理论学科的学科边界逐步清晰

马克思主义理论一级学科设立后，马克思主义理论学科及其目录下的二级学科得到了极大的发展，研究对象和学科边界逐步明确。这一学科边界的划分，从政策层面要归功于学位〔2005〕64号文件。马克思主义基本原理学科，旨在研究马克思主义主要经典著作和基本原理，从整体上研究和把握马克思主义科学体系；马克思主义发展史是一门研究马克思主义产生、发展的历史过程和规律的科学；马克思主义中国化研究是专门研究马克思主义中国化的基本经验、基本规律，以及马克思主义中国化理论成果的学科；国外马克思主义研究是对当代国外马克思主义相关的理论、思潮、流派的发生、演进及基本思想进行研究的学科；思想政治教育是运用马克

---

① 教育部思想政治工作司组编：《加强和改进大学生思想政治教育重要文献选编（1978—2014）》，知识产权出版社2015年版，第328页。

② 陈大文、舒先林：《高校思想政治理论课教学组织建设问题探析》，《思想理论教育》2008年第3期。

思主义理论与方法，专门研究人们思想品德形成、发展和思想政治教育规律，培养人们正确世界观、人生观、价值观的学科；中国近现代史基本问题研究是围绕历史和人民怎样选择了马克思主义、中国共产党和社会主义道路，即中国的发展举什么旗、走什么路、由谁来领导等中国近现代史的基本问题，专门系统研究中国近现代的历史进程及其基本规律和主要经验的学科。

然而，在实践中由于马克思主义理论学科孕育过程中过多地移植其他学科领域的知识体系和专门人才，加之偏于学科点数量扩张的粗放型增长，马克思主义理论学科自身的专门领域、专业特色并不明显。马克思主义理论学科研究方向设置随意性大、人才培养的学科属性不明显、依托本学科点从事其他学科研究等问题突出。因此，很多学科开始强调学科研究领域的规范，马克思主义理论学科属性逐步凸显。

（四）马克思主义理论教学科研组织机构建设稳步推进

进入21世纪以来，伴随高等教育改革和招生规模的扩大，许多“两课”教研部或社科部开始办政法类、经管类甚至艺术类本科专业。与此同时，大量的学院更名为大学，大学内部的二级单位教学系纷纷改称学院。一些学校虽然对外仍保留“两课”教研部或社科部的建制，但它的职能和工作重心都发生了很大的变化，不少学校直接从事“两课”教学组织与管理的教研组织逐步演变成挂靠学院的“三级单位”，甚至被边缘化。这些问题也为思想政治理论课教学研究机构的调整和马克思主义学院的规范化建设提出了新的要求。

在此背景下，《中共中央宣传部教育部关于进一步加强高等学校思想政治理论课教师队伍建设的意见》要求：“各高等学校应当建立独立的、直属学校领导的思想政治理论课教学科研二级机构。该机构是思想政治理论课教学部门和马克思主义理论研究机构，又是马克思主义理论学科点的依托单位。其职责是：统一管理思想政治理论课教师，负责思想政治理论教学、科研、社会服务和相关管理工作；负责马克思主义理论学科建设、人才培养和教学科研梯队建设等工作。”① 国务院学位委员会《关于进一步加强高

① 教育部思想政治工作司组编：《加强和改进大学生思想政治教育重要文献选编（1978—2014）》，知识产权出版社2015年版，第374－375页。

校马克思主义理论学科建设的意见》要求："马克思主义理论学科要以独立的、直属学校领导的思想政治理论课教学科研二级机构为依托，当前要着力解决学位点与思想政治理论课教学科研机构分离问题。"① 此后，我国高校普遍加强了思想政治理论课和马克思主义理论学科的组织机构建设，很多高校成立了马克思主义学院，扭转了组织机构弱化的局面。

（五）马克思主义理论学科地位逐渐得到社会认可

这一时期，经过马克思主义理论从业人员的共同努力，马克思主义理论研究的科学化和学科化地位逐渐确立。作为完备的学科形态，马克思主义理论是一个完整的体系，得到了党和国家领导人的肯定、中央文件的确定以及得到广大的马克思主义理论工作者的认可。马克思主义理论及其下的六个二级学科，作为我国人文社会科学中独立的一级学科及二级学科的地位得到了确认，无论马克思主义理论本身是属于人文学科还是社会科学，还是兼具人文科学和社会科学特点的综合性科学，被确认为独立二级学科这一事实本身已经表明学科建设的重要成果。作为当前我国人文社科领域最大的学科专业，马克思主义理论从本科、硕士到博士层次，每年都培育大批专业人才，受到社会的欢迎和好评。

五、2012 年至今：新时代马克思主义理论学科的创新发展

党的十八大以来，应对意识形态安全面临的严峻形势和任务，党和国家高度重视马克思主义理论学科建设，马克思主义理论学科呈现出新的发展态势。

（一）马克思主义理论学科与思想政治理论课建设协同创新

坚持支撑思想政治理论课建设，将马克思主义理论学科建设与思想政治理论课建设协调发展，既是马克思主义理论学科历史传承中的基本经验，也是新形势下学科建设重要发展趋向。在中国高等教育的实践中，支撑思

① 教育部思想政治工作司组编：《加强和改进大学生思想政治教育重要文献选编（1978—2014）》，知识产权出版社 2015 年版，第 551 页。

想政治理论建设，本身就是马克思主义理论学科建设的题中应有之义。在很长的历史时期，马克思主义理论学科专门人才的培养，其现实需求就是为思想政治理论课提供师资保障，也有力地促进了马克思主义理论学科的萌芽和生长。思想政治理论课的每一次改革，也坚持了马克思主义理论学科人才培养的新方向。在新的历史条件下，随着马克思主义理论学科的逐步完善和成熟，依然面临从人才培养、知识创新、科学研究等方面为思想政治理论课提供支撑的任务。

为贯彻落实党的十八大和十八届三中、四中全会精神，贯彻落实习近平总书记系列重要指示精神，根据中共中央办公厅、国务院办公厅颁布的《关于进一步加强和改进新形势下高校宣传思想工作的意见》，2015 年 7 月 27 日中央宣传部教育部制定了《普通高校思想政治理论课建设体系创新计划》。《计划》分别从充分认识办好高校思想政治理论课的重要性艰巨性、高校思想政治理论课建设体系创新计划的指导思想、基本原则和目标任务和高校思想政治理论课建设体系创新计划的重点建设内容三个部分，对高校思想政治理论课创新建设进行了详细的部署。其中突出强调要建强独立二级机构，重点建设一批马克思主义学院，稳定经费投入渠道，强化高校党委责任，不断健全基本要求、责任分工明确、政策制度完善，有利于形成工作合力的思想政治理论课建设条件保障体系。习近平总书记在 2019 年 3 月 18 日主持召开的学校思想政治理论课教师座谈会上再次强调要推动思想政治理论课改革创新；要不断增强思政课的思想性、理论性和亲和力、针对性；要坚持政治性和学理性相统一，坚持价值性和知识性相统一，坚持建设性和批判性相统一，坚持理论性和实践性相统一等。① 2015 年 9 月 10 日，教育部关于印发《高等学校思想政治理论课建设标准》的通知，对思想政治理论课的组织管理、教学管理、队伍管理、学科建设和特色项目指标进行细化，为新的条件下高校思想政治理论课建设和马克思主义理论学科建设协调发展起到了有力的规范和支撑作用。

（二）马克思主义理论学科知识体系的逐步丰富

学科的基本内涵之一就是系统的知识体系。人们构建学科体系的目的

---

① 习近平：《思政课是落实立德树人根本任务的关键课程》，《求是》2020 年第 17 期。

是将人类零散的认识根据其内在特征组成特定的知识结构以形成对世界的整体理解。马克思主义是“一整块钢”，必须在进行分门别类的研究基础上进行整体性研究，完整地把握其科学体系。“马克思主义理论”就是一门从整体上研究马克思主义基本原理和科学体系的学科，马克思主义理论学科的系统构建和发展离不开马克思主义理论知识体系的发展。然而，在马克思主义理论一级学科建设的十余年实践中，“马克思主义理论”学科进行整体研究的问题并未得到很好解决。在现实中，马克思主义理论学科多是做了马克思主义哲学、政治经济学和科学社会主义学科等相近学科的重复劳动的，学科特色并不明显。这也是学科成立之初学科敏感性不足、学科从业人员学科知识转化不积极、学科规训不严格等原因所致，也是马克思主义理论学科设立以来粗放型扩张的体现。因此，应深入研究马克思主义理论学科内部各二级学科的特定地位及其内部联系，深入研究马克思主义理论学科与相近学科的外部联系，着力探索、发现凸显整体性特色的要素和机制。在科学论证的基础上，加以提炼概括，逐步形成带规律性的理论结论。

在加强马克思主义学科知识建构的同时，也要处理好理论形态的马克思主义与实践形态的马克思主义的关系。马克思主义理论学科与其他人文社会科学相比，具有鲜明的独特之处，体现了科学性与意识形态性的统一。要根据时代变化和实践发展，不断实现理论创新和实践创新良性互动，在这种统一和互动中发展 21 世纪中国的马克思主义。马克思主义理论研究，要适应坚持和发展中国特色社会主义的需要研究重大理论问题和现实问题，深入研究马克思主义理论学科建设的规律，研究本学科的研究方向、课程设置、教学模式、教学内容、教材建设、队伍建设、人才培养等诸方面的基本问题。

（三）马克思主义理论学科共同体逐步完善

马克思主义理论学科逐步形成供同行之间讨论和研究的学术话语。七个二级学科的马克思主义理论学科属性得到学科共同体的广泛认同和自觉遵循，各二级学科之间的关系得到了合理的区分，形成了既具有马克思主义理论学科属性，又具有各自特色的学术话语。以思想政治教育学科为例，其研究大致可以划分为思想政治教育基础理论研究、方法论研究、发展史研究、比较研究、重大现实问题研究、跨学科研究、领域思想政治教育研究等研究领域；确立了以思想政治教育主体、客体、内容、过程、方法、环境等为主要内容的话语体系，形成了思想与行为、灌输与疏导、内化与外化等范畴，构成该学科研究者之间较为共同的话语体系，同时也体现了与其他学科话语体系之间的差异性①。

马克思主义理论学科已经形成一个人数众多的学术队伍和专业组织。经过10多年的发展，在马克思主义理论领域已经有了相对比较明确的马克思主义理论教学与科研的专门人员，并且在实践中形成了高校、各级党委宣传部、社科院、党校等马克思主义理论教学、科学研究与行政管理的专门人员群体。在这些群体中也形成了全国性的马克思主义理论群体性学术团体，比如马克思主义理论学科研究会、马克思主义中国化研究会、全国高等学校思想政治教育研究会等。马克思主义理论科学专门人员的大量出现势必对学科专业化提出更高要求，对专业培养的人才提出更高要求，这样就构成了马克思主义理论学科的理论工作者和实践工作者之间相互促进的依赖关系，使得马克思主义理论研究不再是个人兴趣，而是一种具有行业标准和规范的公共研究领域。

(四) 马克思主义学院建设逐步规范

党的十八大以来，我国高校逐步普遍建立了独立的、直属学校领导的思想政治理论课教学科研的马克思主义学院。2016年5月17日，习近平总书记在哲学社会科学工作座谈会上的重要讲话中指出："要充分发挥马克思主义理论研究和建设工程、中国特色社会主义理论体系研究中心、马克思主义学院、报刊网络理论宣传等思想理论工作平台的作用，深化拓展马克思主义理论研究和宣传教育。"② 这一重要论述，为推进思想理论工作"四大平台"建设、加强马克思主义学院建设，指明了努力的方向。要切实发挥马克思主义学院在理论人才培养上的基础作用，把马克思主义学院建设

---

① 佘双好：《思想政治教育学科发展现状与发展路径的回溯与展望》，《思想理论教育导刊》2012年第12期。

② 习近平：《在哲学社会科学工作座谈会上的讲话》，《人民日报》2016年5月19日。

成为马克思主义理论研究、教育、宣传和人才培养的坚强阵地。

此外，中央启动了国家级重点马克思主义学院建设。2016 年中宣部、教育部确定北京大学、清华大学、中国人民大学等 9 所高校的马克思主义学院为第一批全国重点马克思主义学院。2017 年 3 月和 2019 年 7 月，在中宣部、教育部发布的全国重点马克思主义学院名单中，分别有 12 所高校、16 所高校入选第二批、第三批全国重点马克思主义学院。在这一背景下，地方省级宣传部、教育厅也开始启动省级重点马克思主义学院、省市示范马克思主义学院建设项目，例如中共湖南省委宣传部于 2016 年 2 月公布了支持建设的省级重点马克思主义学院和思想政治理论课教学研究机构名单；河北省教育厅于 2022 年 5 月公布了河北省高校重点马克思主义学院名单。2019 年 8 月 14 日，中共中央办公厅、国务院办公厅印发《关于深化新时代学校思想政治理论课改革创新的若干意见》，强调要全面提升高校马克思主义学院建设水平。① 2021 年中共中央办公厅印发的《关于加强新时代马克思主义学院建设的意见》再次明确要求，"扎实推动马克思主义学院内涵式发展"②，要强化"马院姓马、在马言马"的鲜明导向，把思政课教学作为高校马克思主义学院基本职责，将马克思主义学院作为重点学院、马克思主义理论学科作为重点学科、思政课作为重点课程加强建设，在发展规划、人才引进、公共资源使用等方面给予马克思主义学院优先保障。③ 依托有条件的高校马克思主义学院建设一批习近平新时代中国特色社会主义思想研究院，建好建强一批全国重点马克思主义学院和示范性马克思主义学院，实现全国高校马克思主义学院从外延式增长向内涵式发展转变。

（五）马克思主义理论学科的社会服务职能逐步凸显

马克思主义理论学科的社会服务功能所具有的特殊性则在于通过动员群众和掌握群众，由一种科学的思想理论和精神力量转变为现实的积极的物质力量。从这个意义上说，马克思主义理论学科的社会服务功能的特色

---

① 《深化新时代学校思想政治理论课改革创新》，《人民日报》2019 年 8 月 15 日。

② 《加强新时代马克思主义学院建设》，《人民日报》2021 年 9 月 22 日。

③ 邢鹏飞、张佩：《中国马克思主义学院的历史传承与发展趋向》，《中共云南省委党校学报》2019 年第 4 期。

就在于马克思主义大众化。党的十八大以来，马克思主义理论学科的责任意识、大局意识、服务意识进一步强化，围绕国家经济社会发展中的重大理论和现实问题、热点难点问题、与人民群众切身利益密切相关的突出问题，在理论宣讲、决策咨询等方面更好地服务社会。

在理论宣传方面，有些学校马克思主义学院成立宣讲团，例如党的十八大精神宣讲团、党的二十大精神宣讲团，并借助宣讲团更加积极主动地开展思想理论的宣传活动。2020 年 4 月 28 日教育部等八部门发布《关于加快构建高校思想政治工作体系的意见》，提出要充分发挥马克思主义理论学科科研育人功能，持续开展全国科学道德和学风建设宣讲教育、“共和国的脊梁——科学大师名校宣传工程”等系列活动，加强理论宣传。① 在社会合作方面，依托马克思主义学院，积极加强同相关政府部门、校外科研院所、知名企业、文化基地的合作交流，搭建“政、产、学、研”的协同创新平台，形成学院和社会各领域、各方面的教育合力。在决策咨询方面，马克思主义理论学科更加积极主动地开展科学研究，对社会重大现实问题进行研究，为有关部门开展决策提供支撑，为国家和地方经济社会发展提供智力支持。尤其是党的十八大以来，地方党委宣传部和马克思主义学院加强了合作建设，比如湖北省委宣传部与武汉大学、陕西省委宣传部与西安交通大学等高校，签署了合作共建，有力地发挥了马克思主义理论学科的资政功能。

① 杨彬：《加快构建高校思想政治工作体系》，《中国教育报》2020 年 5 月 14 日。

第二章
马克思主义理论学科在中国发展的基本经验

马克思主义理论学科以马克思主义为指导，既探究马克思主义基本原理的发展历史及其在世界各国的传播、应用和发展实践，又致力于将马克思主义的科学理论与中国具体实际相结合，形成了一系列具有中国特色的马克思主义理论成果。新时代的马克思主义理论学科发展根植于中国特色社会主义伟大实践及文化土壤，将随着马克思主义中国化进程的深入而不断创新发展。只有善于总结马克思主义理论学科在中国发展的基本经验，才能深入挖掘马克思主义理论学科的中国特色及其优势。我们应坚持服务党的中心工作，将马克思主义理论学科发展与党的中心工作紧密结合；坚持支撑思想政治理论课建设，将马克思主义理论学科与思想政治理论课建设协调发展；坚持树德育人，把学科建设与人才培养紧密结合在一起；坚持问题导向，把学科建设与科学研究紧密结合在一起；坚持党的领导，把学科建设与队伍建设、制度建设、组织保证结合在一起。

一、坚持服务党的中心工作，将马克思主义理论学科发展与党的中心工作紧密结合

马克思主义理论学科的设立，承担着完整地、准确地掌握马克思主义的重大任务，是巩固发展马克思主义在意识形态领域指导地位的需要，对加强马克思主义理论创新、整合马克思主义理论学科力量、加强马克思主义理论研究与教育队伍建设以及培养中国特色社会主义事业建设者和接班人具有重大意义。党政军民学，东西南北中，党是领导一切的。要办好高

校马克思主义理论学科，就要促进马克思主义理论学科与党的中心工作紧密结合，服务于党的中心工作。加强马克思主义理论学科建设必须强化马克思主义的指导地位，推进马克思主义中国化时代化，党的领导是中国特色社会主义制度最本质特征和最大优势，是切实加强马克思主义理论学科建设的根本保证。

（一）马克思主义理论学科建设要始终坚持马克思主义的指导地位

马克思主义理论学科的设立，是一项百年大业、千秋大计，是关系党和国家事业发展的战略任务，是中央加强党的理论建设的重大举措。它不仅是一项党的思想建设的重大工程，也是一项社会主义文化建设的重点工程，是一笔可以流传久远的文化积累和思想财富，是中国对世界文化建设的贡献。马克思主义理论学科发展不仅关系到党的教育事业的发展，还是增强道路自信、理论自信、制度自信、文化自信的重要基础。马克思主义不是教条，随着实践的变化，马克思主义理论学科的内涵也在与时俱进。现在，马克思主义理论学科增设党的建设作为二级学科，突出党的建设在马克思主义理论中的核心地位，表明马克思主义理论学科的发展与党的建设伟大工程紧密相连。党的十八大以来，协调推进“四个全面”战略布局，坚持加强和改善党的领导，持续推进党的建设新的伟大工程，积极探索共产党执政规律、社会主义建设规律、人类社会发展规律，坚持党要管党、全面从严治党，净化党内政治生态，提升党的建设质量。

中国共产党作为一个马克思主义政党，一贯重视马克思主义研究与建设，始终把马克思主义确立为社会主义革命与建设的指导思想，坚持不懈推动马克思主义中国化，用马克思主义中国化的成果引领社会主义实践。习近平总书记多次强调，“全党要更加自觉地增强道路自信、理论自信、制度自信、文化自信，既不走封闭僵化的老路，也不走改旗易帜的邪路，保持政治定力，坚持实干兴邦，始终坚持和发展中国特色社会主义”。① 高举中国特色社会主义伟大旗帜，用发展着的马克思主义指导学科建设，指导理论实践，不断推动哲学社会科学的繁荣进步，这是党和国家事业的生命

---

① 《习近平谈治国理政》（第3卷），外文出版社2020年版，第13页。

力。马克思主义理论的发展也推动了教育事业的繁荣兴盛，有利于学术研究取得更大的突破。马克思主义理论学科建设已经成为国家重点学科，这不仅有助于推动马克思主义研究，催生更多的研究成果，也为高校思想政治理论课提供了有力的学科支撑。我国马克思主义理论学科取得的成就离不开始终坚持马克思主义指导地位。习近平总书记在庆祝中国共产党成立95周年大会的讲话指出："马克思主义是我们立党立国的根本指导思想。背离或放弃马克思主义，我们党就会失去灵魂、迷失方向。"① 因此，当马克思主义指导思想受到怀疑和挑战特别是受到"马克思主义过时论""马克思主义无用论"等思潮的影响时，党和政府应当旗帜鲜明地回击反马克思主义思潮，始终站在马克思主义的立场上看待问题，建立巩固马克思主义指导地位的保障体系。

（二）马克思主义理论学科发展坚持为中国共产党治国理政服务

我国是中国共产党领导下的社会主义国家，马克思主义理论学科的发展要坚持为社会主义制度服务的根本方向，坚持为中国共产党治国理政服务。我们的教育必须把培养社会主义建设者和接班人作为根本任务，培养一代又一代拥护中国共产党领导和我国社会主义制度、立志为中国特色社会主义奋斗终身的有用人才。因此，习近平总书记一再要求："办好我国高等教育，必须坚持党的领导，牢牢掌握党对高校工作的领导权，使高校成为坚持党的领导的坚强阵地。"② 马克思主义理论学科的发展表现在哲学社会科学的繁荣发展、党的思想理论建设的加强、马克思主义中国化成果的丰硕成就。马克思主义理论学科的发展肩负着培育社会主义接班人的重担，关乎着中华民族的伟大复兴。马克思主义理论学科培养了一批马克思主义理论人才队伍，致力于将马克思主义理论成果与中国特色社会主义实践相结合。理论只有作用于实践才能发挥出其指导性作用，解决建设过程中遇到的问题与矛盾。建好马克思主义理论学科是扎根中国大地办教育的要求，改革开放后，我们党就明确提出马克思主义理论课是社会主义高等学校的必修课。我们国家是中国共产党领导的社会主义国家，我们办的是社会主

① 习近平：《在庆祝中国共产党成立95周年大会上的讲话》，《人民日报》2016年7月2日。
② 《习近平谈治国理政》（第2卷），外文出版社2017年版，第379页。

义教育，必须要以马克思主义为指导，坚持社会主义办学方向。马克思主义是中国特色社会主义大学的鲜亮底色，是中国共产党创办高等教育的旗帜和灵魂。

（三）马克思主义理论学科发展为改革开放和社会主义现代化建设服务

马克思主义是党和国家的指导思想。高举中国特色社会主义伟大旗帜，用发展着的马克思主义指导学科建设，这是所有的哲学社会科学都必须坚持的重大原则，也是根据哲学社会科学建设的规律取得的一条推进学科建设的基本经验。但是，马克思主义理论学科建设与其他学科的建设有所不同，它不是普通的学科建设，而是关系党和国家事业发展全局的学科建设。近年来，马克思主义理论学科从坚持和发展中国特色社会主义事业全局的战略高度，从不断推进马克思主义中国化的战略高度认识问题，把马克思主义中国化最新成果贯穿于马克思主义学科建设的全过程，体现在马克思主义学科建设的各项工作之中。

马克思主义理论学科建设一直受到党和国家的高度关注和重视，以中国经济社会发展中的重大现实问题和理论问题为研究方向，创造出一系列具有全局性、战略性和前瞻性的理论成果，为经济建设和政治建设打下基础。中国共产党的领导是中国特色社会主义最本质的特征，是中国特色社会主义制度的最大优势，也是中国特色社会主义各项事业沿着正确道路不断前行的根本保证。马克思主义理论学科为中国特色社会主义的伟大事业提供理论指导，指导中国特色社会主义伟大实践。当前世界正处于百年未有之大变局，中国经济发展正处于消费升级换挡的关键期，人民日益增长的美好生活需要和不平衡不充分的发展之间的矛盾成为新时代中国社会发展的主要矛盾，供给侧结构性改革成为改革的重点和新常态。而教育事业的改革发展正是扎根中国大地办教育的迫切需求，教育要契合社会实践需求来培养专业人才。党的十八大以来，习近平总书记多次强调教育的重要性，我国加强马克思主义理论学科建设就是要确保立德树人的根本方向。马克思主义理论学科建设不仅关乎教育事业，更是培育学生良好思想道德素质的重要途径。我国正在协调推进全面建设社会主义现代化国家、全面深化改革、全面依法治国、全面从严治党的战略布局，齐心协力为实现第二个百年奋斗目标、中华民族伟大复兴的“中国梦”而奋斗，中国经济发展进入新常态，经济社会发展前景广阔，但同时也面临不少困难和挑战，调结构、转方式、促创新任务仍然艰巨，适应国内国际形势发展，应对新挑战，需要马克思主义的指导，特别是需要中国化、时代化的马克思主义指导。面对新形势，马克思主义理论学科要坚持为人民服务，为中国共产党治国理政服务，为巩固和发展中国特色社会主义制度服务，为改革开放和社会主义现代化建设服务，用马克思主义理论教育为学生一生成长奠定科学的价值观、人生观基础。

二、坚持支撑思想政治理论课建设，将马克思主义理论学科与思想政治理论课建设协调发展

把马克思主义理论学科建设与思想政治理论课程建设结合起来，用马克思主义理论学科建设支撑思想政治理论课程建设，是中华人民共和国成立以来马克思主义理论学科建设的基本经验。为思想政治理论课建设提供支撑，是马克思主义理论学科的重要使命。马克思主义理论学科与思想政治理论课程二者并不是孤立的，而是相互扶持的，二者统一于为中国特色社会主义事业培养接班人的事业中。一方面，马克思主义理论学科建设为思想政治理论课建设提供学术基础和理论支撑；另一方面，思想政治理论课建设深化了马克思主义理论学科建设，为推动马克思主义理论发展提供动力来源。新时代，要抓好培养什么样的人、怎样培养人、为谁培养人的根本问题，筑牢新时代中国大学的坚实根基，就必须正确处理好学科建设与课程建设的关系，遵循其内在发展规律，把二者放到同等重要的位置，制定科学的发展规划与建设思路。

（一）以马克思主义理论学科支撑思政课建设的重要意义

1. 办好思想政治理论课，有助于提高政治站位

政治站位的高度，首先是要放到能否办好思想政治理论课，放到高校培养什么样的人、如何培养人以及为谁培养人这个根本问题上来认识，放眼世界百年未有之大变局、党和国家事业发展全局中来看待。高校思想政

治理论课是思想、理论和实践的结合，是深层次理解习近平新时代中国特色社会主义思想的重要途径，这是关系中华民族前途和命运的战略举措和百年大计。① 中华人民共和国成立后，思想政治教育在高校普遍开展为马克思主义理论学科建设奠定了基础。② 1987 年国家教委首次将“思想政治教育”列入“马克思主义理论、思想政治教育类”学科门类本科专业目录。梅荣政教授指出：“在我国的学科群中，直接受中央领导关注，由中央思想政治工作领导小组批准、采取特事特办的学科是不多见的。也许马克思主义理论学科是唯一的。”③ 在发展的过程中，以习近平同志为核心的党中央高度重视马克思主义理论学科的发展，强调指出：“办好我们的高校，必须坚持以马克思主义为指导，全面贯彻党的教育方针。”④ 要坚持不懈传播马克思主义科学理论，抓好马克思主义理论教育，坚持为思想政治理论课教育教学服务，是马克思主义理论学科建设必须坚持的一条方向性原则。

办好思想政治理论课，最重要的是要在事关办学方向的问题上站稳立场，在培养德智体美劳全面发展的社会主义接班人和建设者上站稳立场。马克思主义理论学科建设与思想政治理论课建设具有内在一致性：思想政治理论课建设是目的和任务，马克思主义理论学科建设是基础和支撑。因此，马克思主义理论学科要与思想政治理论课进行“一体化”建设，要坚持用马克思主义理论学科建设支撑思想政治理论课建设，不断完善学科体系、课程体系、教材体系、教学体系、科研和教学队伍建设以及管理体系，用马克思主义理论的最新研究成果回答教学中的热点和难点问题，用先进的教学方法调动学生学习的主动性、积极性和创造性，实现教学的目的。2019 年 3 月 18 日，在学校思想政治理论课教师座谈会上，习近平总书记指出：“我们党立志于中华民族千秋伟业，必须培养一代又一代拥护中国共产

---

① 陈占安：《用习近平新时代中国特色社会主义思想铸魂育人——论新时代高校思想政治理论课的历史使命》，《思想理论教育》2019 年第 5 期。

② 冯刚：《深化新时代思想政治教育视域下的以文化人研究》，《马克思主义理论学科研究》2020 年第 6 期。

③ 梅荣政：《在改革开放中马克思主义理论学科的创建和发展》，《马克思主义理论学科研究》2018 年第 5 期。

④ 黄超、丁雅诵：《培养担当民族复兴大任的时代新人》，《人民日报》2021 年 12 月 10 日。

党领导和我国社会主义制度、立志为中国特色社会主义事业奋斗终身的有用人才。”① 政治站位是衡量一个党员合格与否的重要标准，也是衡量高校领导、思想政治理论课教师合格与否的重要标准。

2. 办好思想政治理论课，有利于提高教师综合素质

思政课教师要增强三大素养，首先是政治素养，指的是始终在大是大非面前保持清醒；第二是要有深厚的家国情怀，拥有民族自豪感；第三是要学会用辩证唯物主义和历史唯物主义来思考问题，引导学生树立正确的理想信念，学会正确的思维方法。思政课教师应当具备高尚的人格，积极弘扬社会主旋律，传播正能量。善于从政治上看问题，在大是大非面前保持政治清醒，这是思政课教师必须具备的政治素养。情怀要深，指的是后备思政课教师人才要坚定人民立场，厚植家国情怀。只有这样，教师才能在未来工作中以情怀感染学生，培育热爱祖国和人民的接班人。

办好思想政治理论课，须推动思政课创新，习近平总书记指出，推进思政课改革创新要坚持“八个相统一”，其中就包括建设性和批判性相统一。这不仅仅是为了培育思政课教师坚实的理论学识基础，更着眼于让后备思政课教师掌握唯物辩证的科学方法，摒弃教条主义和形而上学的思维方法。现在，许多高校通过举办高校思想政治理论课骨干教师研修、开展多层次的学科素质培训等方式来提升青年教师的业务素质和科研水平，一批中青年教师已成为马克思主义理论学科建设的主力军②。

思政课教师不仅肩负着传递学科知识，还承担着培育学生的思想道德修养的重任。思政课教师队伍肩负着科学研究和讲好思政课的双重任务，有些教师能够写好高水平的科研论文，但并不能讲好课。现在，高校马克思主义理论学科专业课程的发展趋势是将课程学术化，越来越多的教授带领学生进行科学研究，取得高水平的科研成果。这种教学科研化的倾向在高校蔓延开来。但是，高校思政课建设当中也存在不少问题：如研究生招生规模扩大而导致硕士生导师严重不足、许多高校引进的导师教学能力欠

① 习近平：《思政课是落实立德树人根本任务的关键课程》，《求是》2020 年第 17 期。

② 张新平：《马克思主义理论学科建设与思想政治理论课建设的关系》，《高校马克思主义理论研究》2020 年第 2 期。

缺，教学效果不佳；有的教师身兼数职，无法将精力完全投入到科研和教学当中。这类现象仍然存在于高校马克思主义理论学科当中。马克思主义是我们立党立国的根本理论基础，培养马克思主义理论学科的人才，远不只是关乎本学科发展，更关乎党、国家和民族的长远大计。人才培养不能拔苗助长，这要求我们在人才培养工作中要遵循规律，循序渐进，紧抓马克思主义理论学科教师质量，对思政课教师综合素质严格把关。

3. 办好思想政治理论课，是深入研究社会现实问题的关键

习近平总书记指出："坚持问题导向是马克思主义的鲜明特点。问题是创新的起点，也是创新的动力源。只有聆听时代的声音，回应时代的呼唤，认真研究解决重大而紧迫的问题，才能真正把握住历史脉络、找到发展规律，推动理论创新。"① 要坚持用联系的发展的眼光看问题，用系统性思维分清本质和现象、主流和支流，在全面分析的基础上揭示社会发展规律，揭示马克思主义理论学科的发展趋势。思想政治课聚焦时事热点，理论课教师应该要有实践性的教学方式，组织学生关注探讨社会现实问题，站在马克思主义理论的角度上解析这些问题，对大学生进行高质量的马克思主义教育。思想政治理论课应该要从实际出发，联系当前热点问题，对学生进行世界观、人生观、价值观的教育，从而达到思想政治教育的目的。高校肩负着弘扬社会主义核心价值观、为实现中华民族伟大复兴提供人才保障和智力支持的重担，而思想政治理论课程恰恰是实现这一目的的途径。同时，还要建立一整套多层次全方位的课堂教育体系，推动"思政课程"向"课程思政"转变。发挥马克思主义理论学科对思政课程的支撑作用，应该使马克思主义理论学科服务于高校思想政治理论课建设，在解决学生思想问题、回应现实问题的过程中，增强思想政治理论课的说服力。

（二）马克思主义理论学科是支撑思想政治理论课的关键

1. 提供人才支撑，培养后备思政课教师人才

马克思主义理论学科对思想政治理论课的关键作用，首先是提供人才支撑。对高等教育来讲，主要是培育马克思主义理论学科的博士充实到高

---

① 习近平：《在哲学社会科学工作座谈会上的讲话》，人民出版社2016年版，第10页。

校中来，他们的思想道德素质和专业素质直接决定了思政课教育教学的效果和人才培养质量。思政课教师的主要来源是马克思主义理论学科培养的博士生，培养马克思主义理论学科博士生要坚持“六要”标准：即“政治要强”“情怀要深”“思维要新”“视野要广”“自律要严”“人格要正”。①思政课教师要增强职责使命感，具有坚定的共产主义理想信念和高尚的道德情操。习近平总书记指出，全社会要弘扬尊师重教的良好风尚，努力提高教师社会地位、职业地位，提升教师职业岗位上的幸福感，发挥教师的积极性、主动性和创造力。

思政课教师不仅要有崇高的道德使命，还应具备较强的科研能力。只有教师自身对马克思主义的立场、观点、方法有很清晰的理解和把握，才能传授给学生正确的观念；只有教师自身具备扎实的马克思主义学术功底，才能帮助学生分析问题和解决问题，建立起马克思主义世界观和方法论。

培养后备思政课人才应该坚持思想政治理论课创新。习近平在“3·18”讲话中强调，思政课创新要坚持“八个相统一”，即：政治性和学理性相统一，价值性和知识性相统一，建设性和批判性相统一，理论性和实践性相统一，统一性和多样性相统一，主导性和主体性相统一，灌输性和启发性相统一，显性教育和隐性教育相统一。将“八个相统一”纳入后备思政课教师人才培养内容，对于培育博士生树立科学的、辩证的思维方法，解决现实问题具有重要意义。

2. 提供学术支撑，夯实马克思主义理论学科基础，为思政课教育教学服务

思政课教育教学不仅关系到马克思主义理论学科的发展，关系到教育事业的繁荣兴盛，还直接影响到新时代中国特色社会主义事业的发展。马克思主义理论学科为思想政治教育课提供学术支撑，首先就要奠定坚实的学术理论，马克思指出：“理论只要彻底，就能说服人。”② 高校马克思主义学院和研究院应当要鼓励马克思主义理论学科将理论与实践结合，聚焦时

---

① 陈占安：《我见证了马克思主义理论学科的发展——兼论强化新时代高校思想政治理论课的学科支撑》，《思想理论教育导刊》2020 年第 10 期。

② 《马克思恩格斯选集》（第 1 卷），人民出版社 1995 年版，第 9 页。

事热点，将思政课教学中的疑难问题、学生关注的现实问题作为学术研究导向，以透彻的学理分析回应学生，以科学的思想理论说服学生，用真理的强大力量引导学生。

习近平总书记指出："办好思想政治理论课，最根本的是要全面贯彻党的教育方针，解决好培养什么人、怎样培养人、为谁培养人这个根本问题。"① 这表明，政治性是思政课的基本属性，解决的是人才培养的方向问题。同时，思政课也是理论课，但"思政课不是单纯的政治说教或政治宣传，它有自己的学科归属和学理支撑"，马克思主义理论学科在为思政理论课提供支撑的过程中应该始终"坚持政治性和学理性相统一"，"坚持价值性和知识性相统一"，把为人民服务、为中国共产党治国理政服务、为巩固和发展中国特色社会主义制度服务、为改革开放和社会主义现代化建设服务作为学术研究的实践导向。②

中宣部和教育部印发的《普通高校思想政治理论课建设体系创新计划》中强调，办好思政课，事关意识形态工作大局，事关中国特色社会主义事业后继有人。因此，开展社会主义意识形态教育，把握正确的政治方向，对于办好高校思政课具有重要的战略意义。思政课作为主流意识形态教育的主渠道、主阵地，面对各种思潮或意识形态的渗透，如果不对现代西方思潮进行学理分析、学术辨析，不对它们解构中国特色社会主义、解构马克思主义的表现和手法进行彻底的分析，就无法解除学生的思想困惑，从而无法引导正确的意识形态方向。这就要求马克思主义理论学科要加强对这些思潮的研究，为思政课解疑释惑提供学理支撑，用学理来回答大学生关切的思潮与热点，增强思政课的答疑解惑效应，从而筑牢学生的正确思想基础。

3. 提供平台支撑，优化马克思主义理论学科交流平台，使思政课教师教学相长

马克思主义理论学科交流平台要实现学科知识的共享就必须具备理论探讨、学术争鸣、方向引领、体会分享、方法呈现、前沿总结、学术报告

---

① 《习近平谈治国理政》（第3卷），外文出版社2020年版，第328页。

② 沈壮海：《宏观思想政治教育学初论》，《思想理论教育导刊》2011年第12期。

等多重功能。[①] 马克思主义理论学科是一门聚焦社会现实热点问题而产生的理论学科，针对当前的时政热点进行探讨是提升学术素养，共享知识成果的推动力。当前已涌现出一些对于提高思政课教师教学能力的优秀的平台，但是总体上看，也还存在不少资源平台利用率不高、资源更新不及时、交流分享的平台缺乏规范化管理等问题。由此，马克思主义理论学科要为思政课提供有力的平台支撑，除了要搭建好平台外，还要精心运营和建设，使平台充分发挥作用，更好地服务于思政课教师的教学与科研。

首先，要规范改进交流平台，确保学术交流的高效运行。目前，各高校马克思主义学院举办全国性学术会议的热情高涨，这些会议在推进学术研究、加强思政课建设方面发挥着重要作用。但是，许多问题也暴露出来。由于许多高校的马克思主义理论学科会议缺乏规范化管理，使得学术会议形式化，质量效益大大下降。针对这一问题，需要对马克思主义理论学科学术会议进行规范化管理。其一，明确规范“办会主题”。这是增强会议目的性、提高学术含量、深化会议研究内涵的基础。其二，明确规范“研讨领域”。研讨领域的确定有利于支撑会议主题，实现办会目的。其三，严格规定“人员范围”。既要严格规定对会议主题有深入研究的专家学者参加，也要鼓励青年学者和博士生以文赴会。其四，严格把关“会议成果”。会议的目的是在思想聚焦的基础上，为人们提供一个交流学习的平台。因此，会议不仅要求与会人员以文赴会，使他们带着思想有备而来，而且还要坚持“宁缺毋滥”的原则，对所收稿件进行严格筛选，筛选出既符合会议主题，又具有一定创新性的成果，确保成果质量。

其次，马克思主义理论学科以期刊的形式汇聚了很多前沿的思想成果，打造出许多优秀的、具有代表性的学术刊物，为推动思政课发展，提升思政课的影响力提供了平台支撑。但目前，一些学术平台展现的学术成果，存在单纯的“为科研而科研”的现象，并未有效回应思政课教学中出现的问题，因而无法对其提供有效指导，影响了学术成果的转化。为了有效支撑思政课建设，马克思主义理论学科必须改善这种“单纯学术”型成果展示平台，从而使科研与教学相互配合。首先，平台可以征集思政课教师在

---

① 靳诺：《新时代思想政治理论课改革创新的着力点》，《思想理论教育导刊》2019 年第 5 期。

教学中遇到的疑难问题，以此为导向，策划马克思主义理论学科重要课题攻关项目，并动员思政课教师积极申报，从而为思政课教学提供有力支撑，形成重视学术支撑教学的氛围。其次，还要时刻关注思政课前沿问题，提升刊文质量，打造一批有影响的权威期刊，真正做到马克思主义理论学科建设支撑思政课建设，从而使思政课教师从刊物中能够获取有启发意义、有价值的学术文章。

三、坚持树德育人，把学科建设与人才培养紧密结合

马克思主义理论学科要坚持树德育人，把学科建设与人才培养紧密结合在一起，把培养德智体美劳全面发展的社会主义建设者和接班人作为一切教学活动、教学环节、培养过程的总目标。换言之，就是马克思主义理论学科点的一切教学活动、教学环节、培养过程的设计，都要根据本学科属性和独特要求，具体体现培养德智体美劳全面发展的社会主义建设者和接班人的总目标。以培养能担当民族复兴大任的时代新人为目标，以培养什么人、培养的人听谁的话、跟谁走这个教育首要问题为中心进行专门的系统研究，并作出精准解读和科学阐释。思想政治理论课是培养大学生思想道德素质的主阵地，要充分发挥马克思主义理论学科树德育人的作用，把马克思主义理论学科建设和人才培养紧密结合在一起。

（一）加强马克思主义理论学科人才培育的基础意义

1. 加强马克思主义人才队伍建设是加强意识形态安全的迫切需要

人才队伍建设不仅事关我国意识形态安全，也事关民族复兴及社会主义和共产主义事业的兴衰成败。我们不仅需要培养一代又一代德智体美劳全面发展的社会主义建设者和接班人，更需要培养大批具有较高马克思主义理论素养、坚定共产主义信仰的高层次优秀人才。在此次抗击新冠肺炎病毒疫情的斗争中，许多走出大学校门不久的青年化身白衣战士踊跃投身抗疫一线，弘扬救死扶伤精神，做出了突出贡献，涌现出许多感人事迹；广大大学生也听从中央号召，积极参与和配合。这些从一定程度上表明，我们以思想政治理论课为主渠道开展的青少年特别是大学生思想政治教育

是有效的，也是成功的，我们必须进一步强化这一课程的立德树人功能，增强育人实效，不断培养出一批又一批中国特色社会主义的建设者和接班人。立德树人是教育的根本任务，马克思主义理论学科担负着马克思主义理论人才培养、科学研究、服务社会和文化传承、创新的任务，同时为高校思想政治理论课教育教学提供学理支撑。① 立德树人不仅表现在培养一批兼具崇高的思想道德素质和科学文化素质的优秀青年大学生身上，还应该囊括培育的思想政治工作者要具备良好的社会实践应用能力和社会奉献能力。

加强马克思主义理论学科建设有助于巩固马克思主义在意识形态领域的指导地位，发挥马克思主义学科社会人才的服务功能。从人才培养目标来看，坚持好、巩固好马克思主义在意识形态领域的指导地位，需要培养一代又一代兼具理论素养和实践能力的马克思主义理论学科人才。意识形态建设具有长期性的特点，对国家的发展和综合能力的提升至关重要。中国特色社会主义进入新时代，这是我国发展新的历史方位。我国的意识形态建设日益完善，随着马克思主义理论学科的日渐成熟，我国的马克思主义理论学科队伍也更加壮大，对意识形态方面的关注度也有所提升。但是也要充分认识到，西方国家一直在对我国的意识形态进行渗透，这对我国的意识形态安全造成了威胁。因此，党员干部队伍和新闻舆论宣传工作者应该要扛住压力，培养一批马克思主义理论后备人才，为国家的意识形态安全提供强有力的保障。

2. 加强马克思主义人才队伍建设有利于建设一支高水平高素质的教师队伍

加强马克思主义理论人才队伍建设，有助于培养一批优秀的马克思主义理论专业教师，培养一支政治立场坚定、理论学识深厚、创新能力突出的专业人才队伍，推动新时代中国化马克思主义理论体系的发展和创新。中国正处于民族复兴的关键时期，面对意识形态领域斗争的严峻现实和马克思主义理论专业人才紧缺的现况，必须加大马克思主义理论人才队伍建

① 孙武安、蒯正明：《新时代加快马克思主义理论学科人才队伍建设的几点思考》，《马克思主义理论学科研究》2020 年第 6 期。

设力度，培养马克思主义理论专业的优秀人才。① 马克思主义理论学科作为一门政治性、科学性、理论性和实践性很强的学科，政治强、情怀深、思维新、视野广、自律严、人格正是马克思主义理论学科人才培养的核心内容。② 马克思主义理论学科人才队伍培养也要按照这个标准来进行，马克思主义理论学科的专业特殊性和学科使命性，决定了该学科人才无论是进行理论讲解还是学术科研上都必须具备坚定的政治立场和崇高的政治素养。在学科人才培养过程中要坚持教育为人民服务、为中国共产党治国理政服务、为巩固和发展中国特色社会主义制度服务。通过加强思想教育和师风师德建设，培育学科人才的道德水平和文化素养，塑造积极健康的心理品格，形成乐观向上的生活态度，培养严谨求实的学术素养。③ 目前，马克思主义理论学科设有本科、硕士以及博士研究点，本硕博一体化人才培养体系逐步形成。在发展和完善本硕博一体化人才培养体系过程中，要注重每一个阶段的培养，这是一个从教学向教学与科研并重的过程，其中不可避免地存在一些局部问题，一些人才培养的具体细节还有待于完善，加强马克思主义专业人才的培养，首先要做到加强大学本科教育，培养马克思主义理论初级人才，从大学本科阶段就要使学生意识到思想政治教育这门学科的优势，适时扩大马克思主义理论学科本科、硕士和博士点数量。近年来，随着马克思主义理论学科建设力度的加大，全国马克思主义理论硕士、博士点有明显增长。但是，如上所述，大中小学校、党政机关及农村、社区和企业，对马克思主义理论学科人才的需求仍然较大。这是一个可观的趋势，正是出于这种形势，才让我们有更多的信心和勇气去挖掘更多的思政工作者去展现他们的价值，培育更多优秀的马克思主义理论人才。当然，马克思主义理论学科人才培养不仅要注重数量的增加，更要重视质量的提升。应该看到，近年来有的高校在马克思主义理论学科研究生培养方面也

① 孙武安、蒯正明：《新时代加强马克思主义理论人才队伍建设的几点思考》，《马克思主义理论学科研究》2020 年第 6 期。

② 崔楠、宫珊珊：《高校思想政治理论课立德树人的路径分析》，《思想政治教育研究》2021 年第 1 期。

③ 秦宣：《将立德树人贯穿于马克思主义理论学科与思想政治理论课建设全过程》，《思想理论教育》2015 年第 9 期。

存在不少问题。如课程设置不完善、课程考核不严格、毕业论文偏离方向、研究生导师队伍参差不齐，或者教师投入时间精力明显不足等问题。针对这些亟待解决的问题，我们需要花更多的时间和精力去完善。

3. 加强马克思主义理论学科人才培育是提升思政课教学水平的需要

党的十八大以来，党中央大大加强马克思主义理论队伍建设，本着出人才、出成果的精神，把教师队伍建设作为学科建设的基础，通过教学实践、科研课题、专题讲座、集中培训、参加学术会议、出国访学等方式，从政治素质、思想道德素质、专业素质、社会实践能力等多方面加强对马克思主义理论学科人才的培养，提升思政课教育教学水平。始终坚持树德育人的大方向，坚决克服唯分数、唯文凭、唯升学的痼疾，以培养能担当民族复兴时代重任的时代新人来考量学科建设质量，厚植爱国情怀，加强品德修养，牢固树立“育新人”的目标观。

新时代中国特色社会主义事业的发展对马克思主义理论专业人才的需求是广泛的。革命战争年代，我们没有条件培养人才，没有足够的理论人才可用。今天我们有条件有能力，没有理由不重视马克思主义理论专业人才的培养和选用，有必要采取切实有效措施，使马克思主义理论专业人才在学有所成之后，能人尽其才。发展21世纪中国的马克思主义，解决好中国改革发展过程中的理论和现实问题，需要加快马克思主义理论学科建设、培养马克思主义理论学科人才队伍。

牢牢掌握意识形态工作领导权，发挥马克思主义理论学科引领作用和推进马克思主义中国化理论创新发展，为坚定中国特色社会主义道路自信、理论自信、制度自信、文化自信提供重要的智力支撑和基础保障。① 当前，培养什么样的马克思主义人才队伍的目标已经明确，但怎样培养马克思主义人才队伍仍是新时代党和国家亟待解决的重大课题和战略任务。新时代，要加强马克思主义理论学科的人才队伍培养的顶层设计，明确培养“双重过硬”学科人才的目标导向。马克思主义理论学科承担着“两个巩固”的历史重任和解答马克思主义在当代发展中的重大理论与实践问题，因此，

① 佘双好、董梅昊：《马克思主义理论学科的发展历程及趋势》，《马克思主义理论学科研究》2020年第1期。

培养马克思主义理论人才应该要以思想道德素质、政治素养以及专业能力素养为指标①，这不仅关系到思想政治教育事业的繁荣，更关系到中国特色社会主义伟大事业。

（二）坚持树德育人，实现马克思主义理论人才培养的创新路径

1. 坚持政治素养和专业素养双重点培育

马克思主义理论学科人才培养的关键是要加强学生的专业素养，马克思主义理论学科具有自身鲜明的特点，它不仅要传授给学生知识，更重要的是帮助学生树立正确的世界观、人生观和价值观，帮助学生扣好“人生的第一粒扣子”，这是一门立德树人的关键课程，“人才培养一定是育人和育才相统一的过程，而育人是本，人无德不立，育人的根本在于立德”。这个要求决定了高校在“后备人才”的培养过程中，要认识到学生的政治素质提高和专业素养培育二者具有同等重要的地位，对于高校马克思主义理论工作者来说，这里所说的“德”不仅指的是个人品德、家庭美德和社会公德，更多指的是坚定马克思主义政治信仰和立场。教师队伍的政治要强指的是提高政治素质和理论素质，坚持马克思主义信仰的坚定性和一贯性，善于从政治上看问题，在关键问题上保持清醒。所以，提升政治素质，具体到“后备人才”培养工作上，首要的任务就是塑造和引导他们在政治原则和大是大非面前的政治清醒和立场坚定。只有马克思主义理论工作者政治清醒，才能有正确的价值观念。2021 年 3 月 6 日，习近平总书记亲切看望参加全国政协十三届四次全会的医药卫生界、教育界委员时，重点分析立德树人重要论述的精髓。落实好习近平总书记关于立德树人的重要论述，必须坚持全员、全程、全方位育人，深化教育改革，把社会主义核心价值观融入各类学校课程。要致力于人才涌动，推进三全育人改革，思政工作队伍是三全育人的关键力量，在人员培养上应该抓人员配备，强化业务培训，重视激励引导。加强教师政治素养和专业知识水平素养。②

2. 坚持本硕博一体化培养的内在模式

马克思主义理论学科人才培养要融入本硕博一体化的模式，在这个体

① 《深刻认识马克思主义时代意义和现实意义 继续推进马克思主义时代化大众化》，《人民日报》2017 年 9 月 30 日。

② 陈玲：《“三全育人”协同创新组织的建构》，《学校党建与思想教育》2021 年第 4 期。

系中，本科生培养是基础，硕士生培养是过渡，博士生培养是关键，三个学段形成一个内容衔接、螺旋上升的一体化培养体系，这样有助于选拔更优质的马克思主义理论学科人才队伍。[①] 长期以来，我国本科教育环节中马克思主义理论专业设置数量和人才培养数量不足，由此造成了马克思主义理论人才培养的“倒金字塔”格局。具体到马克思主义理论学科，本应发挥基础性、支撑性作用的马克思主义理论本科专业人才培养明显滞后，还有部分人对马克思主义经典著作知之甚少，甚至完全不了解，这就造成了研究生培养质量低下的现象。因此，必须构建贯通性、全方位、一体化的马克思主义理论学科本硕博培养体系。“后备人才”的培育工作也要与之结合，并充分利用这一契机，使“后备人才”队伍的主体“术业专攻”，为高校思政课教师队伍源源不断输送具有扎实基础的“科班”人才。

在马克思主义理论本硕博一体化培养的过程中，本科教育无疑是基础阶段和起点阶段。本科教育对于一个人的专业基础、学术视野、思维方式、观察视角和价值观等影响巨大，在一定程度上能够影响乃至左右一个人未来的发展方向和专业的可塑性，反之亦足以限制一个人的成长空间。对于马克思主义理论这样一门高度理论性的学科，扎实的基本功尤为重要，本科阶段也是青年学生世界观、人生观和价值观的重要培塑期，学生如果不在本科阶段经过长时段的系统学习，熟悉和消化经典论著，理解并认同其立场、观点和方法，并转化为自身价值的一部分，可能会影响到研究生阶段的学术生涯和马克思主义理论学科素养的提升。

马克思主义理论学科博士生的培养质量更为关键，周期一般为三至四年，与未来社会对思政课教师的需求高峰基本吻合。因此，要满足这种迫切需要，就必须加大博士研究生培养工作力度，争取在培养质量和数量上取得较大的突破。培养部门和单位要特别关注对博士研究生学术创新能力、学术鉴别能力、学术应用能力和学术交流能力等能力的培养，尤其是思政课教学能力和国际学术交流能力，这是目前马克思主义理论学科博士研究

---

① 陆树程、李佳娟：《论新时代马克思主义理论学科研究生培养的思维模式》，《思想理论教育导刊》2020 年第 5 期。

生培养提升质量的关键性措施。除此之外，还可以进行考核与分流的计划，在马克思主义理论学科这个领域表现优秀的人才准许免试提前进入研究生阶段继续深造学习。

3. 坚持理论与实践培育同时并举

坚持理论和实践同时并举，不仅是培养马克思主义理论优秀人才的需要，也是做好“后备人才”培育工作的重要遵循。只有通过理论培养，才能不断增强思想政治理论课教师对毛泽东思想和中国特色社会主义理论体系的理解与认同。对于马克思主义理论的优秀接班人来说，不仅要使培养对象系统全面学习马克思主义理论，而且还要使他们学会运用马克思主义立场、观点和方法分析问题和解决问题，做到将马克思主义的方法论内化于心，外化于行。理论学习是基础，在人才培养工作中，思政工作者首先要具备扎实的专业知识和理论，熟读经典名著，认真学习领会毛泽东思想和中国特色社会主义思想，深刻领悟习近平新时代中国特色社会主义思想的精髓要义，只有具备扎实的马克思主义理论学科知识作为基础，才能在实践中灵活运用。在硕士研究生阶段，要结合所研究的具体领域和问题，开展马克思主义人文社会科学方法论教育，教会学生要站在马克思主义的立场上看问题，做出理智的思考，在博士研究生阶段，要特别关注马克思主义中国化的最新成果，站在实践的角度去看问题，学会关注世界性问题的进展，把理论知识与实践结合起来，既要站在学术的高度去思考问题，也要把马克思主义中国化的最新成果运用到生活实际之中；在博士研究生阶段，由于其研究的方向已经接近或属于学术的前沿领域，可以在统筹规划的前提下，结合思政课的知识体系由其试讲与其研究方向相关的若干专题拓展内容，作为对教材内容体系的延伸和丰富，讲出特色、深度与厚度。思政课教师除了要具备扎实的理论功底之外，“思维要新、视野要广”也非常重要。思政课教师应在志愿服务、考察调研和挂职锻炼等活动中锻炼其实践能力，以此拓宽自己的视野，更新自己的思维。

4. 创建良好的外部条件

马克思主义理论优秀人才的培育不仅仅靠政治素养和专业知识能力的积累，也需要合适的外部条件。一个优秀的平台对人才的培养能够起到事半功倍的效果。图书空间、资料、平台机会等等都是可以起到助推的功效，对“后备人才”培养所需的师资力量、教学空间、图书资料等进行合理安排规划也非常重要。为满足小班教学和本科生导师制培养模式的需要，培养单位应保证担负培养任务的院系拥有数量充足、设施完备的院系资料室、自习室和学生研讨室等硬件配置，为“后备人才”的培养工作创造条件。同时，对培养的研究生和博士生要配备适合的专业对口的优秀导师，这对于专门人才的培养是十分必要的，有助于研究生在专业领域研究更加深入。再次，要建立针对思政课教学和“后备人才”的情怀化保障机制，让思政人才更多地去享受学习马克思主义理论专业知识的乐趣，在知识的海洋中遨游。

四、坚持问题导向，把学科建设与科学研究紧密结合

问题是时代的声音，也是学科建设的指示器和催化剂。科学研究是探索真理的过程，是学科建设的重要内容和支撑。时代和实践的发展，一方面进一步证明了马克思主义的真理性，另一方面提出了一系列新的问题，需要马克思主义理论给予阐释和解答。马克思主义理论学科紧紧地抓住这些问题，以问题为导向，把马克思主义基本原理与中国实际相结合，与当代世界的实际相结合，深入进行战略性、综合性、前瞻性研究，给出符合实际的回答，并在研究和回答这些问题中实现理论创新，以此推动学科发展和建设质量的提高。习近平总书记在2016年的哲学社会科学工作座谈会上指出，马克思主义理论学科建设，尤其是马克思主义理论研究应注重强化问题意识，这是加强马克思主义立场、观点、方法运用，促进高水平成果产出的当务之急。习近平总书记一再强调：“坚持问题导向是马克思主义的鲜明特点。”① 高校要坚持问题导向，将学科建设科学研究紧密结合起来。

（一）坚持问题导向助力马克思主义理论学科的发展

1. 对马克思主义真懂真信需要基于问题导向

习近平总书记在哲学社会科学工作座谈会上的讲话中指出：“理论创新

① 习近平：《在哲学社会科学工作座谈会上的讲话》，《人民日报》2016年5月19日。

的过程就是发现问题、筛选问题、研究问题、解决问题的过程。”① 这为马克思主义理论创新提供了科学路径。“理论思维的起点决定着理论创新的结果。理论创新只能从问题开始。”② 马克思曾指出：“一个时代所提出的问题，和任何在内容上是正当的因而也是合理的问题，有着共同的命运：主要的困难不是答案，而是问题。”③ 爱因斯坦也说过，提出一个问题往往比解决一个问题更重要，因为解决问题也许仅仅是一个数学上或实验上的技能而已，而提出新的问题、新的可能性，从新的角度去看旧的问题，都需要有创造性的想象力，而这标志着科学的真正进步。

所谓问题，主要是指马克思主义发展进程中的重大理论问题和实践问题，包括时代特征和时代发展提出的重大问题，加强中国特色社会主义建设过程中遇到的问题，加强马克思主义理论学科建设遇到的重大问题。④ 由于问题是公开的，所以问题是代表时代最好的标志。正是问题的产生才会引导人们对问题有一个正确的解读和分析，问题就是事物本身存在的矛盾。要想真正深度研究马克思主义，就要将问题导向机制作为根本，在寻求答案的过程中秉持不断设问、不断发展的理念。在马克思主义理论研究的过程中，要坚持马克思主义的基本立场，坚持问题导向，分析、研究、解决坚持和发展中国特色社会主义过程中的各种问题。

要将坚持问题导向作为学习和落实马克思主义的根本，直面社会问题的同时，确保问题的提出和分析都能得到有效验证，且能真正以更优的方式解决实际问题。在马克思主义理论学科建设中，强化问题意识，坚持问题导向，是提高运用马克思主义立场、观点、方法多出高水平成果的当务之急。具体地说，这是对马克思主义真懂真信的需要。“只有真正弄懂了马克思主义，才能在揭示共产党执政规律、社会主义建设规律、人类社会发展规律上不断有所发现、有所创造，才能更好识别各种唯心主义观点、更

---

① 习近平：《在哲学社会科学工作座谈会上的讲话》，《人民日报》2016 年 5 月 19 日。

② 习近平：《在哲学社会科学工作座谈会上的讲话》，《人民日报》2016 年 5 月 19 日。

③ 《马克思恩格斯全集》第 40 卷，人民出版社 1982 年版，第 289 页。

④ 张雷声：《马克思主义理论学科在改革开放中前行》，《思想理论教育导刊》2018 年第 10 期。

好抵御各种历史虚无主义谬论。”① 习近平强调：“坚持以马克思主义为指导，首先要解决真懂真信的问题。”② 真懂是真信的前提。马克思主义理论之所以能够产生，一方面是充分汲取了人类文明成果和优秀文化遗产，另一方面则是发现蕴含在其中的矛盾问题。如果我们割裂了马克思主义以问题为基础的批判性，那就抹杀了马克思主义真理的科学性。要坚持以马克思主义为指导，必须解决真懂真信的问题。不管时代怎么发展，马克思主义具备的科学思想伟力始终不变，这决定了对马克思主义的真懂真信必须具备两个核心：一是坚信马克思主义意识形态的科学性，它继承了人类文明成果并且超越了资本主义文明，同时占据着真理与道义的制高点；二是坚信马克思主义的思想伟力，其科学性在当代仍有不可磨灭的现实价值。

2. 坚持理论研究的人民立场需要坚持问题导向

习近平总书记指出：“坚持以马克思主义为指导，核心要解决好为什么人的问题。”③ 哲学社会科学因研究人及其社会关系，回避不了对利益关系的表达和评价。习近平总书记所表达的马克思主义依然占据着“道义的制高点”，从根本上说，就是马克思主义与其他阶级的理论相比而所具有的人民立场。正如马克思在评价法国启蒙思想家关于“人和环境”的“二律背反”时所说：“关于环境和教育起改变作用的唯物主义学说忘记了：环境是由人来改变的，而教育者本人一定是受教育的。”④ 因此，研究者怎样提炼问题，研究什么问题，如何评价问题，形成怎样的解决问题的方案，都会打下社会已有的价值观的烙印。

与资产阶级以及其他剥削阶级理论不同的是，马克思主义作为科学的理论，毫不讳言自己的阶级性和革命性，鲜明地表达自己的价值取向。马克思青年时期的政治立场之所以能从革命民主主义和人道主义转向共产主义，同样是基于自己所面对的资产阶级人道主义同现实之间的矛盾问题。马克思认为：“问题就是公开的、无畏的、左右一切个人的时代声音。”⑤ 他

① 习近平：《在哲学社会科学工作座谈会上的讲话》，《人民日报》2016年5月19日。
② 习近平：《在哲学社会科学工作座谈会上的讲话》，《人民日报》2016年5月19日。
③ 习近平：《在哲学社会科学工作座谈会上的讲话》，《人民日报》2016年5月19日。
④ 《马克思恩格斯选集》（第1卷），人民出版社2012年版，第134页。
⑤ 《马克思恩格斯全集》（第40卷），人民出版社1982年版，第289页。

在人道主义思想阶段，已经确立了“超越”个人的志向，而把个人的完善建立在为他人幸福而奋斗的基础之上。马克思强调无产阶级必须把解放全人类作为己任，否则就不能最后解放自己，“无产阶级的运动是绝大多数人的，为绝大多数人谋利益的独立的运动”①。

今天，马克思主义理论研究中坚持马克思主义的价值立场，前提是坚持马克思主义关于人民是历史创造者的观点，尊重人民主体地位，聚焦人民实践创造，自觉把个人学术追求同国家和民族发展紧紧联系在一起。

3. 巩固马克思主义意识形态领域的指导地位需要坚持问题导向

习近平总书记在建党95周年大会上的讲话中提出“不忘初心、继续前进”命题，第一条就是“坚持马克思主义的指导地位”，“背离或放弃马克思主义，我们党就会失去灵魂、迷失方向。”随着时代的发展，马克思主义必须时代化、大众化，紧跟时代声音。只有聆听时代声音，感受时代的呼唤，才会巩固马克思主义在意识形态领域的指导地位。马克思主义对于当代资本主义的批判、对于当代社会主义的探索、对于当代人类面临的共同矛盾的解释，在当今时代依旧具有重要意义。坚持马克思主义在意识形态领域的指导地位，必须要掌握马克思主义在社会政治生活中的话语权。马克思主义研究在整个意识形态领域、哲学社会科学研究乃至社会生活中话语权的确立，还不能仅仅靠自上而下的政治权力来获得，这涉及马克思主义理论的自信问题。毕竟，马克思、恩格斯当年在资本主义社会中并没有掌握政治权力，甚至对于工人运动，一开始还只是理论派别之一，但是，马克思主义凭借真理的力量，逐步掌握了对资本主义批判和对工人运动影响的话语权。马克思说过：“理论只要说服人，就能掌握群众；而理论只要彻底，就能说服人。所谓彻底，就是抓住事物的根本。而人的根本就是人本身。”② 这表明，在社会生活中真正掌握马克思主义话语权，还有赖于理论本身的彻底性，而理论本身的彻底性，是离不开对社会问题的解释和对社会矛盾的批判的。只有理论彻底，才能思想清醒；只有思想清醒，才能政治坚定。

---

① 《马克思恩格斯选集》（第1卷），人民出版社2012年版，第411页。

② 《马克思恩格斯选集》（第1卷），人民出版社2012年版，第9－10页。

掌握话语权，必须坚定理论自信。马克思主义理论自信，须建立在理论自觉的基础上。马克思主义的理论自觉，首先体现在坚信马克思主义具有相对于其他思想理论在范式、内容和特性上的比较优势，从而能为中国特色社会主义道路和制度作意识形态辩护上；同时，它也体现在对阉割了马克思主义活的灵魂、从而造成社会主义实践失误的教条式话语体系进行自觉反思上；更体现在能直面社会问题、科学分析问题、正确评价问题，从而为解决问题提供意识形态思路上。只有这样，才能巩固马克思主义在意识形态领域的指导地位。

4. 坚持问题导向有利于发展21世纪马克思主义

习近平总书记指出："问题是创新的起点，也是创新的动力源。""把坚持马克思主义和发展马克思主义统一起来，结合新的实践不断作出新的理论创造，这是马克思主义永葆生机活力的奥妙所在。"① 习近平总书记高度重视实践基础上的理论创新，一直致力于推进与马克思主义中国化时代化，并且提出了"发展21世纪马克思主义"的命题。中国共产党承担起发展21世纪马克思主义的主体责任，坚持马克思主义立场观点方法，在实践中坚持和发展马克思主义。中国特色社会主义已经成功走出了一条不同于资本主义现代化、也不同于传统斯大林模式的中国式现代化道路，正如习近平所说，"当代中国的伟大社会变革，不是简单延续我国历史文化的母版，不是简单套用马克思主义经典作家设想的模板，不是其他国家社会主义实践的再版，也不是国外现代化发展的翻版"。② 邓小平对中国特色社会主义道路的评价是：它已经"对世界上的社会主义事业和不发达国家的发展提供某些经验"。③ 在坚持马克思主义前提下坚持问题导向，将马克思主义与中国实际相结合，与中华优秀传统文化相结合，将马克思主义的发展体现在不断实现人民美好生活的需要中。新时代，在坚持和发展中国特色社会主义过程中，深化对共产党执政规律、社会主义建设规律、人类社会发展规律的认识，从而开辟21世纪马克思主义发展的新境界。

---

① 习近平：《在哲学社会科学工作座谈会上的讲话》，《人民日报》2016年5月19日。
② 习近平：《在哲学社会科学工作座谈会上的讲话》，《人民日报》2016年5月19日。
③《邓小平文选》（第3卷），人民出版社1993年版，第135页。

（二）马克思主义理论学科坚持问题导向的创新路径

1. 马克思主义研究需要聚焦“四点交集”

马克思主义理论研究需要聚焦社会热点、理论难点、思想疑点和教育重点这四点的“交集”。一方面，马克思主义理论研究不可能也不应该包罗万象地研究所有问题，而是要“落到研究我国发展和我们党执政面临的重大理论和实践问题上来，落到提出解决问题的正确思路和有效办法上来”。①另一方面，尽管马克思主义理论体系和知识体系博大精深，但是它主要提供的是我们更好观察和解释自然界、人类社会、人类思维各种现象以揭示蕴含在其中的规律的世界观和方法论。

对马克思主义理论研究而言，社会热点、理论难点、思想疑点和教育重点既有联系也有区别。一般说来，社会热点和理论难点是对社会问题的反映，解释理论难点问题，一定需要回应社会热点，而不能只是搞纯粹理论逻辑的梳理。有的教育中的问题，理论阐释本身已很清楚，就没有必要做低水平的重复研究。有的思想热点和理论难点只是思想观念和价值观念的问题，马克思主义理论研究重点的选择，既需要遵循教书育人规律和学生成长规律，也不能离开“培养什么样的人、为谁培养人和怎样培养人”的大问题。面对思想疑点和教育重点，马克思主义理论研究要聚焦社会热点，反映社会热点，在这四点中筛选问题，体现了马克思主义研究资政和育人的结合。所谓“资政”，即为巩固马克思主义在意识形态领域指导地位提供理论支持，为发展当代中国马克思主义和21世纪马克思主义提供学理支撑，为马克思主义在哲学社会科学领域发挥引领作用提供学术基础，为回应重大实践问题提供科学的理论思维和价值导向等。② 所谓“育人”，即为党和国家的意识形态建设提供有效思路和政策建议，为解决思想政治教育教学所涉及的理论难点提供研究成果，为培养马克思主义理论人才提供研究平台等。“育人”要理论联系实际，必须正视而不是回避社会热点和理论难点，如果马克思主义理论研究不能回应重大的理论和实践问题，会因

---

① 习近平：《在哲学社会科学工作座谈会上的讲话》，《人民日报》2016年5月19日。

② 吴东华：《六十年来高校马克思主义理论教育的回顾与思考》，《毛泽东邓小平理论研究》2009年第12期。

为教学脱离实际和缺乏科学的理论思维而削弱"育人"功能，从而难以有效地对党员干部和大学生的思想疑点进行"解疑释惑"。"资政"与"育人"相结合有利于提升马克思主义理论学科的地位，扩大学科的影响。

2. 马克思主义研究要坚持实事求是

马克思主义理论研究要坚持实事求是就要反对形式主义倾向，反对"空泛化现象""标签化现象""教条主义现象"。在马克思主义理论研究上，不实事求是就会失去理论的精髓，例如，一个新的理论命题刚提出，马上就"构建"出一个"什么是精髓、什么是灵魂、什么是核心、什么是基础、什么是关键"等的空泛体系，殊不知精髓、灵魂、核心等只是比喻词而已，对这一没有任何学理支撑的所谓"体系"，完全可以重新排列组合，因而它对研究问题无任何实质性的推进。所以，如果要对马克思主义的专有概念进行解释，就要坚持实事求是的观点。习近平总书记在"5·17讲话"中提到了马克思主义理论研究高水平成果不多的问题，其中提到了空泛化和标签化现象，以及教条主义和实用主义问题，实际上揭示了"高水平成果不多"的内因，即形式主义的存在。要真正解决这个问题，还需要潜心做到对"问题"的研究和对"主义"的阐释、科学的理论思维和正确的价值导向、对现存的批判和对现实的辩护、理论自信和理论自觉相结合。

3. 马克思主义理论研究要坚持科学的理论思维和正确的价值导向相结合

在研究中把科学的理论思维和正确的价值导向相结合，可以有效实现对"实然"的分析和对"应然"的预期的统一。人们的实践活动不仅具有现实性和有限性，而且具有理想性和无限性。同时，人们研究现实世界的问题，但又不满足于只解决当下问题，还要追求理想化世界，因而它的理论思维又蕴含了价值引导。离开可能性抽象地谈论必要性，必要性就会变成"空中楼阁"，拔得越高，越可能倒塌；脱离必要性搞纯粹可能性的研究，只是"实然"条件的堆砌，不能反映社会进步"应然"的目标指向。马克思主义理论研究既要正确看待和分析现实大局，又要科学预测和把握未来大势，因而对"实然"条件要进行理性分析，对"应然"目标要提供价值引导。把科学的思维方法与正确的价值导向结合起来，还可以展现马克思主义的理论魅力和人格力量。

马克思和恩格斯的彻底的批判精神、艰苦的探索精神、忘我的牺牲精神以及他们对人类优秀文化遗产的继承，使他们为无产阶级解放和全人类解放贡献了时代精神的精华。马克思主义经典著作，彰显马克思主义经典作家的人格力量，可以更好地体现马克思主义的道义价值。坚持马克思主义研究不仅要掌握基础的理论知识，还要树立正确的价值观，以正确的价值理念进行思考。

4. 马克思主义研究要坚持对现存的批判和对现实的辩护相结合

马克思主义研究是为推动社会进步服务的。马克思主义理论研究，需要阐述马克思主义的当代价值，为坚持马克思主义意识形态领域的指导地位提供学理支撑，并克服学术领域马克思主义被边缘化现象。马克思主义对全球化时代人类前途命运的关怀，对坚持中国特色社会主义的合理性辩护和发展中国特色社会主义的价值引领，使得它依然是批判当代资本主义的锐利武器，探索社会主义道路的指导原则，认识当代世界矛盾的思想方法，实现人类自身解放的精神力量；依然是中国发展进步的“方向盘”、社会转型的“稳定仪”和国家文化“软实力”。在强调马克思主义指导地位的同时，也应避免用教条式的马克思主义指导实践和教育干部群众，避免把社会生活泛意识形态化，避免用马克思主义“取代”一切思想文化。

五、坚持党的领导，把学科建设与队伍建设、制度建设、组织保证结合

在我国，某一门学科由中央直接领导是不常见的，但马克思主义理论学科增设以后，被直接纳入马克思主义理论研究和建设工程，同高校思政课一起，由党中央直接批示，保证学科建设沿着正确的方向。要把马克思主义理论学科建设与队伍建设结合起来，在党的统一领导下，加强制度建设，以制度建设推动学科建设的发展，将马克思主义理论学科建设与队伍建设、制度建设、组织保证结合起来。加快马克思主义理论学科人才队伍建设，是壮大党的意识形态工作队伍、确保党牢牢掌握意识形态工作话语权的根本大计，也是新时代中国特色社会主义事业发展的重要步骤。

（一）马克思主义理论学科建设与队伍建设相结合是关键

第一，马克思主义理论学科队伍建设是学科建设的根本所在。2019 年 3

月18日，习近平总书记在学校思想政治理论课教师座谈会上强调，“要全面贯彻党的教育方针，解决好培养什么人、怎样培养人、为谁培养人这个根本问题”。① 近年来，高校马克思主义理论学科在队伍建设等方面取得了积极进展。继续推进马克思主义理论学科队伍建设，一方面要加快构建本硕博一体化马克思主义理论人才培养体系，另一方面要综合考虑专业人才的就业、成长和使用，形成梯次推进的人才队伍建设体系，从整体上加快推进新时代马克思主义理论学科的人才队伍建设。队伍建设是学科发展的重要保障，马克思主义理论学科队伍肩负着理论研究、服务社会、人才培养等重要使命，用学科队伍促进学科的发展，进行学科队伍建设的目标是进行学术研究，用理论的发展促进学术的进步。

第二，马克思主义理论学科队伍建设是进行思想政治教育的关键。要持之以恒传播好马克思主义理论，马克思主义理论学科为思想政治教育的开展提供了学科支撑和学理支撑，学科的成果服务于课程教学。建设好高素质、高水平、有着扎实学科基础的队伍是开展思想政治教育的关键。学科队伍的政治素养和专业素质影响到马克思主义理论教育的实效性，思想政治理论课是一个由教材体系向教学体系转变的过程，思政课教师要正确阐释马克思主义相关理论，破除教条式的灌输，用学生能够听得懂的话语来讲述，结合当前现实进行讲解，回答社会现实问题。

第三，队伍建设是巩固马克思主义意识形态的重要保证。2013年8月19日，习近平总书记在全国宣传思想工作会议上强调：“意识形态工作是党的一项极端重要的工作。”② 维护社会主义意识形态安全，最根本的是牢牢掌握意识形态工作的领导权和话语权。

做好意识形态工作，归根结底是靠队伍、靠人才。队伍建设是意识形态安全建设的根本，关系全局。就队伍组成来看，意识形态工作基本队伍包括三大部分：一是党员领导干部队伍；二是新闻舆论工作队伍；三是理论研究、宣传及思想政治教育工作队伍。前两支队伍均源自第三支队伍及

① 习近平：《思政课是落实立德树人根本任务的关键课程》，《求是》2020年第17期。

② 《习近平谈治国理政》（第1卷），外文出版社2018年版，第153页。

其教育和培养。合格可靠、有战斗力的队伍，必须经过深入系统的真学，才能达到真懂真信，进而真讲真用真实践。当前我国意识形态面临着市场经济、网络文化、西方社会思潮等诸多挑战，市场经济的发展削弱了传统意识形态的影响力，网络历史虚无主义等思潮不断激荡，冲击了马克思主义在思想领域的领导地位。① 从这个角度看，意识形态建设的根本是马克思主义理论学科人才队伍的培养。只有深入、广泛、持久开展马克思主义理论教育，加快马克思主义理论学科人才队伍建设，社会主义意识形态工作才能有持续可靠的力量来源，党牢牢掌握意识形态工作领导权和话语权才能得到保障。

（二）以制度建设推动马克思主义理论学科快速发展

马克思主义理论学科自中华人民共和国成立以来经历了教学形态和学科形态的发展，在专业化程度上实现了历史性飞跃，为学科学术发展积累了重要经验。办好中国的事情，关键在党。马克思主义理论学科人才的培育、成长和使用，离不开各级党委的支持，离不开教育制度的保障。马克思主义理论学科建设发展始终坚持马克思主义指导地位，紧跟时代步伐，坚持为时代发声，围绕党和国家中心大局展开，为中国特色社会主义制度化提供学理支撑。

新时代坚持和发展中国特色社会主义，建设社会主义现代化强国、实现中华民族伟大复兴的中国梦，归根到底靠人才、靠教育。马克思主义理论作为一门年轻的学科，在制度建设、管理规范化方面体现了独特优势。党对教育的全面领导必须体现在制度设计、安排和运行过程中，新时代推进马克思主义理论学科建设必须要增强“四个意识”、坚定“四个自信”、做到“两个维护”，自觉与习近平同志为核心的党中央保持高度一致，高校要实现党组织和党的工作全覆盖，促进马克思主义理论学科建设制度化、规范化、科学化。

以学科制度化推进马克思主义理论学科发展是一项重要优势。马克思主义是立党立国的根本指导思想，马克思主义理论学科建设是党和国家高

---

① 张瑞、赵君、焦艳：《立德树人视野下的高校马克思主义理论学科导师队伍建设》，《思想政治教育研究》2014 年第 6 期。

度重视的教育事业[1]，完善马克思主义理论学科建设需要党的宏观领导，也需要高校相关部门的直接规划部署。高校管理部门根据马克思主义理论学科建设特点建立科学的管理体制，党政一把手亲自抓马克思主义理论学科建设，将马克思主义理论学科建设的目标纳入到各级党政工作要点之中加以贯彻、落实，明确各个部门之间的协调关系，为马克思主义理论学科建设提供相应的组织保证。

以学科制度化建设推进马克思主义理论学科发展是一项关键性举措。增强人才队伍的政治性和制度意识、增强人才队伍的自觉性和主动性是推进和发展马克思主义理论学科的重要内容，学科发展是一项重大工程，马克思主义理论学科教师要坚持党的领导，坚持中国特色社会主义，解放思想，实事求是，关心社会发展新形势、新问题，按照党章规定，做好分内工作。党的各项建设要以制度建设为支撑，要不断增强制度思维，按要求落实和执行各项党的各项制度，强化执行制度的监督和检查[2]，不断提升制度治党和依规治党的能力。

马克思主义理论学科要加强自身制度建设。学科制度是学科发展的横截面，本质上是一种学科规范体系，它表现为正式制度安排和非正式制度安排[3]，而学科制度建设已经成为学科发展的必然要求。新时代我们学科建设取得了系列重要成就，制定了一套学科发展的规章制度，如学科设置制度、专业划分制度、科研评价制度等，学科的正式制度和非正式制度相互依存、相互补充，共同推动着学科的发展。马克思主义理论学科建设必须加强顶层设计，学科建设是一项系统工程，加强学科建设必须抓好顶层设计这项工作。[4] 马克思主义理论学科建设能取得今天的重要成就与党和国家进行顶层设计、推进系列制度改革和工作部署密不可分。实现教育现代化、建设教育强国必须坚持党的全面领导，发挥马克思主义理论学科的引领作用，必须认真贯彻落实马克思主义理论研究这一重要部署安排，为新时代

① 《胡锦涛文选》（第 2 卷），人民出版社 2016 年版，第 528 – 529 页。

② 《十八大以来重要文献选编》（上），中央文献出版社 2014 年版，第 828 页。

③ 《习近平谈治国理政》（第 4 卷），外文出版社 2022 年版，第 374 页。

④ 佘双好、董梅浩：《马克思主义理论学科的发展历程及趋势》，《马克思主义理论学科研究》2020 年 6 期。

中国特色社会主义伟大实践注入新鲜活力。

新时代，我们要明确马克思主义在意识形态领域的领导地位，深刻把握这一项根本制度的重大意义，围绕坚持马克思主义在意识形态领域的指导地位这一原则建设好马克思主义理论学科，将马克思主义理论学科与马克思主义理论研究结合起来，优化马克思主义理论学科建设的制度化环境，加强和改善党对马克思主义理论学科工作的指导，各级党委应该把马克思主义理论学科建设纳入重要议程，增强对马克思主义理论学科的政治领导和工作指导，增强马克思主义理论学科自身发展能力。

（三）推动马克思主义理论学科建设与组织保证的有机结合

党的坚强领导，是马克思主义理论学科人才培养的组织保障。办好中国的事情，关键在党。马克思主义理论学科在学科发展、人才培养方面离不开各级党委的支持，学校党委书记、校长要带头走进课堂，带头推动思政课建设，关注学生的学业发展。新时代全面加强党的领导尤其需要做到：一是完善马克思主义理论学科人才队伍建设领导体制。通过成立马克思主义理论学科建设领导小组，建立校领导联系思政课教师制度等措施，保证校领导了解思政课教师需求和愿望，了解马克思主义理论学科发展存在的各类问题，切实为学科发展出谋划策，为人才发展创造条件。二是重视马克思主义理论学科人才使用。尤其在干部的选拔任用中，要不拘一格，注重将具有马克思主义理论素养、政治坚定、业务过硬的同志充实到各级领导岗位，使各级领导岗位掌握在马克思主义者手里。一所高校、一个单位、一个部门，如果核心领导中没有干部受过系统的马克思主义理论教育，对于职业岗位，党的事业发展将很难有很深的感情。① 因此，各级党委不仅要高度重视马克思主义理论学科的建设和发展，而且要高度重视马克思主义理论学科人才的培养，还要高度重视马克思主义理论学科专业人才的选拔和使用。

正确的政治路线要靠正确的组织路线来保障，组织路线对于坚持党的领导、推进党的事业具有十分重要的意义。我们党一路走来，始终坚持组

---

① 顾海良：《马克思主义理论学科从“起航”到领航》，《光明日报》2015 年 7 月 23 日。

织路线服务政治路线，为坚持和发展中国特色社会主义提供坚强组织保证。在决胜全面建成小康社会、决战脱贫攻坚中，党的政治优势、组织优势和群众工作优势都得到了充分发挥。① 在发展马克思主义理论学科过程中，加强党的组织保证对于推进学科建设有关键性意义。马克思主义是人民的理论，人民性是马克思主义最鲜明的品格。我们党是用马克思主义武装起来的政党，始终把为中国人民谋幸福、为中华民族谋复兴作为自己的初心和使命，并一以贯之地体现到党的全部奋斗之中。

列宁根据俄国十月革命胜利和巩固苏维埃政权的经验明确指出，无产阶级政党领导是“社会主义胜利的唯一保证”。② 毛泽东同志指出，“领导我们事业的核心力量是中国共产党”，③“工、农、商、学、兵、政、党这七个方面，党是领导一切的”。④ 邓小平同志指出，坚持四项基本原则的核心是坚持党的领导，“从根本上说，没有党的领导，就没有现代中国的一切”。⑤ 中华人民共和国成立 70 多年、改革开放 40 多年的伟大实践雄辩证明，只有中国共产党才能领导中国，中国共产党领导是中国特色社会主义最本质的特征和中国特色社会主义制度的最大优势，党的坚强领导是夺取各项事业胜利的根本保证。

党的十九届六中全会通过的《中共中央关于党的百年奋斗重大成就和历史经验的决议》将习近平新时代中国特色社会主义思想概括为 10 个“明确”，其中第一条就是，“明确中国特色社会主义最本质的特征是中国共产党领导”，⑥ 突显了党的领导在中国特色社会主义中的决定性作用。坚持党的领导是完成中国特色社会主义建设总任务的根本政治保证。加强高校党的制度建设，既是保证党对高等教育坚强领导的重要举措，又是坚持社会主义办学方向，落实党的教育方针政策，培养德智体美劳全面发展的社会

---

① 陈秉公：《高校马克思主义理论学科建设的基本经验与前瞻》，《中国高等教育》2011 年第 12 期。

② 《列宁全集》（第 9 卷），人民出版社 2017 年版，第 257 页。

③ 《毛泽东文集》（第 6 卷），人民出版社 1999 年版，第 350 页。

④ 《毛泽东文集》（第 8 卷），人民出版社 1999 年版，第 305 页。

⑤ 《邓小平文选》（第 2 卷），人民出版社 1994 年版，第 266 页。

⑥ 《中共中央关于党的百年奋斗重大成就和历史经验的决议》，《人民日报》2021 年 11 月 17 日。

主义事业的建设者和接班人的必然要求。高校以高度的责任感和使命感扎扎实实地抓好党组织的建设工作，提升高校党组织的战斗力。提高党的组织建设水平有利于马克思主义理论学科的发展，只有加强党组织的制度建设，才能充分发挥党在推动高等教育内涵式发展中的战斗堡垒作用；才能坚持以人为本、立德树人的办学宗旨；才能牢固树立宗旨意识，增强高校党建的针对性和实效性，促进高等教育的发展。

第三章
马克思主义理论学科发展现状分析——以湖南省为例

为进一步了解掌握高校贯彻落实《关于进一步加强高校马克思主义理论学科建设的意见》（学位〔2012〕17 号）、《普通高等学校马克思主义学院建设标准（2019 年本）》（教社科函〔2019〕9 号）和《新时代学校思想政治理论课改革创新实施方案》（教材〔2020〕6 号）的情况，查找新时代马克思主义理论学科点建设中存在的问题，采取有针对性的改进措施，课题组在对中国马克思主义理论学科的历史传承进行了系统梳理基础上，以湖南省马克思主义理论学科发展为例，通过运用官方网站公开数据和实地调研等方式，对湖南省普通高校和湖南省委党校的马克思主义理论学科点建设现状进行了调研。结合课题组的历史研究和举办的一系列座谈、调研，我们对湖南省当前高校马克思主义理论学科点建设情况进行了系统梳理和分析，以此透视马克思主义理论学科的发展现状。

一、马克思主义理论学科点建设现状调查过程及方法

本课题主要采取历史研究和量化研究的方法，对中国马克思主义理论学科的历史演进进行梳理，并在此基础上对湖南省马克思主义理论学科点发展现状进行调查研究，总结其中的经验和规律，以点带面，以便提出推进马克思主义理论学科点建设的对策建议。

（一）调查研究对象

本课题以湖南省马克思主义理论学科点为研究对象，对湖南省马克思

主义理论学科的硕士点和博士点的相关数据进行深入调查研究和统计分析。湖南省共有马克思主义理论学科点院校 14 所，分别是：国防科技大学、中南大学、湖南大学、湖南师范大学、湘潭大学、湖南科技大学、长沙理工大学、吉首大学、南华大学、湖南工业大学、湖南中医药大学、湖南农业大学、湖南工商大学、中共湖南省委党校。因国防科技大学为军校，其信息未公开，故而本研究数据来自其余 13 所院校（除特殊情况之外后文不再赘述）。

（二）调查研究框架

本课题研究内容主要涵盖中国马克思主义理论学科的历史演进和湖南省马克思主义理论学科专业点的分布情况、学科导师分布情况、学科学术产出现状和学科人才培养等方面。马克思主义理论学科点的分布情况主要包括学科点院校分布、院校类型与层次分布、学科点依托建设单位分布、学科专业点协调性现状四个方面。马克思主义理论学科导师基本情况研究包括学科导师的性别分布、年龄分布和任职状况三个方面。马克思主义理论学科学术产出分析包括学科导师学术产出现状和学科点所在院校学术产出现状两个方面。马克思主义理论学科点的人才培养现状包括学科硕士生与博士生培养的研究方向现状和学科人才培养的课程设置现状两个方面。

（三）调查数据采集与分析方法

本课题组成员通过实地调研、查询各学科点院校官方网站的方式，对湖南省马克思主义理论学科点公开信息进行采集。各院校导师队伍信息、招生信息和培养方案，来源于各院校马克思主义学院和研究生招生网站。各导师近 5 年主持课题、社会科学优秀成果奖获奖信息来源于各院校官方网站信息、全国哲学社会科学工作办公室网站、湖南社科规划网、湖南省社科网和湖南省教育厅网站。各导师学术成果、研究成果方向和 H 指数来源于中国知网。

数据采集后，把数据导入 SPSS 统计分析软件，形成马克思主义理论学科点发展现状数据库。立意抽取部分在读研究生开展访谈，获取质性研究材料，补充问卷调查内容。将量化研究和质性研究方法相结合，旨在提高研究的科学性。

（四）调查样本信息

在湖南省全部13所院校中，具有马克思主义理论一级学科博士点的院校共5所，分别是中南大学、湖南大学、湖南师范大学、湘潭大学、湖南科技大学；具有一级学科硕士点的高校共13所，分别是中南大学、湖南大学、湖南师范大学、湘潭大学、湖南科技大学、长沙理工大学、吉首大学、南华大学、湖南农业大学、湖南中医药大学、湖南工商大学、中共湖南省委党校。① 本课题组成员在湖南省13所高校中开展了全方位的数据采集工作，对湖南省除国防科技大学之外的全部13所马克思主义理论学科点院校进行数据采集，共计采集到349位导师的有效数据，其中含博士生导师74名，基本覆盖了全部学科点的全部导师。

二、湖南省马克思主义理论学科点的分布情况

（一）湖南省马克思主义理论学科点地域分布

调查数据显示，党的十八大以来，湖南省马克思主义理论学科点数量迅速扩大，形成了较为均衡合理的分布格局。从湖南省马克思主义理论学科点地域分布来看，5个博士点中位于长沙市的有3所院校，分别是中南大学、湖南大学、湖南师范大学，占博士点院校总数的60.0%；位于湘潭市的有2所院校，分别是湘潭大学和湖南科技大学，占博士点院校总数的40.0%；其他市区如衡阳市、株洲市等无博士点。具有马克思主义理论学科硕士点的13所院校中，位于长沙市区的共8所，分别是中南大学、湖南大学、湖南师范大学、长沙理工大学、湖南农业大学、湖南中医药大学、湖南工商大学、中共湖南省委党校，占硕士点院校总数的61.5%；位于湘潭市的共2所院校，即湘潭大学、湖南科技大学，占硕士点院校总数的15.4%；位于衡阳市的有1所院校，即南华大学，占硕士点院校总数的7.7%；位于株洲市的有1所院校，即湖南工业大学，占硕士点院校总数的7.7%；位于吉首市的有1所院校，即吉首大学，占硕士点院校总数的7.7%。

① 邢鹏飞、范张欣：《新时代马克思主义理论学科点发展现状调查研究——基于湖南省13所院校的调查》，《现代教育科学》2019年第4期。

（二）湖南省马克思主义理论学科点院校类型与层次分布

在学科点院校类型方面，形成了综合类、理工类、师范类、财经类、医药类、农业类、党校等院校类型的全方位布局。马克思主义理论学科博士点的院校类型分布中，综合类院校 4 所，分别是中南大学、湖南大学、湘潭大学、湖南科技大学，占博士点院校总数的 80. 0%；师范类院校 1 所，即湖南师范大学，占博士点院校总数的 20. 0%。硕士点的院校类型分布中，综合类院校 6 所，分别是中南大学、湖南大学、湘潭大学、湖南科技大学、吉首大学、南华大学，占硕士点院校总数的 46. 2%；师范类院校 1 所，即湖南师范大学，占硕士点院校总数的 7. 7%；理工类院校 2 所，即长沙理工大学和湖南工业大学，占硕士点院校总数的 15. 3%；财经类院校 1 所，即湖南工商大学，占硕士点院校总数的 7. 7%；医药类院校 1 所，即湖南中医药大学，占硕士点院校总数的 7. 7%；农业类院校 1 所，即湖南农业大学，占硕士点院校总数的 7. 7%；党校 1 所，即中共湖南省委党校，占硕士点院校总数的 7. 7%。

在院校层次方面，形成了涵盖双一流高校、双一流学科高校和普通院校的多重分布。湖南省马克思主义理论学科博士点的院校层次分布中，“双一流高校”2 所，分别是中南大学和湖南大学，占博士点院校总数的 40. 0%；“双一流学科高校”2 所，即湖南师范大学、湘潭大学，占博士点院校总数的 40. 0%；“普通高校”1 所，为湖南科技大学，占博士点院校总数的 20. 0%。硕士点的院校层次分布中，“双一流高校”2 所，即中南大学和湖南大学，占硕士点院校总数的 15. 4%；“双一流学科高校”2 所，即湖南师范大学和湘潭大学，占硕士点院校总数的 15. 4%；“普通高校”9 所，分别为湖南科技大学、长沙理工大学、吉首大学、南华大学、湖南工业大学、湖南中医药大学、湖南工商大学、湖南农业大学、中共湖南省委党校，占硕士点院校总数的 69. 2%。

湖南省马克思主义理论学科实力分布中，依据教育部第四轮学科评估结果，湖南省进入 A－等级的有 1 所，为中南大学（全国位次百分位 5% ~10%）；进入 B＋等级的有 2 所，分别为湘潭大学、湖南大学（全国位次百分位 10% ~20%）；进入 B 等级的有 2 所，分别为湖南科技大学、湖南师范大学（全国位次百分位 20% ~30%）；进入 C 等级的有 1 所，为长沙理工大学（全国位次百分位 50% ~60%）；进入 C－等级的有 1 所，为南华大学（全国位次百分位 60% ~70%）。总的来看，湖南省马克思主义理论学科点形成了涵盖国家重点（培育）学科（1 所）和省重点学科（5 所）的学科支撑平台，且 13 所学科点院校中有 10 所拥有湖南省重点马克思主义学院。在本科专业点方面，同时具有学科点和本科专业点的共有 5 所院校，其中 3 个本科专业点属于国家特色专业，3 个本科专业入选全国一流本科专业，具有较强的实力和影响力。

（三）湖南省马克思主义理论学科专业点依托建设单位分布

从马克思主义理论学科博士点建设的依托单位分布来看，全部 5 个博士点院校依托马克思主义学院的有 4 所，占博士点院校总数的 75.0%，依托单位为马克思主义学院和公共管理学院的有 1 所，占 25.0%。硕士点建设的依托单位为马克思主义学院的有 11 所，占总数的 84.6%，依托单位为马克思主义学院和公共管理学院的有 1 所，占 7.7%，依托党校的有 1 所，占 7.7%。同时具备马克思主义理论学科点又具有马克思主义理论类本科专业的院校有 5 所，随着 2022 年 6 月湖南师范大学马克思主义理论所属本科专业、学位点等全部从公共管理学院转设到马克思主义学院，马克思主义理论学科建设的依托单位已经理顺，依托为马克思主义学院。以往学科点设置分散的状态不利于院校有效规范与管理，院校难以制定一体化、专业化的培养方案，既阻碍高质量人才培养的进程，也造成了一些交叉学科人员不愿意研究马克思主义理论而又把关系挂靠在马克思主义理论学科的现象。出现这一问题有其历史缘由，马克思主义理论学科历史上长期依托政治学一级学科建设，思想政治教育本科专业长期依托教育学、政治学、哲学和历史学等学科进行人才培养，与思想政治理论课专任教师队伍存在错位的现象。

在 2019 年 3 月 18 日习近平总书记主持召开的学校思想政治理论课教师座谈会上，习近平总书记强调："要高度重视思政课教师队伍后备人才培养，加强马克思主义学院、马克思主义理论学科建设，统筹推进马克思主义理论本硕博一体化人才培养工作，不断为思政课教师队伍输送高水平人才。"① 同时，

① 习近平：《思政课是落实立德树人根本任务的关键课程》，人民出版社 2020 年版，第 26－27 页。

中共中央办公厅和国务院办公厅 2019 年 8 月印发了《关于深化新时代学校思想政治理论课改革创新的若干意见》，成为新时代加强思想政治理论课和马克思主义理论学科专业建设的纲领性文献。因此各院校应严格按照党中央及国务院相关部门的指示，规范马克思主义理论学科点机构建设，设立独立的马克思主义理论教学和科研二级机构。党的十八大以后，湖南省很多高校马克思主义学院都已真正设立或者独立运行，并在短短几年内逐渐实现了马克思主义理论学科点建设组织机构与思政课教学科研机构的融合。通过近年来的调整，当前硕士点和博士点建设已经主要依托马克思主义学院，本科专业依托机构也逐步得到调整。

（四）湖南省马克思主义理论学科点专业层次协调性分析

对马克思主义理论学科的本科专业、硕士点和博士点的分布协调性进行分析，马克思主义理论学科属于“国家重点（培育）学科”的有 1 所，占学科点总数的 7.7%；属于“湖南省重点学科”的有 5 所，占 38.5%；属于“非重点学科”的有 7 所，占 53.8%。例如，中南大学马克思主义学院为湖南省重点马克思主义学院，学院拥有 1 个省级重点学科（马克思主义理论），4 个省部级研究基地（国家大学生文化素质教育基地、教育部辅导员培训基地、湖南省中国特色社会主义理论体系研究基地、湖南省网络思想政治教育研究基地）。在全国第四轮学科评估中，学院马克思主义理论学科入选 A－类学科。湖南科技大学马克思主义学院同样是湖南省重点马克思主义学院，其马克思主义理论学科是湖南省“十三五”优秀省级重点学科；在全国第四轮学科评估中排名第 40 位，等级为 B，是湖南省“国内一流培育学科”。湖南师范大学马克思主义学院是湖南省首批重点马克思主义学院，马克思主义理论学科是“十五”“十一五”“十二五”省级重点学科，在“十五”期间“马克思主义理论与思想政治教育”是湖南省第一个，也是唯一一个马克思主义理论学科类省级重点学科，2018 年入选湖南省国内一流培育学科，学科建设成绩斐然。再如，湘潭大学马克思主义学院 2016 年入选湖南省重点马克思主义学院，其马克思主义中国化研究学科为国家重点（培育）学科。在教育部第四轮学科评估中，马克思主义理论学科获得 B＋等级。同时具备马克思主义理论学科点和本科专业的有 5 所院校，占所有学科点院校的 38.5%，中南大学、湖南师范大学、湖南科技大学、吉首大学4所高校拥有思想政治教育专业，湘潭大学拥有中国共产党历史专业。其中，中南大学、湖南师范大学和湘潭大学的3个本科专业属于“国家特色专业”，湖南师范大学、湘潭大学和湖南科技大学的3个本科专业属于全国一流本科专业。湖南省目前共有马克思主义理论类本科专业院校15所，分别是吉首大学、中南大学、湘潭大学、湖南科技大学、湖南师范大学、湖南农业大学、湖南理工学院、衡阳师范学院、邵阳学院、怀化学院、湖南文理学院、湖南科技学院、湖南人文科技学院、湖南第一师范学院、长沙师范学院，其中不具有马克思主义理论学科点的院校9所，占所有本科专业院校的60.0%。

从全国范围来看，截至2022年6月，我们通过分析各院校的网站公开信息，全国104个马克思主义理论一级学科博士点中没有本科专业的有33个，占38%。在具有马克思主义理论硕士点的393个单位中，有271所院校没有本科专业，占69%，并且仍有本科专业分布于非马克思主义学院的现象。可见，个别院校硕士点和博士点的专业层次与本科专业的层次具有不协调、不一致性。2016年12月，习近平总书记在全国高校思想政治工作会议上强调，高校思想政治工作关系培养什么样的人、如何培养人以及为谁培养人这个根本问题。2017年2月，中共中央、国务院发文要求要进一步办好高校思想政治理论课，打造马克思主义理论坚强阵地，支持有条件的高校设置马克思主义理论专业。以此为标志，全国高校掀起了新一轮开设马克思主义理论类本科专业的热潮。随着本科专业的成熟，以及近年来马克思主义理论学科硕士点和博士点的急剧增加，这种学科点与本科点呈分散状态的弊端日益突显，推动马克思主义理论本硕博专业一体化协调发展势在必行。

三、湖南省马克思主义理论学科点导师基本情况分析

习近平总书记在学校思想政治理论课教师座谈会上强调，办好思想政治理论课关键在教师，要配齐建强思政课专职教师队伍，建设专职为主、专兼结合、数量充足、素质优良的思政课教师队伍。同时，一支年龄结构、职称结构、学历结构和学缘结构合理的师资队伍对马克思主义理论学科的建

设与发展起着至关重要的作用。马克思主义理论学科点的建设水平和人才培养专业化水平的高低，与学科点导师的学术水平和专业化水平息息相关。

（一）湖南省马克思主义理论学科点导师院校分布情况

对湖南省马克思主义理论学科点导师院校分布情况进行分析，如表3－1所示，从院校类型分布来看，师范类院校具有马克思主义理论学科硕士生和博士生导师31人，占导师总数的8.9%；综合类院校导师208人，占59.6%；理工类院校导师59人，占16.9%；财经类院校导师14人，占4.0%；医药类院校导师21人，占6.0%；农业类院校导师8人，占2.3%；党校8人，占2.3%。从学科点院校层次来看，"双一流高校"拥有马克思主义理论学科导师74人，占21.2%；"双一流学科高校"79人，占22.6%；"普通高校"196人，占56.2%。

表3－1　湖南省马克思主义理论学科导师院校分布情况

项目	类别	导师数量	百分比/%
学校类型	师范类	31	8.9
	综合类	208	59.6
	理工类	59	16.9
	财经类	14	4.0
	医药类	21	6.0
	农业类	8	2.3
	党校	8	2.3
学校层次	双一流学科高校	79	22.6
	双一流高校	74	21.2
	普通高校	196	56.2
合计		349	100.0

（二）湖南省马克思主义理论学科点导师的性别结构分布

对湖南省马克思主义理论学科所拥有的349名研究生导师的性别分布进行分析，统计结果显示，男性导师共计227名，占导师总数的65.0%；女导师共122名，占导师总数的35.0%。对硕士生导师和博士生导师性别结果分别分析，统计结果显示，在马克思主义理论学科74名博士生导师中，男性博士生导师有65名，占博士生导师总数的87.8%，女性博士生导师有

9 名，占总数的 12.2%。除 74 名博士生导师之外，对其余 275 名硕士生导师性别分布进行统计，男性硕士生导师有 162 名，占硕士生导师总数的 58.9%，女性硕士生导师有 113 名，占总数的 41.1%。卡方检验结果显示，$\chi^2=23.423$，$P=0.00<0.05$，在 0.05 显著性水平，存在统计学意义上显著性差异。由此可见，无论在宏观的总体导师性别分布数据还是在微观博士生导师和硕士生导师性别分布数据上来看，男性导师的数量都明显超过了女性导师的数量，尤其是在博士生导师这一层面上，男性导师的数量要比女性导师的数量多出近 7 倍。

（三）湖南省马克思主义理论学科点导师的年龄分布

通过对湖南省马克思主义理论学科硕士生和博士生导师的年龄分布情况进行统计，可以透视湖南省马克思主义理论学科点导师队伍的梯队建设状况。对 349 名导师的年龄分布进行统计，结果显示，导师年龄最小的 30 岁，最大的 69 岁，平均 49 岁，标准差为 7.80 岁。本课题组进一步将导师年龄段进行分析，将 349 名导师年龄划分为 30～39 岁、40～49 岁、50～59 岁、60 岁以上 5 个阶段，统计结果见表 3－2。

表 3－2　湖南省马克思主义理论学科导师年龄分布基本情况

年龄段	所有导师		博士生导师		硕士生导师（不含博士生导师）	
	数量	百分比	数量	百分比	数量	百分比
30～39 岁	41	11.7	1	1.4	40	14.5
40～49 岁	123	35.2	17	23.0	106	38.5
50～59 岁	150	43.0	38	51.3	112	40.8
60 岁以上	35	10.1	18	24.3	17	6.2
合计	349	100.0	74	100.0	275	100.0

由表 3－2 可知，从湖南省马克思主义理论学科点导师年龄段的总体分布来看，30～39 岁的导师共 41 人，占导师总数的 11.7%；40～49 岁的导师共 123 人，占 35.2%；50～59 岁的导师共 150 人，占 43.0%；60 岁以上的导师共 35 人，占 10.1%。从博士生导师的年龄段分布来看，30～39 岁的博士生导师有 1 人，占博士生导师总数的 1.4%；40～49 岁的有 17 人，占 23.0%；50～59 岁的有 38 人，占 51.3%；60 岁以上的有 18 人，占总数的 24.3%。从硕士生导师（不含博士生导师）的年龄段分布来看，30～39 岁

的硕士生导师有 40 人，占硕士生导师总数的 14.5%；40～49 岁的有 106 人，占总数的 38.5%；50～59 岁的有 112 人，占总数的 40.8%；60 岁以上的有 17 人，占总数的 6.2%。

（四）湖南省马克思主义理论学科点导师的任职状况分析

对马克思主义理论学科导师的行政职务进行统计，数据显示，任职校长或校党委书记的有 4 名，占 1.1%；任职副校长或校党委副书记的有 8 名，占 2.3%；任职学校组织部、宣传部等部长或副部长的有 3 名，占 0.9%；任职学院院长或党委书记的有 27 名，占 7.7%；任职学院副院长或党委副书记的有 17 名，占 4.9%；无行政职务的有 290 名，占 83.1%。对马克思主义理论学科导师的学术头衔或学术荣誉进行分析，数据显示，拥有国家级学术或教学头衔（含长江学者、国家"万人计划"领军人才、中央马克思主义理论研究和建设工程首席专家等）有 20 名，占总数的 5.7%；省级学术或教学头衔（含教育部"新世纪优秀人才"、湖南省马克思主义理论重点学科负责人、湖南省理论宣传专家等）有 69 名，占 19.8%；校级学术头衔或教学头衔的有 16 名，占 4.6%；无学术或教学头衔的有 244 名，占 69.8%。

在教育部直属高校中，依据其马克思主义学院官网介绍，湖南大学马克思主义学院属于全国重点马克思主义学院，现有专任教师 79 人，其中教授 15 人，副教授 35 人，博士生导师 20 人，硕士生导师 53 人。学院教师中有中央"马工程"首席专家 1 人，国家教材委员会专家委员会（马工程）委员 1 人，教育部课程中心"马克思主义基本原理概论"教材基地评审专家 1 人，国家社科基金评审委员会专家 1 人，国家级教学名师 1 人，享受国务院政府特殊津贴专家 2 人，全国模范教师 1 人，教育部思想政治理论课教学指导委员会委员 3 人，教育部新世纪优秀人才支持计划 2 人，全国高校思政课教师影响力标兵人物 1 人，全国高校思政课教师影响力人物 2 人，全国高校思政课教学能手 1 人，教育部思想政治教育中青年杰出人才支持计划 1 人，全国高校优秀中青年思政课教师择优资助计划 1 人，湖南省首批智库领军人才 1 人，湖南省有突出贡献的优秀中青年专家 1 人，湖南省跨世纪学术带头人 1 人，湖南省青年骨干教师培养对象 10 人，获宝钢优秀教师奖 2 人、湖南省高校思想政治理论课优秀教师标兵称号1人、湖南省高校思政工作质量提升工程名师工作室2人、湖南省“最美思政课教师”1人。中南大学马克思主义学院拥有教职员工74人，专职教师64人，教授14人，博士生导师10人，教师系列有60%人员拥有博士学位或正在攻读博士学位。教师中享受国务院政府津贴专家1人、全国“宝钢基金”优秀教师1人、全国高校思政课教师影响力人物1人、全国高校优秀思政课教师择优资助计划人选3人、湖南省芙蓉教学名师1人、湖南省优秀教师2人、湖南省青年骨干教师5人。

在省属高校中，如湘潭大学马克思主义学院现有教授31人，副教授30人，专职教师95人。专任教师中，马克思主义理论研究和建设工程首席专家1人、国家教材委员会委员1人、教育部“长江学者特聘教授”1人、国家社科基金评委2人、国务院学科评议组成员1人、国务院政府特殊津贴专家4人、全国优秀教师3人、教育部教育指导委员会委员3人、教育部新世纪优秀人才支持计划2人、湖南省普通高校学科带头人培养对象3人、省级青年骨干教师8人、湖南省优秀社会科学专家和优秀青年社会科学专家3人、湖南省宣传文化系统“五个一批”人才1人、湖南省121人才工程入选3人，1人入选全国高校优秀中青年思想政治理论课教师择优资助计划，1人入选湖南省优秀中青年思想政治理论课教师择优资助计划，多人获评全国道德模范提名奖、全国高校思政课教学展示活动一等奖、湖南省教书育人楷模、湖南省最美思政课教师、湖南省思想政治理论课教学能手等荣誉。比如，湖南科技大学马克思主义学院现有教职工93人，其中，教师86人，教授（含研究员）20人、副教授（含副研究员）32人，讲师34人，具有博士学位教师56人。高级职称比例为60.5%，具有博士学位比例为65.1%。专任教师队伍中有国家“万人计划”哲学社会科学领军人才、全国文化名家暨“四个一批”人才、享有国务院政府特殊津贴专家、全国高校思想政治理论课教学骨干、省优秀研究生指导教师、省高校学科带头人、省新世纪“121人才工程”人选、省青年骨干教师（含培养对象）等20多人次。再如湖南师范大学马克思主义理论学科点现有教职工67人，专职教师62人，其中教授22人、副教授17人，博士生导师15人，拥有博士学位的教师50人。教师中拥有享受国务院政府特殊津贴者，中央“马克思主义理论研究和建设工程”重点编写教材课题组首席专家，国家“万人计划”

哲学社会科学领军人才，中宣部 2014 年文化名家暨“四个一批”理论人才，国家社会科学基金马列·科社学科评审组专家，教育部新世纪人才支持计划人选，湖南省新世纪 121 人才工程第一层次人选，湖南省“百人工程”入选者，湖南省普通高等学校学科带头人，湖南省重大决策咨询智囊团专家，湖南省理论学习服务体系第一批省级服务专家，湖南省青年骨干教师，湖南师范大学潇湘学者讲座教授，湖南师范大学“世承人才计划”入选者等各类优秀专家。学院拥有一批学术背景好、发展后劲足的博士、博士后，其大都来自马克思主义理论研究综合实力雄厚的国内名校。

四、湖南省马克思主义理论学科点学术产出分析

本部分主要集中于湖南省马克思主义理论学科点导师与院校学术产出两大方面，对各导师近五年推出的具体科研成果、发表的论文著作以及主持的课题项目等情况进行统计与分析。

（一）湖南省马克思主义理论学科点导师近五年主持课题分析

对湖南省马克思主义理论学科点导师近五年主持课题情况进行统计，结果显示，导师个人主持国家级课题最多的有 2 项，主持省部级课题最多的有 3 项。在主持国家级课题方面，拥有 2 项的导师共 2 人，占导师总数的 0.6%；有 1 项的导师共 66 人，占 19.0%；没有主持国家级课题的导师共 281 人，占 80.4%。在主持省部级课题方面，主持 3 项的导师共 9 人，占 2.6%；主持 2 项的导师共 32 人，占 9.2%；主持 1 项的导师共 51 人，占 14.6%；没有主持省部级课题的导师共 257 人，占 73.6%。

将湖南省马克思主义理论学科点导师近五年主持课题进行分析，近五年主持 2 项国家级课题的导师中，博导有 2 人，占博导总数的 2.7%，没有硕导（不含博导）主持 2 项国家级课题；近五年主持 1 项国家级课题的导师中，博导有 37 人，占 50.0%，硕导有 29 人，占 10.6%；近五年没有主持国家级课题的导师中，博导有 35 人，占 47.3%，硕导有 246 人，占 89.4%。近五年主持 3 项省部级课题的导师中，博导有 5 人，占 6.8%，硕导有 4 人，占 1.5%；近五年主持 2 项省部级课题的导师中，博导有 12 人，

占16.2%，硕导有20人，占7.3%；近五年主持1项省部级课题的导师中，博导有10人，占13.5%，硕导有41人，占15.0%；近五年没有主持省部级课题的导师中，博导有47人，占63.5%，硕导有210人，占76.3%。

可见，近五年在主持国家级和省部级课题方面，零主持占据了较大的比重，博士生导师在主持国家级课题方面的比重均大于硕士生导师（不含博导）的比重，但是在主持省部级课题方面，博导所占比例有所下降，尤其是在近五年主持1项省部级课题上，博导占13.5%，而硕导占15.0%，湖南省马克思主义理论学科导师近五年主持课题具有差异性。

（二）湖南省马克思主义理论学科点导师发表论文现状分析

通过对马克思主义理论学科点导师发表论文情况进行统计，可以体现湖南省马克思主义理论学科点导师学术研究状况。对349名导师发表论文数量进行统计，结果显示，近五年导师发表论文数量最少的0篇，最多的66篇，平均7篇，标准差8篇。本课题组进一步将导师近五年发表论文数量进行分析，将发表论文层次划分为近五年发表论文、近五年第一作者发表论文、近五年第一作者发表CSSIC论文3个维度，将近五年发表论文数量划分为0篇、1~5篇、6~10篇、11~15篇、16~20篇、21~25篇、26~30篇、30篇8个阶段，统计结果见表3-3。

表3-3　湖南省马克思主义理论学科导师近五年发表论文数量基本情况

发表论文数量	近五年发表论文		近五年第一作者发表论文		近五年第一作者发表CSSIC论文	
	导师数量	百分比	导师数量	百分比	导师数量	百分比
0篇	59	16.9	85	24.4	144	41.4
1~5篇	122	35.0	135	38.5	164	46.8
6~10篇	76	21.8	71	20.3	31	8.9
11~15篇	48	13.8	35	10.0	6	1.7
16~20篇	20	5.7	16	4.7	3	0.9
21~25篇	16	4.6	3	0.9	0	0
26~30篇	3	0.9	3	0.9	0	0
30篇以上	5	1.3	1	0.3	1	0.3
合计	349	100.0	349	100.0	349	100.0

由表3-3可知，从各导师学术论文发表数量分布来看，有16.9%的导师近5年来未发表学术论文，有24.4%的导师近5年来未以第一作者身份发表论文，有41.4%的导师近5年来未以第一作者身份发表CSSIC论文；近5年来以第一作者身份公开发表论文10篇或近5年来以第一作者身份发表CSSIC论文10篇以上的导师分别占16.8%和2.9%。可见，湖南省马克思主义理论学科点导师无论从公开发表论文还是公开发表高水平论文来看，学术论文发表积极性和产量均比较低。

（三）湖南省马克思主义理论学科点导师发表论文研究主题分布

通过运用中国知网检索，对湖南省马克思主义理论学科导师近五年发表论文的实际研究方向进行统计，结果显示，发表论文方向集中于马克思主义政党研究的导师有20名，占总数的5.7%；方向为思想政治教育研究的有106名，占30.2%；方向为中国政治发展研究的有29名，占8.3%；方向为马克思主义基本原理研究的有45名，占12.9%；方向为社会学研究的有19名，占5.5%；方向为家庭伦理研究的有31名，占8.9%；方向为高校德育研究的有5名，占1.4%；方向为马克思主义中国化研究的有45名，占12.9%；方向为中国近现代史研究的有23名，占6.6%；方向为马克思主义哲学研究的有25名，占7.2%；方向为行政伦理学研究的有1名，占0.3%。从各学科点导师近5年发表论文的研究主题来看，绝大部分导师从事马克思主义理论学科领域的研究工作，发表论文的研究方向与实际招生学科相符的导师有256名，占73.3%；不相符的导师有93名，占26.7%。

在湖南省各个高校的马克思主义理论学科点都有发表论文的研究方向与招生学科不相符合的现象。导师的招生方向与自己实际从事的研究领域不一致，也会影响研究生毕业论文选题的方向。比如，某思想政治教育方向导师，根据所列发表论文可看出他的研究方向侧重于社会工作、社会风险等社会学问题，而招生学科为思想政治教育，进而其所带研究生发表论文的研究方向也会与思想政治教育有所偏离，倾向于社会学研究。因此，应加强对马克思主义理论学科点的督导和管理，对导师专业建设、课程教学、学位论文指导与评审等环节加强指导，解决研究领域脱离学科属性等问题，提高研究生培养质量。

（四）湖南省马克思主义理论学科点导师学术影响分析

美国加州大学圣地亚哥分校的物理学家乔治·赫希（Jorge Hirsch）教授提出了一项旨在评价科学家个人学术成就的指标——H指数。他认为，一个人如果在其所有学术文章中有N篇论文分别被引用了至少N次，那么他的H指数就是N。“H指数”是对论文产出数量和影响力均有要求的复合指标。赫希认为如果一个人在从事科研20年后（从发表第一篇论文算起），H指数能达到20，就算是一名成功的科学家；能达到40，则是一名杰出的科学家；能达到60（或30年后达到90），则是首屈一指的大科学家了。① 本文以中国知网数据库近五年来的数据为依据，运用H指数评估湖南省马克思主义理论学科点的349名导师的学术产出数量与学术产出水平，结果显示，H指数为0的导师共40名，占导师总数的11.5%；H指数在1~10的导师共283名，占81.0%；H指数在11~20区间内的导师共23名，占6.6%；H指数在20以上的导师共3人，占0.9%。

五、湖南省马克思主义理论学科点的人才培养专业性分析

马克思主义是关于无产阶级和人类解放的科学理论体系，马克思主义理论类专业旨在培养具有坚定的马克思主义信仰、正确的政治立场和方向、较高的马克思主义理论素养，能够运用马克思主义分析和解决实际问题的专业人才。为了进一步研究湖南省马克思主义理论学科点的人才培养情况，课题组对湖南省13所院校中研究生培养的招生研究方向和培养方案中必修学位课的设置状况进行分析。

（一）湖南省马克思主义理论学科点硕士生和博士生培养的研究方向分析

1. 各院校人才培养方案的研究方向设置情况

马克思主义理论学科研究方向的设定，必须明晰学科专业边界，明确学科内涵。马克思主义理论学科是一级学科，其目录下二级学科有7个，分

① 张静：《国外H指数研究概述》，《社会科学管理与评论》2009年第4期。

别是：马克思主义基本原理、马克思主义中国化研究、马克思主义发展史、思想政治教育、国外马克思主义、中国近现代史基本问题研究、党的建设。马克思主义理论学科各二级学科研究方向的设定毫无疑问必须属于马克思主义理论学科的研究领域。对 13 所院校马克思主义理论学科硕士研究生和博士研究生培养方案中列出的研究方向进行统计，13 所院校总计设置研究方向 89 个。全部 89 个研究方向中，87.6% 的研究方向属于马克思主义理论学科领域。最多的院校设置 26 个研究方向，最少的 3 个，平均 12 个，标准差为 7.12。具体而言，有 4 所院校设置的研究方向共 5 个，分别是思想政治教育、马克思主义中国化研究、中国近代史基本问题研究、高校德育与网络思想政治教育、执政党的建设，即各研究方向的设置率为 30.8%；3 所院校共同设置的研究方向有 7 个，分别为马克思主义基本原理的中国实践、思想政治教育理论与方法、高校思想政治教育、中国特色社会主义理论体系研究、马克思主义与当代中国意识形态建设研究、心理健康教育研究、中国特色社会主义重大现实问题研究，即各研究方向设置率为 23.1%；有 2 所院校共同设置的研究方向共 20 个，分别是社会主义民主政治建设和社会建设、马克思主义基本原理、社会主义核心价值观研究、党的创新理论、马克思主义基本范畴及科学体系研究、马克思主义与当代社会思潮研究、思想政治教育史、中国共产党思想政治教育史研究、马克思主义中国化历史进程与发展趋势、马克思主义中国化代表人物的思想和著作研究、马克思主义中国化与中国传统文化、中国特色社会主义文化建设、中国化马克思主义与中国社会发展、马克思主义理论发展与理论创新、习近平新时代中国特色社会主义思想研究、马克思主义经典著作和基本原理研究、马克思主义政党理论、马克思主义发展史、马克思主义发展进程与一般规律、马克思主义基本原理实用研究，即各研究方向的设置率为 15.4%；1 所院校设置的研究方向共 57 个，分别为科学社会主义理论与实践研究、西方马克思主义研究、马克思的市民社会理论与社会发展研究、马克思主义理论前沿问题、思想道德教育研究、文化传播与思想政治教育、中国共产党思想政治工作、西方思想政治教育发展史、马克思主义通史、马克思主义国别史和阶段史、马克思主义专题史、马克思主义传播史、马克思主义文献学、马克思主义文化软实力研究、政治变革与政治发展、中国近现代国家治理、马克思主义中国化的基本经验和基本规律研究、中国化马克思主义重要文献和基本原理研究、马克思主义中国化时代化大众化研究、当代中国政治发展研究、当代中国文化发展研究、网络文化与思想政治教育研究、毛泽东思想基本理论研究、毛泽东思想发展史研究、毛泽东思想与当代中国社会发展研究、毛泽东思想与思想政治教育创新研究、中国近代社会结构与社会变迁研究、马克思主义党的学说与党的建设、思想政治教育与科学研究、传统文化与思想政治教育、思想政治教育与社会治理创新、政治经济学与当前城市化建设与发展、列宁社会主义经济管理思想、互联网领域马克思主义理论教育规律和方法、基层社会管理、历史唯物主义理论与实践问题研究、湘籍无产阶级革命家与马克思主义中国化研究、高校学生思想政治教育与管理工作研究、干部与群众思想政治工作研究、中国共产党学习理论与实践研究、中国化马克思主义民主政治理论研究、马克思主义国际关系理论与实践、现代思想政治教育的理论与方法、中国近现代社会文化史、列宁思想及其当代价值研究、中国特色社会主义经济和社会建设基本问题研究、社会主义核心价值观与文化软实力研究、全面从严治党纵深推进研究、中西方德育比较研究与借鉴、文化生态的规律与特征、农村德育文化调查与研究、农村思想道德教育专门化研究、马克思主义理论与实践、马克思主义在中国的历史传播及其规律、马克思主义与近代中国发展、国外马克思主义研究、马克思主义中国化的最新理论成果研究，即各研究方向的设置率为7.7%。

以某高校马克思主义理论科学学位硕士研究生培养方案为例，该学科培养目标如下：具有坚定的马克思主义信仰和社会主义信念，坚持正确的理论方向和具备良好的学风。熟悉马列主义经典著作和中国化马克思主义重要文献，有较好的马克思主义理论素养和专业基础知识，能够运用马克思主义立场、观点、方法分析说明重大问题。掌握一门外国语，并能比较熟练地阅读本专业的外文资料。了解本学科研究的最新学术动态和研究成果，恪守本学科的学术规范，具有一定的研究和写作能力。成为从事与本学科相关的理论研究、教育教学、宣传和实际工作的专门人才。该校马克思主义理论一级学科目前下设马克思主义基本原理、马克思主义发展史、马克思主义中国化研究、国外马克思主义研究、思想政治教育、中国近现代史基本问题研究等6个研究方向。具体来看，各专业研究方向设置如下：首先马克思主义基本原理专业包括马克思主义经典著作和基本原理研究；马克思主义基本范畴及科学体系研究；马克思主义与当代社会思潮研究；马克思主义基本原理的中国实践等四个研究方向。马克思主义基本原理旨在研究马克思主义经典著作和基本原理，从整体上研究和把握马克思主义的科学体系。在分别研究马克思主义哲学、马克思主义政治经济学和科学社会主义的基础上，重点把马克思主义的三个主要组成部分有机结合起来，揭示它们的内在逻辑联系，运用马克思主义立场、观点、方法来分析和认识社会现实和历史问题。其次马克思主义中国化研究的研究方向包括马克思主义中国化的基本经验和基本规律研究；马克思主义中国化代表人物的思想和著作研究；中国化马克思主义重要文献和基本原理研究；中国特色社会主义理论与实践研究；马克思主义中国化时代化大众化研究等。它是研究马克思主义中国化的基本经验和基本规律，特别是研究这个过程中所形成的重要理论成果的学科。该学科以马克思主义中国化为主线，中国化马克思主义为主题，建设中国特色社会主义的理论与实践为重点展开。该学科在研究中需要联系中国的历史和现状，联系中国特色社会主义经济建设、政治建设、文化建设、社会建设、生态文明建设以及党的建设、国防和军队建设等诸多方面的实际。但它与马克思主义哲学、马克思主义政治经济学、科学社会主义与国际共产主义运动等学科有所不同，它注重整体性、总体性研究，着眼于一般特征和基本规律研究，而不局限于历史或现实的某个领域、方面、事件的具体研究。再次思想政治教育专业的研究方向包括思想政治教育理论与方法、思想政治教育史、文化传播与思想政治教育、中国共产党思想政治工作、高校思想政治工作。思想政治教育是一定社会、国家、阶级或社会集团自觉以某种思想政治观点、道德规范、法治观念，特别是核心价值体系对其成员和国民实施有组织、有计划的教育和影响的社会实践活动；是运用马克思主义立场观点方法，研究人的思想教育、政治教育、品德教育、法制教育、心理健康教育等本质和规律，以期教化、影响和帮助人们树立正确的世界观、人生观、价值观的学科。最后马克思主义发展史专业设置马克思主义通史、马克思主义国别史和阶段史、马克思主义专题史、马克思主义传播史；马克思主义文献学几个研究方向，旨在系统研究马克思主义理论产生的时代背景和历史必然性，考察马克思主义发展的历史过程及其基本历史阶段，总结马克思主义自身发展和指导实践的历史经验，揭示马克思主义发展的一般规律和在不同历史阶段上发展的特殊规律，特别是与各国实际相结合而不断发展的规律。

以某高校马克思主义理论学科博士研究生培养方案为例，该学科要培养具有坚定的马克思主义信仰和社会主义信念、坚持正确的政治方向和良好学风的高水平人才，应熟悉马列主义经典著作和中国化马克思主义重要文献，具有较为深厚的马克思主义的理论功底和专业基础知识，能够很好地运用马克思主义立场观点方法研究和分析现实社会问题。至少掌握一门外国语，并能够熟练地阅读本学科的外文资料和进行学术交流。掌握本学科研究的最新学术动态和研究成果，恪守本学科的学术规范，具有较强的研究和写作能力。成为能胜任与本学科相关的理论研究、教育教学、宣传和实际工作的高级专门人才。马克思主义理论一级学科归属于法学门类，目前下设马克思主义基本原理、马克思主义发展史、马克思主义中国化研究、国外马克思主义研究、思想政治教育、中国近现代史基本问题研究等二级学科研究方向。该校招收如下 3 个二级学科方向的博士研究生：第一是马克思主义基本原理专业，主要研究方向为马克思主义及其历史发展研究、历史唯物主义理论与实践问题研究、马克思主义创新理论与实践研究。第二是马克思主义中国化研究，其主要研究方向为马克思主义文化理论与文化软实力研究、中国化马克思主义民主政治理论研究、中国化马克思主义党建理论研究、湘籍无产阶级革命家与马克思主义中国化研究。第三是思想政治教育专业，主要研究方向包括思想政治教育创新与发展研究、网络思想政治教育研究、高校学生思想政治教育与管理工作研究、干部与群众思想政治工作研究、大学生思想道德与心理健康教育研究、中国共产党学习理论与实践研究。

2. 各院校人才培养方案的学科方向专业性评估

依据国务院学位委员会《关于调整增设马克思主义理论一级学科及所属二级学科的通知》（学位〔2005〕64 号）以及《关于增设“中国近现代史基本问题研究”二级学科的通知》（学位〔2008〕15 号）的相关规定，对思想政治教育学科研究范围设置为思想政治教育的性质、规律、功能、内容、方法研究，中国共产党思想政治工作史与基本经验研究，马克思主义理论教育研究，中国化马克思主义教育研究，思想政治教育创新与发展研究，新时期世界观、人生观、价值观教育规律与特点研究，经济全球化条件下爱国主义教育与民族精神培养研究，思想政治教育案例研究，高校学生思想政治教育与管理工作研究，大学生职业道德教育研究，未成年人思想道德建设研究，干部与群众思想政治工作研究。对马克思主义基本原理学科研究范围设置为马克思主义经典著作和基本原理，马克思主义基本范畴及科学体系，马克思主义基本原理的形成和发展，马克思主义与当代社会思潮，马克思主义理论教育规律和方法。对马克思主义发展史学科研究范围设置为马克思主义经典作家生平、思想和著作研究，马克思主义通史，马克思主义国别史和阶段史，马克思主义专题史，马克思主义文献学。对马克思主义中国化学科研究范围设置为马克思主义经典著作和基本原理，马克思主义在马克思中国的传播、运用、丰富和发展，马克思主义中国化任务的提出和科学内涵，马克思主义中国化的历史进程和理论成果，马克思主义中国化的基本特征、基本经验和基本规律，党的十六大以来马克思主义在中国的新发展，本学科的重大理论前沿问题。对国外马克思主义学科的研究范围设置为苏联解体、东欧剧变的教训，世界社会主义的现状与前景研究，当代国外共产党人对马克思主义的研究，当代国外左翼学者对马克思主义的研究，"西方马克思主义"评析，国外马克思主义和社会主义思想流派研究。对中国近现代史基本问题研究学科的研究范围设置为中国近现代史"三个选择"问题研究，中国特色社会主义道路历史规律研究，中国改革开放历史规律研究，中国近现代史基本规律和主要经验研究，马克思主义中国化的历史背景研究，高校思想政治理论课"中国近现代史纲要"课教学重点、难点、热点理论问题和教学实践研究，科学的历史观教育研究。

依据学位〔2005〕64 号、学位〔2008〕15 号等相关文件中"学科研究范围"的规定，将湖南省 13 所高校共设置的 89 个研究方向与相关文件中规定的六个二级学科下的研究范围进行比对，进行专业性评估。① 结果显示，

---

① 邢鹏飞、范张欣：《马克思主义理论学科人才培养专业化现状及提升路径调查研究》，《中共成都市委党校学报》2020 年第 3 期。

89个研究方向中有11个研究方向可能不符合马克思主义理论学科领域，占研究方向总数的12.4%。比如，消费文化，法理学，心理健康教育研究，科学社会主义理论与实践研究，政治变革与政治发展，中国近现代国家治理，中国近代社会结构与社会变迁研究，政治经济学与当前城市化建设与发展，基层社会管理，中国近现代社会文化史，文化生态的规律与特征。且法理学、消费文化等研究方向也被明确标注在了马克思主义理论学科的近5年已毕业研究生学位论文上。从研究方向涵盖的学科来看，各院校设置的研究方向覆盖了经济、政治、文化、哲学、伦理、社会等学科，跨学科研究有利于拓宽马克思主义理论学科的研究领域，但也容易导致出现马克思主义理论学科研究范围边缘化问题。通过中国知网数据库检索湖南省马克思主义理论学科点导师近五年发表的论文选题可以发现，26.7%的导师论文方向与招生专业方向不符，外行导师指导内行学生也易使研究生学位论文选题偏离学科属性，一定程度上会阻碍提高学科人才培养专业性的进程。从学科研究方向分布来看，部分马克思主义理论学科研究方向表述太过随意、不规范，并且同一研究领域在各院校之间表述非常随意，与国家相关文件的规范性表述存在出入。比如马克思主义基本原理的中国实践、中国化马克思主义与中国社会发展、马克思主义理论发展与理论创新、马克思主义中国化历史进程与发展趋势、马克思主义中国化的最新理论成果研究等研究方向在相关文件中基本可以归属于“马克思主义中国化的历史进程和理论成果”。从研究方向的学科界限来看，部分研究方向虽然冠有马克思主义理论学科之名，但也存在把马克思主义与一些学科领域存在嫁接之嫌，比如当代中国政治发展研究、当代中国文化发展研究、传统文化与思想政治教育、思想政治教育与社会治理创新、文化传播与思想政治教育等研究方向，到底是真正地研究马克思主义理论学科的基本问题，还是明修栈道暗度陈仓，令人费解，同时也使得马克思主义理论学科的很多研究方向具有标签化之嫌。因此，马克思主义理论学科专业的研究方向应依据国务院学位办相关文件要求，立足于理论发展的重大需求，明晰马克思主义理论学科专业边界。在明晰学科专业边界的基础上，还应在马克思主义理论学科核心研究方向进行深入挖掘，形成符合马克思主义理论学科属性的稳定的研究方向和领域，提升学术研究和人才培养的专业性，引导学生坚定马克思主义信仰。需要强调的是明晰学科边界并不是为了“故步自封”，更不是制造与相关学科的孤立，而恰恰是为了拓展马克思主义理论学科领域、丰富学科内涵、增强学科特色和提高学科水平。

从马克思主义理论类本科专业来看，马克思主义理论类本科专业建设中同样也存在专业边界不清、各专业分化不明显的现象，必然制约本科专业的深入发展。这就需要加强对马克思主义理论类本科专业进行整体性研究和实践经验总结，更深层次处理各本科专业内在关系，尤其是新设立的马克思主义理论与另外3个本科专业之间的关系，在分化与整合的过程中推进专业建设向纵深发展。马克思主义理论类本科专业既要以整体角度推动专业发展，也需要在整体性研究的基础上深化各本科专业自身发展，形成既体现整体性特色又具有各专业边界清晰的专业体系。

（二）湖南省马克思主义理论学科点人才培养的课程设置分析

本部分主要通过收集到的数据统计培养方案的课程设置情况，在此基础上对课程设置的专业性水平进行评估。

1. 湖南省各院校马克思主义理论学科点开课情况

对13所院校培养方案中所列出来的必修学位课程进行统计，就博士生培养必修课程方面，5所具有博士点的院校共计开课9门，其中，同时开设“马克思主义经典著作选读”课程的院校有5所，占博士点院校总数的100.0%；开设“中国马克思主义与当代”“马克思主义发展史研究”2门课程的院校各有3所，各占60.0%；开设“马克思主义理论前沿问题研究专题”“思想政治教育学科前沿研究”2门课程的院校各有2所，各占40.0%；开设“马克思主义理论”“前沿讲座”“马克思主义中国化专题研究”“毛泽东思想与中国特色社会主义理论体系研究”4门课程的院校各有1所，各占20.0%。就硕士课程的必修课程方面，13所具有硕士点的院校总计开设课程34门，其中，13院校同时设置的课程共4门，分别是：“中国特色社会主义理论与研究”“马克思主义基本原理专题”“马克思主义理论与社会科学方法论”“马克思主义哲学方法论研究”；开设“马克思主义经典著作选读”“思想政治理论课教育教学专题”2门课程的院校各12所，各占硕士点院校总数的92.3%；开设“马克思主义中国化理论专题”课程的有 10 所，占 76. 9%；开设“马克思主义发展前沿问题研究”课程的有 6 所，占 46. 2%；开设“国外马克思主义问题研究”“中国近代史纲要专题研究”2 门课程的各有 5 所，各占 38. 5%；开设“心理健康教育与心理咨询方法”课程的有 4 所，占 30. 8%；开设“马克思主义理论基本问题”课程的有 3 所，占 23. 1%；开设“伦理学原理”“党的学说与建设”“当代马克思主义专题”3 门课程的各有 2 所，各占 15. 4%；开设“研究生创新课程”“研究生创业课程”“市场经济基本理论”“思想政治教育研究生班讨论”“思想政治教育研究进展”“中国共产党思想政治教育史”“思想政治教育研究实务”“思想政治教育经典导读”“社会调查与研究方法专题”“现代思想政治教育心理学专题”“思政方法理论与网络思政专题”“现代思想政治教育专题”“马克思主义中国化研究研究生班讨论”“马克思主义中国化研究进展”“马克思主义中国化的历史进程”“马克思主义中国化研究实务”“马克思主义中国化经典导读”“大学生思想政治教育专题研究”“传统文化与思想政治教育研究”19 门课程各 1 所，各占 7. 7%。

如有的高校马克思主义理论博士研究生培养必修课程共开设三门，分别是前沿讲座、马克思主义中国化专题研究、马克思主义著作研读。公共必修课开设马克思主义理论和第一外国语。选修课开设中共党史专题研究、毛泽东思想、邓小平理论专题研究、中国近现代思想史研究、当代中国政治发展问题研究、当代中国文化发展问题研究。补修课程开设马克思主义哲学专题研究、外国思想文化专题研究、中国思想史专题研究。有的高校马克思主义理论博士研究生开设中国马克思主义与当代、马克思主义发展史研究、马克思主义经典著作研读等学位必修课以及研究生创新课程选修课。学位方向课方面开设马克思主义基本原理专题研究、国外马克思主义专题研究、马克思主义中国化专题研究、思想政治教育前沿问题研究、中国近现代史基本问题专题研究、中国共产党执政理论与实践专题研究、历史唯物主义理论与实践问题研究、高校学生事务管理工作研究、大学生心理健康与教育研究。同时，博士生在论文工作期间至少在本学科范围内做学术报告 2 次，至少参加 1 次全国性学术会议或 2 次省级学术会议，并宣读自己撰写的论文。在学期间应听取 10 次以上的学术报告，每次参加学术活动要有 1000 字左右的总结报告，注明参加学术活动的时间、地点、报告人、学术报告题目，简述内容并阐明自己对相关问题的学术观点或看法。

有的高校马克思主义理论硕士研究生开设马克思主义基本原理专题研究、马克思主义经典著作选读、习近平新时代中国特色社会主义思想专题研究、思想政治教育学原理、论文写作指导等专业必修课。开设中国特色社会主义理论与实践、自然辩证法、基础英语等公共必修课。开设马克思主义理论与思想政治教育前沿问题研究、马克思主义发展史、中国化马克思主义农业发展理论与实践专题、中国化马克思主义农村治理理论与实践专题、中国化马克思主义农村文化建设理论与实践专题、社会主义核心价值观教育专题研究、中国近现代史专题研究、思想政治理论课教学方法研究、中国化马克思主义农村思想政治教育理论与实践专题、中国共产党思想政治教育史、国外马克思主义专题研究、网络思想政治教育专题研究、比较思想政治教育研究等专业选修课，以及思想道德修养与法律基础、马克思主义基本原理概论、中国近现代史纲要等补修课。有的高校马克思主义理论硕士研究生开设马克思主义与社会科学方法论、综合英语、英语听说等公共必修课。开设马克思主义与当代社会思潮、马克思主义经典著作选读、马克思主义经济思想史研究、马克思主义中国化前沿问题研究、中国特色社会主义政治经济学专题研究、思想政治教育原理与方法研究、比较德育学等专业学位课。开设新科技革命与中国特色社会主义建设、互联网领域意识形态专题研究、中国传统文化与思想政治教育研究、企业文化与企业思想政治工作研究、中国社会主义现代化专题、社会调查研究方法专题等选修课，以及社会实践与专业实习（含“三助一辅”）、学术研讨、学术报告、文献阅读与论文写作训练等实践课程。

2. 湖南省马克思主义理论学科点课程设置专业性评估

依据学位〔2005〕64 号和学位〔2008〕15 号文件、“学位授权审核申请基本条件”等文件中有关规定，综合考虑湖南省马克思主义理论学科人才培养的高层次性、马克思主义理论学科的专业性、各校的特色与优势领域的专题性等因素，对各学科点的课程设置进行专业性评估。就必修课程部分，博士点我们确定马克思主义经典著作选读、马克思主义基本原理专题研究、马克思主义发展史 3 门课程作为必修课标准，对湖南省 5 所具有博士点院校课程设置进行专业性评估，没有院校同时开设 3 门必修课程。

硕士生培养课程设置，我们确定马克思主义经典著作选读、马克思主义基本原理专题研究、马克思主义发展史、中国近现代史基本问题专题、思想政治教育学专题、马克思主义理论学科研究方法与学术规范专题6门课程作为标准。对湖南省13所具有硕士点的院校课程设置进行专业性评估，结果显示，同时开设6门标准课程的院校有6所，占硕士点院校总数的46.2%；开设5门标准课程的院校有4所，占30.8%；开设4门标准课程的有2所，占15.4%；开设3门标准课程的院校有1所，占7.7%。这与马克思主义理论学科导师的学科背景、导师遴选和培养方案制定机制密切相关，存在因人设课、拼凑课程、课程重复和衔接不畅等问题。

由上可知，博士生和硕士生都存在核心课程未开设或开设不全面的问题，存在人才培养课程设置专业化水平不高的现象。湖南省马克思主义理论学科点博士生课程设置和硕士生课程设置的专业性亟待加强。因此，马克思主义理论学科点人才培养课程体系的设置，应统筹考虑党的意识形态工作极端重要的地位、马克思主义理论学科点人才培养的高层次性、马克思主义理论学科属性、各学科点特色与优势领域等因素。应进一步督促各马克思主义理论学科点开设核心课程，避免在必修学位课程中随意开设一些无价值的非马克思主义理论学科课程。要构建科学的马克思主义理论类课程体系，提高核心课程的开课率，用好马克思主义理论研究和建设工程教材及国务院学位委员会组编的马克思主义理论学科研究生核心课程教材。各院校应按照国务院学位委员会和教育部相关规定合理设置学科课程，课程体系的完善要根据本、硕、博不同人才培养层次来开展，不断夯实马克思主义理论学科属性和理论知识，凸显课程的广阔知识视野、国际视野和历史视野。

在马克思主义理论类本科专业人才培养过程中，从人才培养的学科属性方面来看，也存在着必修课程设置数量庞杂、马克思主义理论课程设置不足和专业核心课程的专业性水平较低的问题。究其原因，从学科建设的重心来看，侧重于根据马克思主义理论类专业人才培养和务实工作的需要创办系统的本科专业。从依托主干学科来看，马克思主义理论学科曾多次依托哲学、政治学、教育学和法学等学科进行专业知识构建，虽然有利于扩宽学科视野，但在一定程度上也带来各院校人才培养方案中马克思主义理论基础知识课程相对薄弱的问题。从学科建设形态来看，习惯于根据马克思主义理论类本科专业人才培养所需知识进行系统的课程设计，通过教材编写形成系统化学科知识体系。由于马克思主义理论学科领域具有特殊性和复杂性，既不局限于学校也不局限于马克思主义理论专门人才所开展的教育工作，自然由本科专业发展起来的学科知识体系、学科课程设置也不可避免地存在一些局限。因此，在马克思主义理论类本科专业课程设置方面，要注重提高马克思主义理论属性，要切实扭转马克思主义理论属性不足的问题，量足质优地开设马克思主义基础课程，增强人才培养的马克思主义理论功力和特色，更好地处理本科生源与研究生培养的关系。值得注意的是，近年来很多高校都扩宽了培养口径和课程设置领域，既鲜明凸显马克思主义理论学科属性，又观照社会职业和毕业生就业特点的变化，推动了专业整合发展。

（三）湖南省马克思主义理论学科点人才培养毕业论文选题分析

学位论文是研究生培养的重要环节，是培养研究生从事科研工作能力的主要途径。研究生应在导师指导下独立完成学位论文，学位论文应能充分反映研究生已全面达到本学科培养目标所规定的各项要求。

以某高校马克思主义理论学科硕士研究生培养方案为例，硕士研究生学位论文选题必须遵循以下几方面的要求：第一，准确把握马克思主义理论学科的内涵和特点，深入研究马克思主义经典著作历久弥新的思想价值；深入研究马克思主义在当代发展中的重大问题；深入研究中国特色社会主义理论与实践中的重大问题；深入研究思想政治理论课教学以及现代思想政治工作中的重点难点问题。第二，抓住马克思主义理论学科发展中带有基础性、导向性和战略性的重要问题，选择对行业或学科具有重要理论意义、学术价值或实践意义并具有一定研究深度和广度的课题作为论文题目。要注意三个方面：一是与党和国家大政方针、路线有关的重大理论与现实问题；二是人民群众普遍关心的问题，这类问题虽不是全局性的，却是人们关注的、或期待解决、或有疑虑需要进行理论探讨和解答的问题；三是虽属具体又未引起社会重视，却代表一定倾向的问题。课题可以是导师省级以上社科基金项目中的子课题。第三，硕士生学位论文选题应在研究领域、研究视角、研究内容以及研究方法等方面体现对同类研究课题的新见解。学位论文必须有所创新：一是时代感强，能够反映和体现所处时代跳动的脉搏。二是内容新，从马克思主义理论发展及中国化实践提出的新问题中、新生事物的萌芽中、新鲜经验中选题；从本学科领域里的新概念、新理论、新思维、新设计、新方案中选题；从不同观点的争议、不同学派的对立、原有理论和新的实践的尖锐矛盾中选题。三是角度新，对很多研究者在研的热门选题从另一个新的角度去挖掘新意。四是学位论文选题要范围适宜、目标明确，应尽量结合导师的科研课题进行。研究生也可以自选论文课题。研究生选择不属于导师研究领域的课题必须事先取得导师同意，并在导师及指导小组指导下进行工作。所有课题都要有立项论证。指导教师应充分了解研究生的专长和不足，有针对性地指导研究生选题。

以某高校马克思主义理论学科博士研究生毕业论文要求为例，博士研究生毕业论文的选题必须坚持马克思主义的立场、观点和方法，具有正确的思想理论导向；必须立意新、起点高、原创性强，必须围绕6个二级学科方向展开研究，必须是本学科前沿性的重大理论和实践问题研究，并尽可能与导师或学科点的省级以上研究项目相结合。要遵循马克思主义理论学科的内在要求，注意处理好学科性质和研究特色的关系、基础理论研究和现实问题研究的关系。凸显马克思主义理论学科特色，要与哲学社会科学其他学科相区别，即使涉及经济、政治、文化、社会、国际、党建等具体问题的研究，也要体现马克思主义理论学科的风格和特色。同时应撰写出对该选题已有的比较详尽的国内外研究成果和本人客观评价的研究综述。综述应反映对问题解决的程度和主要观点，不同观点的争鸣和理论阐述中存在的问题，本人已有的研究条件和所做的前期准备等。要从综述的撰写中确立问题意识和学术针对性，明确课题研究的理论价值和实践意义，明确拟解决的重点难点问题，明确提出可能实现创新的论域和论点。

除选题之外，博士毕业论文必须做到主题集中、鲜明；文章层次清晰、逻辑严谨；引用资料翔实、可靠；基本观点正确，论证充分、有力；文笔流畅，书写格式规范；合理使用引文，对已有学术成果的介绍、评论、注释，应力求客观、公正、准确。引文应以原始文献和第一手资料为依据。凡引用他人观点、方案、资料和数据等，无论是否发表，无论是纸质或电子文本，均应详加注释；凡转引文献资料，应如实说明。毕业论文应该注重创新，或主要观点有创新，或论证与前人相比有深化。避免泛泛而谈“选题创新”或“填补空白”，或只谈“方法创新”而没有任何理论观点或学术论证上的新意。应注重学术质量，反对粗制滥造和低水平重复。毕业论文须用中文撰写，应当结构合理、逻辑严谨、内容充实、论证精当、文字练达，具有较高的理论价值或实践价值。

对研究生毕业论文选题的专业性进行分析，通过中国知网检索到近五年湖南省马克思主义理论学科硕士毕业论文和博士毕业论文各575篇和68篇。依据学位〔2005〕64号、学位〔2008〕15号等相关文件对“学科研究范围”的规定，在硕士毕业论文选题中，研究内容与授予学位学科专业相符合的500篇，占86.96%；研究内容与授予学位学科专业不相符合的49篇，占8.52%；研究内容与马克思主义理论一级学科属性不符合的26篇，占4.52%。在博士毕业论文选题中，研究内容与授予学位学科专业相符合的58篇，占85.3%；研究内容与授予学位学科专业不相符合的8篇，占11.8%；研究内容与马克思主义理论一级学科属性不符合的2篇，占2.9%。

六、湖南省马克思主义理论学科点发展现状呈现的特点

马克思主义理论一级学科设立以来，湖南省马克思主义理论学科建设总体态势良好，取得了明显进展。

（一）马克思主义理论学科点布局趋于合理

在湖南省，含国防科技大学，目前共有6所院校设有马克思主义理论一级学科博士点，14所设有一级学科硕士点。在学科点分布上，14所学科点院校分布在长沙市、湘潭市、衡阳市、株洲市和吉首市，呈现相对比较平衡的地域分布格局。在学科点院校类型方面，形成了以综合类院校（6所）为核心，涵盖理工类院校（2所）、军校（1所）、师范类院校（1所）、财经类院校（1所）、医药类院校（1所）、农业类院校（1所）、党校（1所）等院校类型的全方位分布格局。在院校层次方面，形成了涵盖“双一流高

校”（5 所）和普通院校（10 所）的多重分布。从马克思主义学科导师近五年发表论文的研究领域来看，形成了思想政治教育研究（31.6%）、马克思主义基本原理研究（20.1%）、马克思主义中国化研究（12.9%）、中国近现代史研究（6.6%）和马克思主义政党研究（5.7%）等多元研究领域。可见，湖南省马克思主义理论学科点具有较为均衡合理的分布格局。

（二）马克思主义理论学科点专业实力显著增强

湖南省马克思主义理论一级学科博士点和一级学科硕士点数量在全国分别位列第 3 位和第 10 位，学科点数量位居全国前列。教育部第四轮学科评估中，全省进入 A－等级的有 1 所，B＋和 B 等级的各有 2 所。从学科点建设平台来看，湖南省马克思主义理论学科点平台建设成效显著，不仅兼具国家重点培育学科和省重点学科，且有 10 所属于湖南省重点马克思主义学院或重点思想政治理论课教学科研机构。在本科专业建设方面，有 3 个属于“国家特色专业”的本科专业，3 个全国一流本科专业。从导师规模来看，湖南省马克思主义理论学科所拥有 349 名研究生导师，其中含 275 名硕士生导师和 74 名博士生导师，规模比较大。从学科点导师的学术头衔或学术荣誉来看，拥有长江学者、国家“万人计划”领军人才、中央马克思主义理论研究和建设工程首席专家等国家级学术或教学头衔的有 20 名，省级学术或教学头衔的 69 名，具有较大的学术影响力。从研究视野来看，湖南省马克思主义理论点研究方向高达 89 个，研究领域涵盖经济、政治、文化、哲学、伦理、社会等学科，具有宽广的学科视野。从马克思主义理论学科点学术交流来看，各学科点每年都会举办全国性马克思主义理论学科论坛或积极开展学术活动，学术交流日益活跃。在学科研究特色方面，湖南省作为毛泽东、刘少奇等老一辈无产阶级革命家的故乡，是全国最早开展马克思主义理论传播和研究的前沿阵地，具有深厚的马克思主义理论学科积淀和独特的发展优势，比如湘潭大学马克思主义学院，成为全国著名的毛泽东思想研究阵地。湖南省各个高校都在马克思主义理论学科研究中融入湖湘文化、老一辈无产阶级革命家代表人物的思想和著作等，具有独特的湖湘特色。

（三）马克思主义理论学科点组织机构与思想政治理论课教学科研机构逐步融合

马克思主义理论一级学科设置以来，国务院、教育部下发的相关文件中，已经多次强调要着力解决学位点与思想政治理论课教学科研机构分离问题。马克思主义学院在马克思主义理论人才培养上发挥着基础作用，独立的机构建设是开展各项教学活动和促进人才培养的重要条件。在湖南省具有马克思主义理论学科点的全部13所普通院校中，近年来都独立设置了直属于学校党委领导的马克思主义学院二级机构，统筹负责马克思主义理论学科点建设与思想政治理论课教学工作。在全部13所学科点院校中，单独依托马克思主义学院进行研究生培养的占到11所，占学科点院校的84.6%；同时依托马克思主义学院和公共管理学院的院校1所，占7.7%；依托党校教研机构的1所，占7.7%。需要强调的是，通过近年来的调整，当前硕士点和博士点建设主要依托马克思主义学院，推动马克思主义理论本硕博专业一体化协调发展势在必行。

（四）马克思主义理论学科点专业化程度明显提高

以学位〔2005〕64号文件、学位〔2008〕15号文件和中发〔2016〕31号文件中关于马克思主义理论学科属性的规定为评估标准，本次调查发现，湖南省马克思主义理论各二级学科博士点和硕士点研究方向与本学科属性的相关度比较高，有87.6%的研究方向符合马克思主义理论学科属性。如果我们将这一数据与国务院学位委员会2006年的调查结果进行对比，会发现当时马克思主义理论各二级学科研究方向与本学科属性的相关度较低。呈高度相关的二级学科点数只占当时调查样本的11.1%，这说明湖南省马克思主义理论学科点研究方向专业化程度明显提高。① 从各学科点导师近五年发表论文的研究主题来看，绝大部分导师从事马克思主义理论学科领域的研究工作，发表论文方向与招生学科相符的导师占比达73.3%。可见，湖南省马克思主义理论学科的专业化程度明显提高。

---

① 国务院学位委员会“马克思主义理论一级学科建设和人才培养方案研究”课题组、顾海良：《马克思主义理论学科建设调研报告》，《思想理论教育》2007年第9期。

（五）马克思主义理论学科点专业人才培养逐步规范

对各学科点硕士生和博士生的培养方案内容进行分析，就博士研究生课程设置来看，马克思主义经典著作选读开课率达 100.0%；中国马克思主义与当代、马克思主义发展史研究开课率达 60.0%；马克思主义理论前沿问题研究专题、思想政治教育学科前沿研究课程的开课率达 40.0%。就硕士课程的必修课程设置来看，中国特色社会主义理论与研究、马克思主义基本原理专题、马克思主义理论与社会科学方法论、马克思主义哲学方法论研究课程开课率达到 100%；马克思主义经典著作选读、思想政治理论课教育教学专题开课率达 92.3%；马克思主义中国化理论专题开课率达 76.9%；马克思主义发展前沿问题研究开课率为 46.2%。这说明马克思主义理论学科点人才培养课程的必修课设置的基础性与本学科属性的相关度均较高。从中国知网近五年来可以公开查阅到的学位论文选题来看，马克思主义理论各二级学科研究生毕业论文选题与授予学位的学科专业相符的达 86.8%，学位论文能够体现学科属性。

第四章 马克思主义理论学科建设取得的新进展和面临的主要问题

在以典型案例透视马克思主义理论学科发展现状的基础上，基于现已公布的全国马克思主义理论学科建设最新数据，对马克思主义理论学科取得的最新进展和面临的主要问题进行整体性分析，是进一步高质量推进马克思主义理论学科建设的重要前提。2020 年以来，随着《新时代高等学校思想政治理论课教师队伍建设规定》《关于加强新时代马克思主义学院建设的意见》《高等学校思想政治理论课建设标准》等文件的陆续出台，马克思主义理论学科围绕人才培养、教师队伍建设、科学研究、社会服务等加快建设步伐，在这些方面取得了可喜的新进展。但与此同时，教师队伍结构性矛盾突出、思想政治理论课的教学成效不够显著、科学研究的协调性与影响力有待提高、人才选拔与培养的体制机制不够健全、对外学术交流发展不平衡不充分、社会服务功能未能充分发挥等问题也凸显出来。

一、马克思主义理论学科发展建设取得的新进展

随着我们党对马克思主义理论学科的重视程度不断提高，对马克思主义理论学科建设规律的认识和把握不断走向深入，马克思主义理论学科迎来了新的重大战略机遇期。近年来，马克思主义理论学科人才培养日趋规范、教师队伍建设成效更加显著、科研水平大幅提升、社会服务能力显著增强。

（一）人才培养日趋规范

人才兴则国兴，人才强则国强。2021 年中共中央办公厅印发的《关于

加强新时代马克思主义学院建设的意见》明确提出，要“提高专业人才培养质量，源源不断培养马克思主义理论后备人才”①。教育部公布的《第五轮学科评估工作方案》也强调，要“把人才培养质量放在首位”②。在这一背景下，马克思主义理论学科以提高人才培养质量为导向，健全人才培养体系，完善人才培养方案，推进马克思主义学院建设，明确研究生导师岗位要求，使人才培养更加规范。

第一，本硕博一体化人才培养体系逐步健全。自 1984 年设立思想政治教育本科专业以来，该专业一度成为进行马克思主义理论学科本科人才培养的唯一学科。随着党和国家对高校马克思主义理论人才培养要求的不断提高，单纯依靠思想政治教育专业已经不能满足马克思主义理论学科建设的需要，开设马克思主义理论本科专业，加快建设马克思主义理论学科本硕博一体化人才培养体系，为思政课教师队伍建设储存后备力量势在必行。

2018 年 3 月 15 日，教育部印发《关于公布 2017 年度普通高等学校本科专业备案和审批结果的通知》，马克思主义理论专业成为本科新设专业，中国人民大学、同济大学、山东大学、西安交通大学、兰州大学、北京体育大学、中国社会科学院大学和河南师范大学 8 所高校成为教育部批准设置“马克思主义理论”本科专业的首批高校。2019 年，北京大学、南开大学、天津大学、四川大学、华南师范大学 5 所高校获批设立马克思主义理论本科专业。2020 年，马克思主义理论（学科代码 030504T）本科专业被正式列入《普通高等学校本科专业目录（2020 年版）》，大连理工大学、复旦大学、武汉大学等 8 所高校获批开设马克思主义理论本科专业。2021 年，清华大学、华东师范大学等 17 所高校获批开设马克思主义理论本科专业。2022 年，吉林大学、河海大学、浙江大学等 9 所高校获批开设马克思主义理论本科专业。截至目前，全国已有 47 所高校获批开设马克思主义理论本科专业，其中，山东大学、首都师范大学、湖南科技大学三所高校的马克思主义理论专业于 2022 年 6 月入选国家级一流本科专业。

---

① 《中共中央办公厅印发〈关于加强新时代马克思主义学院建设的意见〉》，http：//www. gov. cn/zhengce/2021 -09/21/content_ 5638584. htm。

② 《第五轮学科评估工作方案》，http：//www. moe. gov. cn/jyb_ xwfb/moe_ 1946/fj_ 2020/202011/t20201102_ 497819. html。

从学科点数量来看，马克思主义理论学科点数量明显上升。据教育部社会科学司司长徐青森介绍，2016 年至 2021 年，全国马克思主义理论一级博士学位授权点由 39 个增至 104 个，一级硕士学位授权点由 129 个增至 279 个①，学位点数量位居各学科前列。就学科点的最新分布情况而言，全国马克思主义理论一级学科博士点和一级学科硕士点地域分布相对合理，在学科点院校类型方面形成了综合类、理工类、师范类、财经类、医药类、农业类、党校等院校类型的全方位格局，除中共中央党校（国家行政学院）和上海社会科学院这两个科学研究机构外，其余一级学科博士点均为高等院校。截至 2021 年年底，马克思主义理论学科硕士点在全国 31 个省、自治区、直辖市都已经覆盖，高校马克思主义理论学科专业本硕博在校生达 6.2 万人，为繁荣我国哲学社会科学，推进高校思想政治教育发展提供了坚实的支撑。

第二，人才培养方案不断完善。2020 年 9 月 4 日，教育部、国家发展改革委、财政部印发了《关于加快新时代研究生教育改革发展的意见》，要求高校要重点抓住研究生课程学习、学位论文开题、中期考核、论文评阅和答辩、学位评定等关键环节。同年 9 月 25 日，国务院学位委员会、教育部下发《关于进一步严格规范学位与研究生教育质量管理的若干意见》，从指导思想、强化落实学位授予单位质量保证主体责任、严格规范研究生考试招生工作、严抓培养全过程监控与质量保证、加强学位论文和学位授予管理、强化指导教师质量管控责任、健全处置学术不端有效机制、加强教育行政部门督导监管等八个方面对新时代规范研究生教育质量作出全面部署。2022 年 1 月，教育部、财政部、国家发展改革委发布了《关于深入推进世界一流大学和一流学科建设的若干意见》，要求各高校加强马克思主义理论高层次人才培养，全面推进思想政治工作体系、学科体系、教学体系、教材体系、管理体系建设，率先建成高质量本科教育和卓越研究生教育体系。教育部对马克思主义理论人才培养体系进行的顶层设计和宏观规划，有力推动了马克思主义理论学科的高质量发展。

---

①《思政课建设发生全局性根本性转变，取得历史性成就——三年磨一课　育人谱新篇》，《中国教育报》2022 年 3 月 18 日。

以课程建设为例，一是打造了一批优质课程。在2020年底教育部公布的首批国家级一流本科课程名单中，共有107门思政类课程入围。其中线下课程27门，线上课程14门，线上线下混合式课程18门，社会实践类课程43门，虚拟仿真类课程5门，覆盖了“马克思主义基本原理”“毛泽东思想和中国特色社会主义理论体系概论”“中国近现代史纲要”“思想道德与法治”“习近平新时代中国特色社会主义思想概论”等。① 二是推动习近平新时代中国特色社会主义思想进教材、进课堂、进头脑成效显著。截至2022年6月，37家全国重点马院以及北京、天津、上海、黑龙江等试点地区全面开设的“习近平新时代中国特色社会主义思想概论”课，已覆盖180万学生。教育部制作的《习近平新时代中国特色社会主义思想三十讲》课件，点击下载量累计近3000万次。② 三是在多学科交叉融合中打造特色课程。例如，新疆师范大学充分发挥教育学、政治学、历史学、语言学、宗教学等学科优势，打造“理论教育+实践教育+爱国主义教育+反分裂斗争教育+时政教育”的课程体系，有针对性地讲好党的民族工作史、中华民族多元一体发展史，铸牢中华民族共同体意识。③ 四是信息技术与思政课融合步伐加快。安徽省搭建平台集聚智慧，打造网络思政“皖云”，其创新应用大数据、语义识别、VR等新技术建设省级智慧思政平台，吸引16个市与99所高校的教育新媒体接入并实现联盟，探索创新网络思政模式。④

第三，平台建设取得重大进展。马克思主义学院是马克思主义理论人才培养的重要基地。就高校马克思主义学院而言，截至2021年底，全国高校马克思主义学院已由2012年的100多家发展到1440余家，其发展速度之快、规模之大、覆盖范围之广前所未有。同时，中宣部、教育部重点建设了37家全国重点马院，在全国第四轮学科评估中，除大连理工大学马克思主义学院未参评外，其余36所全国重点马院评估等级都在“B”及以上，

---

① 《高校马克思主义理论学科发展研究报告》，人民出版社2021年版，第23页。

② 李婧怡：《全国高校守正创新打造新时代思政“金课”——让更多学生爱上“真理的味道”》，《人民日报》2022年6月6日。

③ 《新疆师范大学“四维贯通”构建铸牢中华民族共同体意识教育体系》，http：//www. moe. gov. cn/s78/A12/gongzuo/moe_ 2154/202205/t20220519_ 628707. html。

④ 《安徽省集聚智慧力量　着力打造网络思政矩阵》，http：//www. moe. gov. cn/s78/A12/gongzuo/moe_ 2154/202203/t20220315_ 607464. html。

反映出了全国重点马院在理论教学、人才培养、科学研究、理论宣传等方面的显著成效。此外，部分高校马克思主义学院还充分挖掘当地资源，着力打造特色“马院”。如南昌大学马克思主义学院将“井冈山精神”“苏区精神”等江西红色文化资源融入思政课教学中，推动讲好红色故事，传承红色基因；西藏民族大学马克思主义学院通过开展马克思主义民族观教育，使全体学生增强民族团结和中华民族共同体意识；等等。

就党校系统马克思主义学院而言，2015 年 12 月，习近平总书记在全国党校工作会议上的讲话中强调：“中央批准中央党校成立马克思主义学院，就是坚持党校姓‘马’姓‘共’之举。”① 习近平总书记的讲话指明了中央党校在马克思主义学院建设方面的独特优势，也鼓舞了全国各级省委党校、市委党校马克思主义学院的建设。近年来，越来越多省委党校与高校合作共建马克思主义学院，如四川省委党校与成都信息工程大学、中共甘肃省委党校与兰州理工大学、江苏省委党校与南京理工大学、安徽省委党校与中国科学技术大学分别签署了共建马克思主义学院协议，在马克思主义理论学科建设、决策咨询、人才培养等方面取得了较好的成绩。

第四，对研究生导师的岗位要求更加明确。研究生导师是人才培养的第一责任人，在培养一批能坚持正确的政治方向，有过硬本领、责任担当、创新精神的高质量人才中发挥重要作用。为贯彻落实全国研究生会议精神，全面提高高校博士生培养质量，2020 年 9 月，教育部印发了《关于加强博士生导师岗位管理的若干意见》，从严格岗位政治要求、明确导师岗位权责、健全岗位选聘制度、加强导师岗位培训、健全考核评价体系、建立激励示范机制、健全导师变更制度、完善岗位退出程序、规范岗位设置管理、完善监督管理机制等十个方面对博士生导师岗位职责提出了具体要求。2020 年 10 月，教育部进一步印发了《研究生导师指导行为准则》，从坚持正确思想引领、科学公正参与招生、精心尽力投入指导、正确履行指导职责、严格遵守学术规范、把关学位论文质量、严格经费使用管理、构建和谐师生关系等八个方面对研究生导师的岗位职责进行了明确规定。随着研究生招生规模和研究生导师、博士生导师队伍的不断扩大，通过出台相关文件

---

① 《习近平谈治国理政》（第 2 卷），外文出版社 2017 年版，第 326 至 327 页。

加强导师岗位管理，对于我国高校培养高质量人才具有重要实践意义。

（二）教师队伍建设成效更加显著

办好马克思主义理论学科，关键在于马克思主义理论教师队伍建设。近年来，思政课教师队伍增量提质明显，构建了多层次、多元化的教师培训体系，思政课教师队伍建设的制度规范进一步完善，为打造一支政治强、情怀深、思维新、视野广、自律严、人格正的思政课教师队伍提供了重要条件。

第一，思政课教师队伍增量提质明显。近年来，教育部联合中央多个部门印发高校思政课教师队伍建设系列文件，大力推动全国各地高校配齐建强教师队伍，使全国高校思政课教师数量显著增长，质量显著提升。

“增量”方面，截至2021年底，登记在库的高校思政课专兼职教师超过12.7万人，较2012年增加7.4万人，队伍配备总体达到师生比1：350的要求。高校辅导员作为思想政治工作队伍建设的重要组成部分，近三年也实现了快速增长。截至目前，全国高校专兼职辅导员达到24.08万人，师生比实现从1：205到1：171的配置，31个省（区、市）辅导员配备实现了整体达标。此外，各高校积极探索思政课特聘教授制度、兼职教师制度，搭建“引育聘并举”补充机制，使一大批地方党政干部、企事业单位管理专家和各行业模范走进校园，登上思政课讲台。教育部调查数据显示，每年有300多位党政领导干部上讲台，400多位“时代楷模”“最美奋斗者”等进校园，3年共有300多位“全国劳模”“大国工匠”担任校外辅导员。

“提质”方面，思政课教师结构明显优化，素质大幅提升，高学历、年轻化已成为思政课教师队伍发展新状态。在9万多名专职思政课教师中，49岁以下教师占77.7%，拥有研究生及以上学历的占72.9%，具有高级职称的占35%。同时，截至2020年，我国有69家马克思主义理论学科点马克思主义理论学科的教师入选各级各类高层次人才，一共155人次。① 其中，入选为马克思主义理论研究和建设工程首席专家为18人次，占总人数比为11.61%；入选为国家级教学名师为18人次，占总人数比为11.61%；入选为“长江学者奖励计划”特聘教授为10人次，占总人数比为6.45%；入选

---

① 《高校马克思主义理论学科发展研究报告》，人民出版社2019年版，第92页。

为万人计划哲学社会科学领军人才为18人次，占总人数比为19.35%；入选为全国宣传文化系统“四个一批”人才为40人次，占总人数比为25.81%；入选为教育部跨世纪人才为8人次，占总人数比为5.16%；入选为新世纪百千万人才工程国家级入选者为3人次，占总人数比为1.94%；入选为长江学者奖励计划青年学者为13人次，占总人数比为8.39%；入选为教育部新世纪优秀人才为21人次，占总人数比为13.55%。

第二，构建了多层次、多元化的教师培训体系。2020年1月7日，教育部第一次部务会议审议通过了《新时代高等学校思想政治理论课教师队伍建设规定》，就高校思想政治理论课教师队伍建设进行了一系列具体部署，强调要加强对高校思政课教师的培养培训，建立国家、省（区、市）、高等学校三级思政课教师培训体系。两年多来，马克思主义理论的教师培训体系呈现出了多层次、多元化的新样态。

首先，教师培训基地不断拓建。2020年11月，教育部在建设好现有30个全国高校思政课教师研修基地的基础上，新设了7个新时代高校思想政治理论课教师研学基地和4个全国高校思想政治理论课教师实践研修基地。新设的研学基地主要承接教育部门或高校组织的思政课教师国内考察调研等专题研学任务。增设的实践研修基地主要承担高校思政课教师实践研修培训任务，主要包括广西大学、延边大学、黑龙江大学、山西大学四所高校。截至目前，已建设41个全国高校思政课教师研修研学基地，分别承担理论研修、教学研修和实践研修培训任务。

其次，通过举办思政课教学展示活动，提高思政课教师的教学水平。2019年以来，教育部坚持举办全国高校思想政治理论课教学展示活动，目前网络直播观看量超过34万人次。在全国思政课教学展示活动如火如荼开展的大背景下，各省、市高校也积极组织开展思政课教学竞赛，搭建国家、省、校三级思政课教学展示平台。如2018年以来，陕西省各高校营造了“比学赶超”讲好思政课的氛围，使思政课教师的教学水平在竞赛中得到锻炼，形成了一支可信可敬可为敢为的思政课教师队伍。四川省各高校积极打造“精彩一课”比赛品牌，组织开展形式丰富的思政课教学比赛，从而提高思政课教学效果。

最后，思政课教师常规培训工作扎实推进。教育部定期举办高校思政课骨干教师研修班和学习习近平新时代中国特色社会主义思想专题研修班，建设全国高校思想政治理论课教师网络集体备课平台，目前已覆盖全国2700多所高校，为全国12万名专兼职思政课教师提供多种服务；建立高校思政课“手拉手”集体备课中心，目前已组织32个“手拉手”集体备课中心；开展常态化培训研修，每年培训教师近6000人；开设“周末理论大讲堂”，累计举办76期，收看量超过280万次；部、省、校三级的辅导员培训研修体系逐步建立，基本实现了辅导员培训的全覆盖。

第三，思政课教师队伍建设的制度规范进一步完善。2020年1月7日，教育部第一次部务会议审议通过了《新时代高等学校思想政治教育理论课教师队伍建设规定》（以下简称《规定》），从职责与要求、配备与选聘、培养与培训、考核与评价、保障与管理五个方面对加强高校思政课教师队伍建设作出了一系列具体规定。关于职责与要求，《规定》明确了思政课教师的首要岗位职责是讲好思政课，具体岗位要求是要增强“四个意识”、坚定“四个自信”、做到“两个维护”；用好国家统编教材；加强教学研究；深化教学改革创新。思政课教师要引导学生树立正确的世界观、人生观、价值观，树立远大理想，厚植爱国情怀，为实现社会主义现代化和中华民族伟大复兴而奋斗。关于配备与选聘，《规定》强调高校应当建设一支专职为主、专兼结合、数量充足、素质优良的思政课教师队伍；根据全日制在校生总数，严格按照师生比不低于1∶350的比例核定专职思政课教师岗位；制定思政课教师任职资格标准和选聘办法，实行思政课特聘教师、兼职教师制度。关于培养与培训，《规定》强调高校应当加强思政课教师队伍后备人才培养，统筹推进马克思主义理论本硕博人才培养工作；建立国家、省（区、市）、高等学校三级思政课教师培训体系，定期组织开展教学研讨，保证思政课专职教师每3年至少接受一次专业培训，新入职教师应参加岗前专项培训。关于考核与评价，《规定》强调高校应当制定符合思政课教师职业特点和岗位要求的专业技术职务（职称）评聘标准；建立以同行专家评价为主的评价机制；等等。关于保障与管理，《规定》强调高校应当提高思政课教师待遇，设立思政课教师岗位津贴；加强对思政课教师的考核，健全退出机制；等等。《规定》的出台，为高校思政课教师队伍建设提供了法治保障。

此外，2020 年 9 月，教育部印发了《关于加强博士生导师岗位管理的若干意见》，进一步规范了导师的行为准则，划定了基本底线。2020 年 10 月，教育部印发了《研究生导师指导行为准则》，为建设高质量研究生导师队伍、形成做“大先生”、教“大学问”、育“大英才”的良好教育氛围提供了根本遵循。2021 年 11 月 30 日，教育部印发修订后的《高等学校思想政治理论课建设标准》，其中，队伍管理被纳入一级指标，政治方向、师德师风、教师选配、培养培训、职务评聘、经济待遇、表彰评优被纳入二级指标中，为全面加强高校思政课教师队伍管理提供了标准参照。

（三）科学研究水平大幅提升

科学研究水平作为评估高校马克思主义理论学科实力的重要指标之一，是考察马克思主义理论学科最新进展的重要内容。近年来，马克思主义理论学科获批科研项目数量稳步增长、学术成果产量颇丰、科研成果获奖实现新的飞跃，该学科社会影响力逐渐彰显。

第一，获批科研项目数稳步增长。2020 年，马克思主义理论学科科研项目总数达 6515 项，比 2014 年多 2948 项，其中，国家级科研项目 828 项，比 2014 年多 445 项。[①] 现阶段，国家社科基金是学界公认的我国哲学社会科学领域层次最高、资助力度最大、竞争最激烈、权威性最强的项目类别，也是马克思主义理论学科雄厚的研究实力和良好发展态势的重要体现。2020 年，马克思主义理论学科获国家社科基金共 685 项，其中，国家社科基金重大项目 137 项，国家社科基金年度项目 232 项，国家社科基金青年项目 69 项，国家社科基金西部项目 39 项，国家社科基金高校思政课研究专项 151 项，国家社科基金后期资助项目 57 项。2021 年，马克思主义理论学科获国家社科基金 686 项，其中，国家社科基金重大项目 160 项，国家社科基金年度项目 223 项，国家社科基金青年项目 59 项，国家社科基金西部项目 33 项，国家社科基金高校思政课研究专项 151 项，国家社科基金后期资助项目 60 项。由此可知，与 2020 年相比，2021 年马克思主义理论学科不仅在获国家社科基金项目总数方面比 2020 年多，而且在国家社科基金重大项目立项

① 艾四林、吴潜涛：《高校马克思主义理论学科发展研究报告》（2020），人民出版社 2022 年版，第 222 页。

上获得了重大突破，充分体现了党和国家对马克思主义理论学科科学研究的支持力度之大。

第二，学术成果产量颇丰。近年来，全国高校马克思主义理论学科学术交流频繁，学术讨论热烈，学术成果丰硕。从著作的出版来看，2020 年全国高校马克思主义理论学科共出版著作 1247 部，比 2014 年多 436 部；从学术论文的发表来看，2020 年，高校马克思主义理论学科共发表论文 17751 篇，比 2015 年多 5871 篇，其中，中文核心期刊论文 7034 篇，比 2015 年多 1488 篇。2021 年，我们党领导人民实现了全面建成小康社会的第一个百年奋斗目标，举办了建党百年系列主题活动，召开了十九届六中全会，这进一步强化了马克思主义理论专业教师对马克思主义基础理论和新时代重大现实问题的研究。在马克思主义基础理论方面，主要是研究“唯物史观关于社会历史规律的理解”“对马克思主义认识论研究的推进”“唯物史观视域中的人工智能问题研究”“当代资本主义新变化”等理论问题；在新时代重大现实问题方面，主要是研究“中国式现代化新道路”“人类文明新形态”“共同富裕”“全过程人民民主”等问题。以上研究取得的学术成果有的被《新华文摘》《中国人民大学复印报刊资料》转载，有的已被有关部门采纳，产生了广泛的学术影响和社会效应。

第三，科研成果获奖实现新的飞跃。科研成果的获奖情况是考察马克思主义理论学科科学研究水平的重要标准之一。2020 年 1 月 19 日，教育部公布关于第八届高等学校科学研究优秀成果奖（人文社会科学）评选结果，在人文社会科学中共奖励成果 1537 项，包括著作论文奖 1236 项，咨询服务报告奖 79 项，普及读物奖 20 项，青年成果奖 202 项。其中，马克思主义理论学科共获得 104 项，包括著作论文一等奖 11 项，二等奖 54 项，三等奖 21 项，咨询服务报告一等奖 1 项，二等奖 4 项，普及读物奖 1 项，青年成果奖 12 项。而在第七届高等学校科学研究优秀成果奖（人文社会科学）中，马克思主义理论学科一等奖只有 2 项，二等奖 13 项，三等奖 29 项。由此可以看出，马克思主义理论学科在科学研究领域取得了惊人的成就，对人文社会科学建设做出了重大贡献。

（四）社会服务能力显著增强

服务社会是马克思主义理论学科建设的出发点和落脚点。2021 年中共中央办公厅印发的《关于加强新时代马克思主义学院建设的意见》明确要求推动马克思主义学院“内涵式发展”，着力打造马克思主义理论“研究宣传”的坚强阵地。在教育部公布的第四、五轮学科评估工作方案中，“社会服务”被纳入一级指标体系。在此背景下，马克思主义理论学科理论宣讲更加积极主动，资政服务能力不断提升，学科优势充分彰显。

第一，理论宣讲更加积极主动。理论创新每前进一步，理论武装就要跟进一步。2021 年，召开了党的十九届六中全会，举办了庆祝建党百年活动、习近平新时代中国特色社会主义思想大学习领航计划等活动。2022 年，党的二十大胜利召开，《在党史学习教育动员大会上的讲话》《在庆祝中国共产党成立 100 周年大会上的讲话》《十九大以来重要文献选编（中）》《中共中央关于党的百年奋斗重大成就和历史经验的决议》相继发行。对此，广大思政课教师、辅导员主动深入基层、深入群众，大力宣讲党史、新中国史、改革开放史、社会主义发展史、党的十九大精神、党的十九届四中、五中、六中全会精神、习近平新时代中国特色社会主义思想、党的二十大精神等党的创新理论和最新政策等，为推动党的创新理论“飞入寻常百姓家”作出了突出贡献。

例如，郑州大学开展了“百人千场”理论宣讲活动，积极组织百名思政教师、百名辅导员深入社区、深入工厂、深入班级宿舍开展党史学习教育宣讲；中国农业大学发起“个十百千万”稼穑青年聚力首都乡村振兴行动，马克思主义学院教授李明连续宣讲数十场讲座，激发广大师生助力乡村振兴的热情；山东大学马克思主义学院副院长郑敬斌教授、山东省委党校马克思主义学院教师刘蕊、山东理工大学马克思主义学院教师岳松分别以《跨越百年的自信与从容》《把握时代大势，书写建功新时代的青年答卷》《从百年辉煌历程，读懂中国共产党为什么“能”》为主题，用大学生喜欢的方式进行党史宣讲，共有近 300 名师生和全省 155. 2 万名青少年共同聆听宣讲，获得广泛好评；上海外国语大学马克思主义学院组建十九届六中全会精神宣讲团，13 位马克思主义理论专家发挥学科优势，不仅为全校师生进行 15 个主题的理论宣讲，而且还通过多语种和立体化传播，向世界发出中国声音，讲好中国故事；兰州大学马克思主义学院积极打造“思政课教师走基层”“别样思政课实践活动”等理论宣讲品牌，深入农村、企业、社区等基层开展理论宣讲2000余场次，受众超过20万人次；等等。2021年12月，中宣部办公厅发布《关于表彰基层理论宣讲先进集体、个人和优秀理论宣讲报告、微视频的决定》，对全国42个基层理论宣讲先进集体、44名基层理论宣讲先进个人、28篇优秀理论宣讲报告和29个优秀理论宣讲微视频进行通报表彰。

第二，资政服务能力不断提升。资政服务是指高校马克思主义理论学科利用学科优势，围绕国家经济社会发展中的重大理论和现实问题建言献策，充分发挥其“智囊团”的作用。近年来，高校马克思主义理论学科的资政服务能力不断提升，在经济、政治、文化、社会、生态等各领域产生了广泛的社会影响力。

例如，复旦大学马克思主义学院积极发挥社会服务职能，组织编写了《当代中国马克思主义研究报告》《当代社会思潮评论》《治国理政》《上海思想理论动态》等理论研究和咨询报告，其中有10篇得到国家和省部级领导重要批示，30篇被国家和省部级内刊录用。[①] 山东大学马克思主义学院大力推进中国特色政党政治发展战略智库建设，成立“世界政党研究中心”，为加强中国和世界的政党制度研究提供了理论支持和人才支撑。此外，多个地区的省委或市委宣传部加强与当地高校马克思主义学院的合作，签署共建马克思主义学院协议。如昆明市委宣传部与昆明学院，江苏省委宣传部、苏州市委宣传部与苏州大学，河南省委宣传部与河南大学，宁夏党委组织部、宣传部、教育工委、自治区教育厅、财政厅、人力资源和社会保障厅6部门与宁夏各高校，沈阳市委宣传部与东北大学，南宁市委宣传部与金陵科技学院分别签约了共建马克思主义学院的协议。马克思主义理论学科的资政服务功能日益凸显。

二、马克思主义理论学科建设面临的主要问题

马克思主义理论学科建设在人才培养、教师队伍建设、科学研究、社

① 艾四林、吴潜涛：《高校马克思主义理论学科发展报告》（2020），人民出版社2022年版，第450页。

会服务等方面取得了可喜进展的同时，教师队伍结构性矛盾突出，思想政治理论课的教学成效有待进一步提升，科学研究的协调性与影响力有待提高，人才选拔与培养的体制机制不够健全、对外学术交流发展不平衡不充分、社会服务功能未能充分发挥等问题也日趋凸显。

（一）教师队伍结构性矛盾突出

思政课教师队伍的建设关乎马克思主义理论学科发展的前景。在2019年3月思政课教师座谈会上，习近平总书记强调："办好思想政治理论课关键在教师，关键在发挥教师的积极性、主动性、创造性"①，并对思政课教师提出政治强、情怀深、思维新、视野广、自律严、人格正的六点要求，为思政课教师队伍建设提供了目标指引。目前，思政课教师队伍建设取得一系列成效，但仍然存在着结构性矛盾和薄弱环节，主要是教学与科研发展不平衡不充分、教学任务与教师队伍不完全适配、师资队伍质的提升与量的增长不同步等。

第一，教学与科研发展不平衡不充分。2020年通过的《新时代高等学校思想政治理论课教师队伍建设规定》（以下简称《规定》）既为加强高校思政课教师队伍建设提供了法治保障，又对思政课教师队伍建设提出了要求。纵观近年来思政课教师队伍建设情况，部分高校体制机制不科学不健全是造成教学与科研发展不平衡不充分的关键所在。

一是以科研为中心的绩效评价考核机制是思政课教师队伍重科研轻教学的主要因素。立德树人、培养高素质人才是马克思主义理论学科建设的落脚点，在这个意义上，科研应当服务于教学。但"由于高校排名、学科评估等指标更注重科研成果"②，部分高校在推进实际工作的进程中，往往把科研作为考核教师的关键指标，在职称评定、评优评先等方面也往往倾向于科研成果突出的教师。科学合理的评价考核机制是促进思政课教师科研与教学能力协调发展的重要保障。上述科研导向的考核机制不仅阻碍了教师的全面发展，也导致了科研工作粗放式发展、思政课教学动力不足等

---

① 习近平：《思政课是落实立德树人根本任务的关键课程》，《求是》2020年第17期。

② 郑凯文、罗仲尤：《论教学学术型思想政治理论课教师的培育》，《大学教育科学》2020年第6期。

一系列问题。

二是部分高校仍未严格落实《规定》的要求影响思政课教师的教学与科研质量。例如，部分高校仍未达到核定的1∶350专职思政课教师岗位比例；有些高校对师资建设重视度不够，没有优先满足思政课教师队伍建设在资金、资源配置等方面的需求；有部分高校没有制定思政课教师任职资格标准和选聘办法，导致思政课教师的招聘存在不公平不公正的乱象；有些高校没有对思政课教师职称评定实行单列指标和评聘标准，导致思政课教师队伍发展动力不足，发展导向不明确；有些高校没有推行科研成果代表作制度，使科学研究粗放式发展，高质量的学术成果较少。

由此可以看出，在思政课教师队伍的实际建设进程中还存在一些现实阻力，没有达到《规定》中师资建设、资金投入、资源配置上优先的要求，与“配备与选聘”的要求还有一定差距等。制度不完善是阻碍教师的积极性、主动性、创造性发挥的重要因素，不利于打造专职为主、专兼结合、数量充足、素质优良的高校思政课教师队伍。

第二，教学任务与教师队伍不完全适配。近年来，马克思主义理论学科队伍规模逐年扩大，但是仍然不能与社会现实需求完全匹配。据教育部公示，截至2021年年底，高校思政课专兼职教师超过12.7万人，较2012年增加7.4万人，比2018年增加5万多人，队伍配备总体达到师生比1∶350的要求。但是仍有部分高校思政课教师与教育部规定的1∶350的师生比存在较大差距，辅导员队伍也没有达到教育部规定的1∶200师生比的基本要求。这就使思政课教师与教学任务之间的矛盾依然突出。

思政课是大学生的必修课程，并且在总课时中占有较大比重。根据《高校马克思主义理论学科发展报告（2020）》，思政课教师每年完成的纯学时明显高于其他公共基础课教师和其他专业课教师。2020年以来，许多高校将“习近平新时代中国特色社会主义思想概论”作为必修课程在2022年秋季学期在全国全面开设，这无疑增加了思政课的课时量。教师队伍建设是一个循序渐进的过程，不可能一蹴而就，这就使现有思政课教师承担的教学任务相对较多。

由于马克思主义理论人才供给不足，部分高校为了达到教育部规定的师生比，“将对招聘教师的专业要求扩展到西方哲学、中国哲学、科技哲学、历史学、教育学、政治学、社会学”① 等专业；还有的高校出现“因人设课”的现象，这明显不符合马克思主义理论学科属性，也不利于马克思主义理论学科的长期发展。

第三，教师队伍质的提升与量的增长不同步。教师队伍综合素质与学科点队伍建设后劲关系密切，其中，教师队伍整体素质的提升体现在专业素质、专业意识、专业能力等的整体提高。近年来，马克思主义理论学科师资队伍质的提升与量的增长不同步问题突出，具体表现在四个方面：一是在教师队伍的扩充上存在拔尖人才占比小的问题。近年来，各马克思主义理论学科点深入贯彻落实中宣部、教育部等相关规定，按照1∶350的师生比不断扩充思政课教师数量，使队伍建设规模日渐庞大，为缩小班型、增强思政课教学实效奠定了基础，但部分学科点拔尖人才数量不足，哲学社会科学领域的权威学者较少。二是在学科队伍上存在知识结构单一化的问题。部分教师只专注于自己感兴趣的点而忽视了学科归属，出现学术研究游离于学科之外的现象。三是在学术研究上“单打独斗”的现象比较突出。多是独立完成课题研究，以交流合作的方式共同攻关相关课题的情况较少，这一方面与学科点教师之间的研究方向不一致有关，另一方面与大家交流太少有关。四是在课程教学上存在教学能力不足的问题。大多数思政课教师需承担大量的教学工作，这就导致一些教师只抱着完成教学任务的态度，而缺乏对教学质量提升的思考。同时，新进的一些思想政治理论课青年教师虽具有博士研究生学历，但由于在攻读博士研究生期间，各个高校主要培养学生的学术科研能力，而基本不将教学能力作为考核指标，导致其将专业知识转化为课堂教学的能力不足，难以胜任课程教学。

（二）思想政治理论课的教学成效有待进一步提升

思政课是立德树人的关键课程。2019年3月18日，习近平总书记在思政课教师座谈会上发表了重要讲话，这次讲话是历史性的，彰显了党中央对思政课的重视程度。思政课的建设有助于青少年学生树立正确的世界观、人生观、价值观，有助于青少年学生学懂弄通习近平新时代中国特色社会

---

① 刘方涛、程云蕾：《对马克思主义理论学科本硕博一体化人才培养的思考》，《学校党建与思想教育》2021年第20期。

主义思想，为新时代中国特色社会主义的建设输送使命担当意识强、综合素质高的人才队伍。三年来，各高校学科点贯彻落实学校思政课教师座谈会精神，在思政课建设上取得历史性成就，但仍存在思政课建设、学科建设以及机构建设有机统一程度不够，大中小学思政课一体化建设衔接性不强，思政课建设机制不健全等问题，这些问题影响着思政课的教学效果。

第一，马克思主义理论学科点与思想政治理论课教学机构、本科专业机构融合程度不够。实现马克思主义理论学科点与思想政治理论课教学机构、本科专业机构的融合，一方面有助于马克思主义理论学科的持续发展，另一方面有助于发挥马克思主义理论学科服务思想政治理论课的功能。马克思主义理论学科博士点、硕士点与本科专业点建设依托单位为马克思主义学院，是评判马克思主义理论学科点与思想政治理论课教学机构、本科专业机构相融合的标准。党的十八大以来，马克思主义理论学科点与思想政治理论课教学机构、本科专业机构呈现融合的趋势，但是仍然存在相分离的现象。例如，仍然存在部分高校马克思主义理论学科博士点、硕士点、本科专业点建设依托单位不完全在马克思主义学院二级机构，而不同程度地分散于公共管理学院、历史系等机构的现象。这种现象给马克思主义理论学科建设带来了一些负面效应，如在导师及教学资源分配方面，出现交叉与散乱的现象，同时为非本学科人员提供了挂靠的理由；在管理方面，这种学科点分散的状态不利于有效规范与管理；在学生培养方面，不利于本科生形成马克思主义理论学科的系统知识，不利于研究生学术素养的培育；在学科建设方面，容易导致学科点偏离本学科建设的要求；等等。

第二，大中小学思政课一体化建设中不同学段间的衔接和跨界意识不强。从思政课教学内容看，存在内容交叉重复且衔接性不强的问题。思政课总体思想的贯通性和学段课程内容差异性间的关系是影响大中小学思政课一体化建设成效的关键因素，其中，贯通性体现在不同学段授课内容与授课目标的一致性与连续性上；差异性体现在不同学段的课程内容各有侧重上。由于在不同学段、年龄段，学生接受知识程度不同，思政课的建设应遵循精准施策、循序渐进的原则。在小学阶段，侧重对学生道德情感的培养；在初中阶段，侧重思想基础的奠定；在高中阶段，要把重点放在提升学生的政治素养上；大学阶段的学生基本上成年，既有一定的知识基础，又有一定的成长阅历，则可以把重点放在增强使命担当上。近年来，大中小学思政课一体化建设中教学内容交叉重复且衔接性不强的问题突出，主要表现在大学、中学、小学思政课教师之间的交流较少，对不同学段思政课的差异性不太了解，以至出现同一个理论问题在不同的学段都讲、教学方法上也存在不同程度的重复等问题，这就很难在大中小学思政课一体化建设进程中形成合力。

二是从思政课教学主体看，存在动力不足的问题。就内生动力而言，部分思政课教师在教学实践中还存在立德树人使命感不强、教学能力不足等问题。在高等学校，相较于科研，思政课教师在教学方面投入的时间与精力较少，且在教学过程中，不太注重学生思想政治素质的提升，而偏向理论单边灌输与应试考核的形式；中学思政课存在明显的智育化倾向；小学思政课则时常被语文、数学等课程挪用。就外生动力来讲，主要是大中小学思政课一体化的利益驱动不足、相关政策保障缺失等。这与“五唯”（唯分数、唯升学、唯文凭、唯论文、唯帽子）教育评价机制密切相关。教育评价机制是教育的指挥棒，在一定程度上具有方向引领作用。受“五唯”的影响，小学、初中、高中分数与升学率整体上都有提升，高校发表论文数量与质量有增无减。但也正因为这种片面的教育评价机制，使思政课教学在推进过程中遇到一系列问题。具体而言，唯分数、唯升学在小学、初中、高中表现更为明显，在这些学习阶段，思政课在升学考试中所占比分较小，以致对思政课的重视度不够；唯论文、唯帽子在高校表现更为明显，以致高校思政课教师更注重科研，而对教学的兴致不高。内外动力的不足使大中小学思政课教学多流于形式，不利于推动思政课建设内涵式发展，思政课立德树人作用无法得到最大限度发挥。

第三，思政课教学机制、激励机制、评估机制有待健全。思政课建设机制的规范与完善是落实《关于深化新时代学校思想政治理论课改革创新的若干意见》的根本保障。目前，部分高校的思政课建设机制较之以前更为完善，也发挥了一定的保障作用，但在教学机制、激励机制、评估机制等方面还存在不规范、不健全、不合理等问题。

一是思政课教学机制不规范。主要表现在学分学时设置不规范、集体备课制度落实不到位等方面。《高等学校思想政治理论课建设标准》（教社科〔2021〕2 号）为高校思政课规范化建设与评估提供了宏观指导，在课程设置二级指标上明确要求落实课程和学分及对应的课堂教学学时。但是，在实际工作中，仍有部分高校在课程学分设置上不符合教育部的规定。据调研，有一半左右学科点高校的思政课尚未按照教育部的基本要求重新调整学分和学时①。部分学科点高校教师对思政课集体备课的重要性认识不够，在备课前没有做到认真研读教材，对思政课的教学目的、教学要求、教学内容等没有进行深入思考，这不利于撰写形成统一的参考教案。部分高校对集体备课重视度不高，例如，一些高校尚未就新任思政课教师进行课前试讲形成制度，尚未对教学名师、优秀骨干教师讲公开示范课形成制度，这不利于教师之间的交流和互学互鉴学习氛围的形成。

二是对思政课教师的激励机制不够健全。建立健全思政课教师激励机制有助于发挥教师的积极性、主动性、创造性。目前，一些高校对思政课建设重视不足，在教师激励机制方面有待健全。在科研项目上，有的高校尚未设立思政课教师课题研究专项，且由于平台有限与经费有限，难以为思政课教师申报各级各类课题，参评各种科研成果奖等创造条件；在职称评聘上，部分高校脱离思政课教师队伍规模不断扩大的实际，仍实行不合时宜的职称评聘制度，对单独设立马克思主义理论类别的要求也未落实到位，导致出现“僧多粥少”的情况。

三是思政课考核评估机制不合理。建立科学、全面的考核评估体系将有助于动态把握思政课教学状况，提升思政课教学效果。目前，部分高校存在思政课考核评估机制不合理问题。具体而言，有的高校思政课考核评估侧重考试结果而不注重过程，导致教学育人功能发挥有限；有的高校思政课考核评估侧重理论而忽视实践，未能将思政小课堂与社会大课堂有机统一。

（三）科学研究的协调性与影响力有待提高

科学研究作为高校马克思主义理论学科发展建设的重要内容，其状况是衡量这一门学科发展水平的重要标尺。马克思主义理论学科成为一级学

---

① 艾四林、吴潜涛：《高校马克思主义理论学科发展报告》，《高等教育出版社》2019 年版，第 181 页。

科至今已有 17 年，不管是从科学研究的数量、质量还是影响力等方面来看，都取得了较大进展。尽管如此，马克思主义理论学科科学研究仍存在发展不平衡、研究成果质的提升与量的增长不同步、研究成果资政育人的效果与预期仍有所差距、年轻学术队伍的成长速度与老年学术骨干的退休脚步不协调等问题。

第一，科学研究发展不均衡。马克思主义理论学科科学研究的总体格局是影响马克思主义理论学科健康稳定发展的重要因素。近年来，马克思主义理论学科的科学研究在不同区域、不同学校和不同二级学科的发展程度不一。

一是马克思主义理论学科高质量科研成果的地域分布不均衡。学术论文发表数西部地区远低于华中地区和华南地区，年度发表论文总数在 100 篇以上的高校以北京的高校居多。科研获奖主要集中在华北、华东、华南地区的一线大城市，如北京、上海、武汉、广州等地，这些马克思主义理论学科点与其他地域的单位相比科研实力明显更强。在博士点的分布上，华北、华东、华南地区的一线大城市的一级学科博士点和二级学科博士点明显更多，虽然近年来教育主管部门通过政策手段调整博士点的分布，使东北、西北、西南等地区的一级学科博士点、二级学科博士点数量有较大的增长，但仍然与一线地区的学科点分布有所差距。

二是不同层次院校间的马克思主义理论学科科研实力对比悬殊。马克思主义理论学科的科研实力与所属院校的综合实力、科研基础、科研制度、科研平台、师资力量等密切相关。在马克思主义理论学科的科学研究中，一级学科博士点、一流大学建设高校、一流学科建设高校凭借其优势条件发挥了主力军的作用，非知名院校、非博士点的综合科研实力则比较弱，所发挥的作用有限。因此，非知名院校、非博士点院校虽然在研究成果的绝对量上不少，但是在国家级科研项目、省部级科研奖励、高被引学术著作和论文等方面仍然较少。

三是马克思主义理论各二级学科间高质量科研成果差距明显。目前，由于追求学术热点，马克思主义理论研究在某一两个热门的学科中扎堆，以至一段时间内的研究成果大部分属于某几个二级学科。具体为：马克思主义基本原理、思想政治教育、马克思主义中国化研究等二级学科的高质量研究成果较多，而中国近现代史基本问题研究、马克思主义发展史、国外马克思主义研究等二级学科的高质量研究成果较少。毋庸置疑，这种现象不利于马克思主义理论一级学科的均衡发展。

第二，研究成果整体质量有待提升。研究成果的产量及其质量是学科点学术影响力的基石。根据《高校马克思主义理论学科发展报告（2020）》，2020 年参加调研的高校发表被 SSCI 和 A&HCI 收录的论文 701 篇，这是自 2015 年以来本学科被 SSCI 和 A&HCI 收录的最高纪录，表明本学科的权威性、标志性、国际性成果越来越多①。但是，马克思主义理论学科还没有发挥出它应有的优势，与国家要求的引领哲学社会科学发展方向还有一定差距。具体表现在马克思主义理论学科研究成果在创新性、思想性、标志性等方面仍有较大提升空间。就研究成果的创新性而言，部分著作、论文的选题不够新颖，问题意识不强；视野不开阔，输出多为同质化内容；对老问题的研究固守成规，没有形成新思路、新观点、新方法。就研究成果的思想性而言，部分著作、论文对问题的思考深度不够，观点论证上抽象空洞、简单重复。就研究成果的代表性和标志性而言，突出表现在研究成果不管是核心期刊论文发表数，还是被下载、转载率都较其他学科低，一些著作出版之后，几乎是石沉大海，翻阅者极少。马克思主义理论学科研究成果在这些方面的不足，与研究者的攻坚克难精神、对前沿问题敏感度、对空白且有研究意义的领域的畏难情绪等密切相关，这充分反映出了马克思主义理论学科的科研成果虽在“量”上取得了重大突破，但“质”上仍有待提升。

第三，研究成果资政育人的效果与预期仍有差距。马克思主义理论学科具有资政育人的功能。当前，世界正处于百年未有之大变局，国内正处于实现中华民族伟大复兴关键时期，国内外的复杂局势使意识形态领域的斗争更加激烈，亟须马克思主义理论学科充分发挥资政作用，回答人民群众的思想困惑、巩固马克思主义在意识形态领域的指导地位。尽管马克思主义理论学科在科学研究方面取得了卓越成就，在一定程度上发挥了资政

---

① 艾四林、吴潜涛：《高校马克思主义理论学科发展报告》，人民出版社 2020 年版，第 339 页。

育人功能，但是从整体看，研究成果仍然未能对我国当前和今后一段时期迫切需要解答的重大理论和现实问题作出及时、全面的回应。部分研究成果要么倾向教条化，即将理论研究同社会现实割裂，就文本解读文本，没有做到学理性与现实性相统一；要么倾向实用化，即为了论证当前的某一问题，把某一原理绝对化，导致背离马克思主义的问题意识和问题导向，以致研究成果被中央和国家部委采纳得较少。

思政课教师要做好科研工作，为教学服务提供学理支撑。然而在实际工作的推进中，仍然存在部分教师理论功底不深厚、无法将科研成果转换为教学成果、有理有据说服学生的现象。思政课教师要坚持问题导向，将理论与实际相结合，把抽象、高深的理论讲明白，帮助学生坚定“四个自信”。

第四，年轻学术队伍的成长速度跟不上老年学术骨干的退休速度。学术队伍的建设直接影响学科点科学研究的发展，马克思主义理论学科也不例外。既有一批德高望重的领头人，又有一批厚积薄发的中层骨干，还要有一批生机勃勃的青年人是合理的学术队伍布局的表现，是学科科学研究持续稳定发展的重要支撑。然而，马克思主义理论学科学术队伍的建设仍存在结构不合理、学科队伍配比不符合要求的情况。该学科的知名学者多为“55后”和“60后”，退休时间相对集中。同时，马克思主义理论学科的研究生是该学科学术队伍建设的后备军。虽然经过十余年的发展，该学科研究生生源专业背景复杂化的问题逐步改善，为学科学术队伍建设输送了一批专业基础扎实、综合素质高的人才，但这些年轻学者的成长还需要一定的时间。这就造成了年轻学者的成长速度跟不上学术带头人和学术骨干退休速度的现象，不利于该学科的科研传承。

（四）人才选拔与培养的体制机制不够健全

马克思主义理论学科的建设离不开专业性强的学科队伍。马克思主义理论专业研究生作为这支学科队伍发展的后备人才，其培养质量直接关系到能否为各级学校输送一大批政治强、情怀深、思维新、视野广、自律严、人格正的思政课教师，以及未来马克思主义理论学科的发展前景。近年来，各高校马克思主义理论学科点既培养了理论功底扎实、勇于开拓创新的中青年学术教学骨干，充实了马克思主义理论学科队伍，又培养了深入社会实践的时代青年和宣传党的思想政治理论工作者。但专业上“半路出家”的学生仍占比较多、人才选拔机制仍有待健全、本硕博一体化人才培养体系仍有待进一步完善。

第一，专业上“半路出家”的学生占比较多。各高校均在不同程度上遇到高质量生源短缺、专业上“半路出家”的学生占比较高的问题。马克思主义理论各学科点录取的博士研究生与硕士研究生专业背景复杂且专业理论基础较为薄弱。

一是与马克思主义理论本科专业的长期缺位有关。纵观马克思主义理论学科人才培养历史，可以发现，其人才培养体系呈现“倒三角”格局，研究生所占比重较多。这与长期以来“国内高校并没有基于马克思主义理论一级学科的本科专业，只有作为二级学科的思想政治教育专业的本科专业，以及少数高校设置的中国共产党历史（如中国人民大学、湘潭大学等）、科学社会主义（如山东大学等）等相关本科专业”① 有关。这种现象直到2017年才有所改善。2017年，教育部公布的《2017年度普通高等学校本科专业备案和审批结果》显示马克思主义理论学科本科专业被列为新专业，中国社会科学院大学、中国人民大学、山东大学、同济大学、西安交通大学等8所高校成为首批设置马克思主义理论本科专业的高校。开招院校与招生人数的陆续增多，将持续为马克思主义理论硕士研究生及博士研究生提供专业基础扎实的生源，从而提高研究生的培养质量。但是，生源质量的提升不是一蹴而就的，一方面马克思主义理论本科专业覆盖面不广、规模有限，另一方面需要时间培养，这必然是一个久久为功的过程。

二是与本科或硕士专业是其他人文社会科学专业有关。近年来，马克思主义理论学科博士研究生的本科、硕士专业为其他人文社会科学专业的情况虽然有所改善，但是本科或硕士专业为其他人文社会科学或理工农医等专业的生源仍然占比较多，跨专业报考现象较普遍。根据《高校马克思主义理论学科发展报告（2020）》，参加调研的各类高校实际招收博士研究

---

① 本刊记者、靳诺：《立足新发展阶段，推进马克思主义理论学科高质量发展——访中国人民大学党委书记靳诺教授》，《马克思主义研究》2021年第4期。

生的大学专业背景为其他人文社会科学专业的居多，为马克思主义理论专业的次之，为理工农医的占少数。从专业基础与专业素养来看，研究生招生的生源情况对人才培养的质量有很大的影响。

三是与本科、硕士毕业院校为“双非”院校的生源占比较高有关。在当前马克思主义理论学科硕士研究生的报考中，国内二本及以下院校报考人数占比较大，且独立学院、新办本科院校报考人数在不断增加；在当前马克思主义理论学科博士研究生的报考中，普通本科院校报考人数占比较大。

第二，人才选拔机制有待健全。生源质量对马克思主义理论学科人才队伍的建设具有重要影响。很多高校的马克思主义理论学科在本科、硕士抑或是博士招生过程中依然存在选拔渠道单一、拔尖人才连续选育机制不健全的问题。

就本科招生而言，所采取的仍然是传统的专业招生模式，这就导致在本科招生中很难招到数量足且对本专业兴趣高的优质学生。这种现象与马克思主义理论学科的发展历程息息相关。虽然在 17 年前就设立了马克思主义理论一级学科，但是马克思主义理论本科专业在 2018 年才设立，这就使马克思主义理论学科人才培养呈现本科生、博士研究生两头小，硕士研究生中间大的橄榄型。同时，由于各个高校对马克思主义理论本科专业宣传力度不够，且大多数高中生对该专业的了解程度有限，很多考生在考虑报考专业时候往往忽视了马克思主义理论专业，以致马克思主义理论专业最终录取的学生大多是调剂的。这将不可避免地引发学生学习专业知识的兴致不高、动力不足等问题，严重影响培养质量，亦无法保证足够规模的、具有专业基础的本科生继续攻读马克思主义理论专业硕士研究生，从而在一定程度上背离了国家设立马克思主义理论本科专业以支撑研究生队伍建设的初衷。①

就硕士研究生招生而言，主要是通过全国硕士研究生统一招生考试进行，选拔形式单一。近年来，马克思主义理论硕士研究生招生呈现扩招的

---

① 靳诺：《全面建设马克思主义理论学科本硕博一体化人才培养体系——学习习近平总书记学校思想政治理论课教师座谈会重要讲话精神》，《马克思主义理论学科研究》2019 年第 2 期。

趋势，由于马克思主义理论本科专业设立较晚，有继续攻读硕士学位的该专业的本科生一般都会选择学科点建设较强的高校，而具有马克思主义理论学科硕士点的其他高校的考生大多数来源于其他人文社科专业或者理工科专业。再加上各个马克思主义理论学科点高校在初试的专业课笔试与面试考核的难度系数不一，这就使马克思主义理论学科出现人才选育机制和招生标准混乱等问题。

就博士研究生招生而言，近年来人才选拔方式由普通招考的方式逐渐转换为“申请—考核”的方式。但各个马克思主义理论学科博士点的高校审核条件不同、考核方式不一致，且在考核过程中，有些高校存在导师自主权力过大、评价过程不透明、材料考核不公开、公示标准与审核标准不统一等问题，导致招录进来的博士研究生理论知识与专业素养水平不一。

第三，本硕博一体化人才培养体系有待进一步完善。马克思主义理论学科专业人才是思政课教师队伍建设的人力源泉，其培养质量关乎未来思政课教师队伍的发展水平。2019 年马克思主义理论本科专业的设立，使马克思主义理论学科本硕博一体化人才培养体系得以建立。但因本科专业设立较晚，高校马克思主义理论学科点对该阶段的认知规律和教育教学规律的探索与认识不够深入，使本硕博一体化人才培养体系有待进一步完善。规范课程、教材、管理体系，是保证学生的发展具有贯通性的关键因素。本硕博一体化人才培养体系的完善空间，主要就是课程体系、教材体系、管理体系规范性不够。

首先，本硕博一体化的课程体系的衔接性不够。马克思主义理论学科与其他学科不同之处在于该学科研究生学位点建设在前，本科生的专业建设至今仍处于起步阶段，因此本科生的培养方案上更应注意与研究生培养方案的有效衔接。目前部分高校对本硕博一体化培养的认识不够，缺乏本硕博一体化培养的理念，进而不能贯彻落实本硕博一体化培养的要求。例如，部分高校对本科生与研究生的培养侧重点没有明确的认识，在本科与研究生课程设置上存在趋同化问题，课程衔接也不流畅，不利于本硕博一体化的构建。

其次，本硕博一体化的教材体系不够完善。为适应新时代马克思主义理论学科人才培养需要，国务院学位委员会启动了马克思主义理论学科核心课程的教材编写工作，保证了马克思主义理论学科的教材更新进度基本能够满足本硕博教育教学需要。但是在教材的完善过程中，不同阶段同类教材、思政课教材与马克思主义理论学科专业教材之间的区别度还不够，且有的高校在教材选用上还出现“断联”现象，不利于学生构建系统的专业知识体系。

再次，本硕博一体化的教学管理体系不够健全。不规范的教学管理是培养高质量人才的阻碍因素，应不断完善管理体系，使之服务于马克思主义理论专业人才培养。在课程管理上，部分高校存在课程与学科的匹配度不高，没有体现马克思主义理论学科的学科属性的问题。在毕业论文管理上，存在把关不严的情况。例如，部分学生毕业论文的研究方向与马克思主义理论学科点研究方向不符；一小部分研究生毕业论文选题偏离学科方向，学科专业属性不强；中期考核方式单一，无法有效避免人情的影响，使学生抱有侥幸心理；一些学生不太重视盲审与答辩通过之后的论文修改，使毕业论文的质量不高。毕业论文的质量是评价人才培养质量的重要指标，应格外重视。

（五）对外学术交流发展不平衡不充分

马克思主义理论学科的对外学术交流一方面可以增强学科影响力，另一方面可以传播好中国声音，展示真实、立体、全面的中国。当今世界正处于百年未有之大变局，意识形态领域斗争激烈，需要打造马克思主义理论学科的对外学术交流平台，为其他国家和地区更加全面客观地认识中国提供“窗口”，有力回应有关中国的错误言论。近些年来，马克思主义理论学科较好地发挥了其对外学术交流的功能，较好地满足了我国对外战略发展的需要。但是在发展过程中仍存在学科点对外学术交流差距较大、对外学术交流总体布局不协调或深度不够、保障不足等问题，制约着其功能的最大限度发挥。

第一，不同学科点对外学术交流差距较大。对外学术交流既可以拓宽马克思主义理论学科研究视野，又能加强学术思想的碰撞，提升中国马克思主义理论学科的国际影响力。目前，大部分高校马克思主义理论学科点都在积极制定相关的政策和规划，开展对外学术交流活动。但是从对外交流具体实施情况看，仍存有不同学科点的对外学术交流程度不一、部分学科点的对外学术交流能力较弱等问题，导致难以形成服务于国家对外战略发展的合力。

对外学术交流不是一句空话，而是需要各方面提供保障。目前，不管是从参加国际学术会议来看，还是从出国讲学、在国外出版著作发表学术论文、与国外进行项目合作研究的情况来看，基本都是集中在一级学科博士点、一级学科硕士点、二级学科博士点、二级学科硕士点。比如，清华大学、浙江大学、东北师范大学等高校的马克思主义学院能与国外高校和相关机构进行学术交流或互访。由此可以看出，建设得较好的高校马克思主义理论学科点基本能够为对外学术交流提供较好的保障。

但这也间接凸显了其他马克思主义理论学科点在对外学术交流方面难以提供平台和足够的资金保障，无法促进对外学术交流持续进行。一方面，一些高校对对外学术交流工作重视不够，尚未能出台相关政策以促进学科人才的有序流动，尚未搭建对外学术交流的稳定平台，导致本学科难以与其他社会主义国家、“一带一路”沿线国家或资本主义国家进行正常的学术交流。另一方面，国际学术会议的举办、国际学术论坛、与国外高校或相关机构进行学术交流或互访、支持学生参加对外学术交流等都需要耗费大量的资金，而一些高校在对外学术交流方面难以提供充足的资金保障，或是未获得对应的财政政策支持，或是对外学术交流中派出经费不足，或是不能做到专款专用。这不利于马克思主义理论学科的长久发展，不利于世界全面了解我国社会主义建设的伟大成就以及我国经济社会发展的重要经验和基本规律，不利于国际话语权和舆论主导权的提升。

第二，对外学术交流总体布局不协调、深度不够。马克思主义理论学科对外学术交流的均衡发展有助于向世界传播马克思主义中国化的最新成果，阐释中国特色社会主义的道路、理论、制度和文化，展示中国之治和中国经验，为其他发展中国家提供有益借鉴，让其他国家和地区形成对中国的正确认识。近年来，马克思主义理论学科对外学术交流所覆盖的国家和地区整体有所拓展，但仍然存在对外交流区域布局不平衡的问题，基本上集中在一些发达国家和地区。例如，一些有条件的高校马克思主义学院以学术访问的形式赴德国、英国、北美等发达国家进行学术交流，一方面可以提升国际交流合作水平、扩大国际影响力，另一方面可以就高水平师资引入、高质量国际科研合作、高层次人才联合培养等达成合作意向，进一步推动学科持续有序地进行对外学术交流，为学科教学与科研发展开辟广阔前景。实际上，马克思主义理论学科要真正“走出去”，不能局限于个别发达国家和地区，而应从全局出发，同世界各国进行学术交流，传播中国话语，进而全面提升国家的国际影响力。

另外，马克思主义理论学科对外学术交流的深度有待拓展。主要表现在国际合作项目缺乏、对外交流内容与本学科相关度较低。国际合作项目在学科对外学术交流中发挥着桥梁的作用，该项目缺乏不利于马克思主义理论学科对外学术交流的持续有序进行。有些高校马克思主义学院为提升学科对外学术交流影响力，参加与本学科相关度低的国际学术会议，其初衷是好的，但是参加这种关联度低的学术会议无疑是在走形式，对学科的对外学术交流影响力没有实质的提升，还不如做好自己的事情，静待时机，为相关的国际学术会议做好准备，实质性地提升对外学术交流能力。

（六）社会服务功能未能充分发挥

社会服务既是马克思主义理论学科的重要功能，也是其发展建设的落脚点。近年来，高校马克思主义理论学科教师充分发挥学科优势，在理论宣讲、社会培训、对口支援和咨政服务等多项社会服务中起到了主体作用，并取得了较好成效。然而，目前马克思主义理论学科仍然面临着如何走出“书斋”，走向社会，从而更好发挥学科社会服务功能，并在社会服务中获得新的滋养与创新发展等问题。

第一，对社会服务的重视程度不够。马克思主义理论学科的生命力在于研究解释社会现象并解决社会现实问题。如果马克思主义理论学科不进行社会服务，就会导致马克思主义理论的发展与实践的进程脱节，进而影响高校教学工作的开展与科研的继续发展。马克思主义作为一种科学的理论，从实践中发展而来，最终要到实践中去。参与社会服务不仅是马克思主义理论指导实践的渠道，而且是马克思主义理论与时俱进的法宝。正如马克思主义不是“书斋里的学问”，马克思主义理论学科也不是一门纯理论的学科，而是一门具有很强实践性特点的学科，这就要求马克思主义理论学科教师必须不断增强社会服务意识，提高理论研究成果的实际应用能力，并在实践中获取新的资源助力教学与科研的发展。第四轮学科评估指标不仅设立了“社会服务贡献”评估指标，而且明确要求提供能体现实质性成果的典型案例，这有利于推进马克思主义理论学科服务社会。近些年，马克思主义理论学科服务社会取得了一定成效，但是还存在一些制约因素。例如，部分教师参与社会服务积极性不高，马克思主义理论学科社会服务方面的成就在一定程度上被视为科学研究过程中或本学科建设中带有自发性质的附带品或副产品等问题一直存在。① 出现这些问题的最根本原因是部分高校马克思主义理论学科建设不够重视其社会服务功能的发挥。

第二，理论宣讲的实效性有待提升。理论宣讲是高校马克思主义理论学科社会服务的重要项目，也是思政课教师的职责所在，主要包括思政课教学和对外宣讲两部分。

思政课教学是理论宣讲的主要方面，重在夯实学生的理论基础、提高学生的政治素养、化解学生的思想困惑、凝聚学生的思想共识以及培育新的理论宣讲者。目前，思政课教学仍存在一些问题，主要有：一是没有做到思政小课堂与社会大课堂的有机统一。一些思政课教师在备课过程中以课本上的理论知识为主，对社会实践中发生的时事热点关注甚少，给学生留下思政课枯燥乏味且不好理解的印象。二是部分教师理论研究水平不高。高校马克思主义理论学科教师承担着较为繁重的思政课教学任务，不少教师在正确处理教学投入与科研投入之间的关系时容易失衡，再加上教师的专业知识结构相对多元化，需要进一步加强对于马克思主义理论和知识体系的学习和研究。三是思政课建设难以满足大学生不断增长的思想价值文化多元需求。进入新时代，全球化的发展、网络的覆盖、多元文化的交融等使学生接受信息的渠道多样化、思想价值文化多元化。这在一定程度上给思政课教师教学带来挑战，同时，也说明思政课教师不能再拘泥于以往传统的教学模式，而应积极主动学习，着力探索思政课教学新模式，使学生有更多的获得感。

① 艾四林、吴潜涛：《高校马克思主义理论学科发展报告》，高等教育出版社 2019 年版，第 402 页。

对外宣讲是理论宣讲另一重要方面。这种宣讲与课堂教学有一定区别。从宣讲的内容来看，校外理论宣讲主要就党的创新性理论、重大会议和重大政策精神进行；从宣讲的方式来看，主要是专题讲座；从宣讲的特点来看，与课堂教学的理论性、基础性和系统性不同，校外宣讲虽然具有临时性、非系统性，但具有专门性、综合性、实践性等特点。因此，校内课堂教学可以学习与借鉴校外讲座的实践性的优势，提高课堂教学水平。近年来，校外宣讲如火如荼地开展，在此过程中也暴露出了一些问题：一是对基层民众的理论宣讲不足。广大基层百姓是理论宣讲的重要对象，但目前基层理论宣讲主要面向村委会、居委会班子成员，少数面向基层民众的理论宣讲则亲和力和通俗性不够。二是部分宣讲者未能做到因材施教。社会宣讲受众广、人员结构复杂，宣讲者往往需要去不同地域、不同场所，对不同受众进行理论宣讲，在此过程中，将同一份稿件用于对不同对象的宣讲现象普遍存在，以至宣讲内容缺乏吸引力，难以引起共鸣、发人深省。

第三，相关激励和保障机制不完善。大部分马克思主义学院都鼓励本院教师参与社会服务，但与之相适配的激励和保障机制还不够完善。一是现有考核评价机制不利于推动教师进行社会服务。在一些高校的人才考核评价机制中，尚未把社会服务工作量、社会服务成果与科研经费支持、考评推优和职称评审等挂钩，这不利于激发教师参与社会服务的积极性和主动性。二是尚未畅通思政课教师参加社会服务的渠道。目前，高校引进青年教师力度很大，但是一些高校对青年教师关于学科社会服务功能的宣讲不够；很多年轻教师基本上都是刚从学校毕业的博士研究生、硕士研究生，对社会服务认识不够，服务意识不强，自身也没有渠道进行社会服务，这就导致他们只专注于科研与教学，没有真正认识到社会服务的价值与意义。中老年教师则是不愿意走出舒适区，习惯待在熟悉的地方做书斋里的学问，不管是教学或是科研，大都采取从文本到文本的方式。这就需要学校学院铺路搭桥，为年轻教师提供社会服务的平台，并鼓励、引导并帮助中老年教师走出“书斋”、走向社会，真正参与到相应的社会服务中。

第五章
新时代马克思主义理论学科建设发展对策建议

马克思主义理论学科是一门从整体上研究马克思主义基本原理和科学体系的学科，担负着为我国意识形态建设提供学理支撑、科学研究、人才培养、社会服务和文化传承创新的特殊历史使命。自2005年中央决定在我国哲学社会科学领域中设立马克思主义理论一级学科以来，该学科在科学研究、人才培养等方面取得了显著成绩，实现了跨越式发展。2021年，中共中央办公厅印发《关于加强新时代马克思主义学院建设的意见》中提出“加强马克思主义理论学科建设，把准学科定位方向，充分发挥马克思主义理论学科引领作用”。①同时马克思主义与时俱进的理论品质要求我们在运用其指导实践的过程中继续丰富和发展马克思主义。在新时代背景下，随着我国对外开放的不断扩大，各种思想文化交流交融交锋日益频繁，社会思潮多元多变。面对世界百年未有之大变局，马克思主义理论学科建设发展需要进一步与时俱进，在完善学科建设发展的目标定位、推动学科规范和特色发展、加强学科师资队伍建设、推进学科创新型人才培养、完善学科建设机制、提高学科社会影响力等方面持续发力，充分发挥马克思主义理论学科作为一门领航学科的引领作用。

一、完善马克思主义理论学科建设发展的目标定位

改革开放40多年来，中国特色社会主义建设事业取得了辉煌成就。马

① 《加强新时代马克思主义学院建设》，《人民日报》2021年9月22日。

克思主义理论作为立党立国的根本指导思想，在服务改革发展稳定、内政外交国防、治党治国治军等方面也取得了显著成效。马克思主义中国化的理论创新成果不仅给中国的发展提供了指导，同时也为全球治理提供了中国智慧和中国方案，使马克思主义理论学科的地位再次得到提升。2017 年提出建设一流马克思主义理论学科，为学科建设发展确立了总的方向，但还存在对马克思主义理论学科发展的具体目标定位不清晰的状况。目标定位问题是一个学科建设发展所要解决的首要问题，决定着学科发展的方向和路径选择。当前，党和国家高度重视马克思主义理论学科建设，迎来了学科建设发展的光明前景。新时代加强马克思主义理论学科建设，应首先明确目标定位，把繁荣发展中国特色哲学社会科学作为重要目标，把支撑高校思想政治理论课建设作为直接目标，把加强我国意识形态领域建设作为政治目标，把推进马克思主义中国化新发展作为最终目标，确立学科建设方向。

（一）繁荣发展中国特色哲学社会科学是马克思主义理论学科建设的重要目标

哲学社会科学是人们认识世界、改造世界的重要工具，是推动历史发展和社会进步的重要力量，其发展水平反映了一个民族的思维能力、精神品格、文明素质，体现了一个国家的综合国力和国际竞争力。“中国特色哲学社会科学”是习近平总书记 2016 年在哲学社会科学座谈会上提出的新概念，强调要加快构建中国特色哲学社会科学。同时，党的十九大报告指出：“深化马克思主义理论研究和建设，加快构建中国特色哲学社会科学，加强中国特色新型智库建设。”① “当代中国哲学社会科学是以马克思主义进入我国为起点的，是在马克思主义指导下逐步发展起来的。”② “坚持以马克思主义为指导，是当代中国哲学社会科学区别于其他哲学社会科学的根本标志，必须旗帜鲜明加以坚持。”③ 这是回顾我国哲学社会科学发展历程得出的重

① 习近平：《决胜全面建成小康社会　夺取新时代中国特色社会主义伟大胜利》，《人民日报》2017 年 10 月 28 日。

② 习近平：《在哲学社会科学工作座谈会上的讲话》，《人民日报》2016 年 5 月 19 日。

③ 习近平：《在哲学社会科学工作座谈会上的讲话》，《人民日报》2016 年 5 月 19 日。

要结论，也昭示了未来繁荣发展中国特色哲学社会科学的根本遵循。

繁荣发展哲学社会科学的重要前提之一是广大哲学社会科学工作者始终坚持马克思主义的指导地位，自觉把马克思主义的立场、观点、方法贯穿到学术研究中，融会到学科和专业建设中。学科体系是构建中国特色哲学社会科学的基础，马克思主义是我国哲学社会科学之魂。关于中国特色哲学社会科学建设，习近平总书记要求要加强马克思主义理论学科建设，从而推动我国哲学社会科学的繁荣发展，真正发挥马克思主义理论的领航作用。马克思主义理论学科建设与中国特色哲学社会科学繁荣发展之间有着密不可分的联系，应把繁荣发展中国特色哲学社会科学作为马克思主义理论学科建设的一个重要目标，加强马克思主义理论对中国特色哲学社会科学的指导作用，使我国哲学社会科学学科建设更加完整、更具中国特色。

（二）支撑高校思想政治理论课建设是马克思主义理论学科建设的直接目标

马克思主义理论学科建设是为思想政治理论课服务的。习近平总书记在学校思想政治理论课教师座谈会上指出："思政课是落实立德树人根本任务的关键课程"，"办好思政课，就是要开展马克思主义理论教育，用新时代中国特色社会主义思想铸魂育人，引导学生增强中国特色社会主义道路自信、理论自信、制度自信、文化自信，厚植爱国主义情怀，把爱国情、强国志、报国行自觉融入坚持和发展中国特色社会主义、建设社会主义现代化强国、实现中华民族伟大复兴的奋斗之中"。① 回顾马克思主义理论学科发展的历程，不难发现马克思主义理论学科与思想政治理论课是相伴而生的。1998 年高校思想政治理论课课程新方案颁布，提出要大力推动马克思主义理论课与思想政治理论课教学内容和教学方法的改革，思想政治理论课被提升到学科建设的高度，开启了学科建设与思想政治理论课教学相伴相生的进程；2005 年，中共中央宣传部、教育部下发《关于加强和改进高等学校思想政治理论课的意见》中明确提出设立马克思主义理论一级学科，为加强高校思想政治理论课建设，培养思想政治教育工作队伍提供有

---

① 习近平：《思政课是落实立德树人根本任务的关键课程》，《求是》2020 年第 17 期。

力的学科支撑；2012 年，国务院学位委员会《关于进一步加强高校马克思主义理论学科建设的意见》明确提出，要自觉地把学科研究方向凝聚到为思想政治理论课教育教学服务上来，用学科专业建设成果服务于思想政治理论课建设。马克思主义理论学科与思想政治理论课建设相互支撑、同向而行，是马克思主义理论学科建设和其他人文社会科学学科建设的区别所在。可见，围绕思想政治理论课推进学科建设，是新时代马克思主义理论学科建设的应有之义，从而为思想政治理论课建设提供有力的学科支撑，保证教学实效，提升教学质量。

我国的教育是为人民服务、为中国特色社会主义服务、为改革开放和社会主义现代化建设服务的，必须坚持党的教育方针、坚持立德树人的原则。高校思想政治理论课是担负这一重要使命的主要阵地和核心课程，应使其成为大学生真心喜爱、终身受益的优质课程，解决好培养什么人、怎样培养人、为谁培养人这个根本问题。马克思主义理论学科和思想政治理论课建设相互联系、相互促进，在支撑思想政治理论课建设的同时，应当结合本学科特点以及我国社会主义现代化建设发展实际，把“培养德智体全面发展、政治素质高、理论方向正确、具有比较高的马克思主义素养和理论功底、并能用马克思主义立场、观点和方法分析研究当代现实问题的”专门人才作为本学科建设的总体育人目标，从而为思想政治理论课建设提供坚实的人才支撑。①

（三）加强我国意识形态建设是马克思主义理论学科建设的政治目标

意识形态是一定社会存在的反映，并随着社会存在的变化或迟或早地发生变化，同时它也具有相对独立性，对社会发展起着巨大的能动作用。当社会意识形态产生后，既可以作为统治阶级的政治主张，起到维护统治阶级利益、维护社会稳定的作用；也可以作为人民群众团结奋斗的共同思想基础，调动其积极性、主动性和创造性，为社会发展汇聚动力。正是由于意识形态的巨大反作用，加之西方敌对势力对我国社会主义意识形态领域的渗透和侵蚀，中国共产党在长期的革命、建设和改革实践中逐渐形成

---

① 寇清杰：《论马克思主义理论学科建设中的“一”与“多”》，《思想理论教育导刊》2009 年第 1 期。

了重视意识形态建设的优良传统。实践证明，意识形态建设事关党的前途命运，事关国家长治久安，事关民族凝聚力和向心力，这是为国家立心、为民族立魂的工作。新时代“我国意识形态领域形势发生全局性、根本性转变”①，亟须巩固马克思主义在意识形态领域的指导地位，加强马克思主义理论学科建设。

马克思主义作为无产阶级政党的指导思想，作为无产阶级改造社会、解放自身乃至全人类、促进人的全面发展的思想武器，无疑具有意识形态的性质。在我国，加强意识形态建设，必须坚持马克思主义的指导地位，这是党和人民团结奋斗、脚踏实地沿着正确方向前进的根本思想保证。新时代马克思主义理论学科建设要求坚持马克思主义和中国特色社会主义理论体系的指导，这是马克思主义理论学科建设必须坚持的政治立场和政治导向。马克思主义理论学科不仅具有极强的知识性和学术性，还具有鲜明的意识形态性和政治性。坚持马克思主义的意识形态性，维护马克思主义的指导地位，是巩固社会主义制度的必然要求。当前国内外意识形态领域的激烈斗争是我国面临的重要挑战，意识形态的思想阵地，如果马克思主义不去占领，那么非马克思主义就会占领。因此，新时代加强马克思主义理论学科建设，应明确其政治目标，加强意识形态阵地建设，巩固马克思主义在意识形态领域的指导地位，建设具有强大凝聚力和引领力的社会主义意识形态，防范化解意识形态领域内的重大风险。

（四）推进马克思主义中国化新发展是马克思主义理论学科建设的最终目标

马克思主义理论作为一级学科，在结合世情国情党情民情深刻变化的基础上，经过十几年的发展，目前设有马克思主义基本原理、马克思主义中国化研究、思想政治教育、马克思主义发展史、中国近现代史基本问题研究、国外马克思主义研究、党的建设七个二级学科。这七个二级学科虽然有着各自的研究对象，但都是以马克思主义为中心展开的，是从历史与理论、历史与现实、中国与世界等不同维度展开对马克思主义的具体探索

---

① 《中共中央关于党的百年奋斗重大成就和历史经验的决议》，《人民日报》2021 年 11 月 17 日。

和创新发展的，共同构成马克思主义理论学科体系。马克思主义理论一级学科的设立，不管是为繁荣发展哲学社会科学，为高校思想政治理论课提供有力的学科支撑，还是为进一步巩固马克思主义在我国意识形态领域的指导地位，其最终目标都是通过不同路径的研究，推进马克思主义中国化，形成和发展中国化的马克思主义理论成果，进而指导中国特色社会主义事业的健康发展。换言之，马克思主义中国化不仅仅是马克思主义理论一级学科下的一个二级学科或具体研究方向，还是整个马克思主义理论学科建设发展的最终目标和归宿。

马克思主义理论学科建设与马克思主义中国化的发展是相辅相成、相互促进的。一方面，马克思主义理论一级学科下设的二级学科的最终落脚点都是指向和推进马克思主义中国化。马克思主义基本原理为马克思主义中国化研究提供正确的世界观和方法论指导，为其奠定扎实的理论基础和充足的理论依据。马克思主义中国化的过程中产生了毛泽东思想、邓小平理论、“三个代表”重要思想、科学发展观和习近平新时代中国特色社会主义思想。要全面准确透彻地理解马克思主义中国化理论成果，必须深入学习和研究马克思主义基本原理。回顾马克思主义的发展历程，中国共产党在长期的革命实践中形成了思想政治教育的优良传统。思想政治教育作为一门学科而言，既要以马克思主义为指导，又要以马克思主义为教育内容，并密切联系实际，及时关注人们的思想动态，解决现实问题，在马克思主义中国化的过程中起着十分重要的作用。马克思主义发展史是一门以马克思主义的形成、传播和发展过程及其规律为研究对象的学科。马克思主义理论学科的建设与发展，应史论结合，以史为鉴，必须首先了解马克思主义形成发展的过程和规律。马克思主义诞生170多年来，不仅深刻地改变了世界，也深刻地改变了中国。因此，要研究马克思主义在当代的发展，必须研究马克思主义中国化史。马克思主义中国化的实践发展证明了马克思主义的科学性，在世界上高高举起了科学社会主义的旗帜，开辟了马克思主义发展的新境界。中国近现代史基本问题研究以中国近现代史为基础和线索，深入探究中华民族在抵御外来侵略、争取民族独立和发展、实现中华民族伟大复兴的历程中如何选择了马克思主义、选择了中国共产党、选择了社会主义道路。鉴于此，学习中国近现代史，有利于进一步了解“中国共产党为什么能，中国特色社会主义为什么好，归根到底是因为马克思主义行”① 的内在逻辑，增强中国特色社会主义道路自信、理论自信、制度自信、文化自信。国外马克思主义研究的对象主要是国外的各种马克思主义思潮。在经济全球化的条件下，研究马克思主义理论不可能脱离国际局势，关起门来孤立进行，必须加强国外马克思主义研究，进行沟通交流。同时，国外马克思主义从不同角度对当代社会出现的生态、资源、恐怖主义等重大问题作出了独特的思考，提出了可资借鉴的解决方法，为发展当代中国的马克思主义提供了有益启示。党的建设是一门以马克思主义理论为指导，以中国共产党的建设为中心，吸取国外政党建设的经验教训，从而加强党的自身建设的学科。中国共产党作为马克思主义政党，是马克思主义中国化的领导力量，中国共产党成立以来的百年历史就是党领导推进马克思主义中国化的历史。党向来重视理论联系实际，经过长期努力与坚持不懈的学习，已经善于将马克思主义基本原理与中国具体实际相结合，以此来解决社会发展中的问题，制定符合中国特色的路线、方针、政策。深入研究党的自身建设，有利于党自觉承担起马克思主义中国化领导者的责任，深化对共产党执政规律、社会主义建设规律、人类社会发展规律的认识，实现马克思主义中国化的新飞跃。

另一方面，马克思主义中国化的发展反过来会进一步丰富和发展马克思主义理论，实现理论创新和实践创新，推动马克思主义理论学科建设。“时代是思想之母，实践是理论之源。实践发展永无止境，我们认识真理、进行理论创新就永无止境。”② 马克思主义中国化的进程，既是马克思主义基本理论与中国具体实际不断结合并深化发展的进程，又是中国共产党人不断总结实践经验并使之上升为系统的理论认识的进程。发展当代中国马克思主义、21 世纪马克思主义，是我们党在新的时代条件下对坚持和发展马克思主义提出的新要求、新目标。习近平总书记指出：“要根据时代变化和实践发展，不断深化认识，不断总结经验，不断进行理论创新，坚持理论指导和实践探索辩证统一，实现理论创新和实践创新良性互动，在这种

---

① 《习近平谈治国理政》（第 4 卷），外文出版社 2022 年版，第 10 页。

② 习近平：《在庆祝中国共产党成立 95 周年大会上的讲话》，《人民日报》2016 年 7 月 2 日。

统一和互动中发展21世纪中国的马克思主义。”① 可见，马克思主义中国化必须关注和回答时代和实践提出的重大课题，扎根中国大地，在学科体系和话语体系创新上下功夫，构建既能解读中国实践，又能为国际社会理解接受的中国理论，不断赋予马克思主义新的时代内涵，推动马克思主义理论学科建设。

二、推动马克思主义理论学科的学科规范和特色发展

规范是指规定的范式，即明文规定或约定俗成的统一标准。学科规范是指一个学科领域在长期发展的过程中逐渐形成的标准和范式，包括学术研究规范、师资队伍建设规范、人才培养规范、平台建设规范、评估体系规范、教学规范、制度规范等等。规范化建设指的是学科建设的有序化、制度化、系统化，强调学科建设的统一性。特色是指一事物区别于其他事物的风格和形式，由于历史背景、地域差别、文化因素等影响，学科建设需根据不同地区、不同时间进行特色化发展。在马克思主义理论学科建设中，既要制定一致的学科规范，又要坚持具体问题具体分析，实现特色化发展，正确处理好马克思主义理论学科发展的统一性与多样性之间的关系。

（一）坚持统一性，推动马克思主义理论学科的规范化建设

不以规矩，不成方圆。“学科建设只有规范化，从有序到更加有序，才能可持续发展。不规范，无序，就必然鱼龙混杂，危及学术声誉、有违设置初衷，甚至危害学科生命。”② 马克思主义理论学科规范是该学科发展的关键问题，解决的是“建设一个什么样的马克思主义理论学科”以及“怎样建设马克思主义理论学科”的问题。由于马克思主义理论学科的特殊性，为推动该学科“更上一层楼”，主管部门需要加强战略规划、人才培养方案、队伍建设、教学体系、评估体系等的研究，制定统一的学科标准，推动其规范化建设。

---

① 习近平：《辩证唯物主义是中国共产党人的世界观和方法论》，《求是》2019年第1期。

② 张耀灿：《关于马克思主义理论学科规范化建设的几个问题》，《思想政治教育研究》2012年第6期。

1. 推动马克思主义理论学科规范化建设的驱动力

一是马克思主义理论学科高质量的发展要求为学科规范化建设提供内驱动力。自2005年教育部下发《关于调整增设马克思主义理论一级学科及所属二级学科的通知》以来，全国各大高校的马克思主义理论学科的学位点设置数量大为增长，已达到相当规模，总体发展状况良好，但是学科不规范的问题依然存在，比如马克思主义理论本科专业配套课程设置、教材编写和人才培养方案不完善，马克思主义理论学科论文选题不符合学科研究方向等，亟须加强学科的规范化建设，将其建成规范的马克思主义理论学科，促进学科高质量发展。马克思主义理论一级学科尚处于发展的关键阶段，此前并没有该学科的建设经验可供借鉴，要建好建强马克思主义理论学科，首先必须加强学科规范化建设，这是学科发展的"生命线"。

二是党和国家高度重视的时代机遇为学科规范化建设提供外驱动力。当前，马克思主义理论学科发展面临着有利形势，"以习近平同志为核心的党中央对马克思主义理论学科建设的关心重视与期待要求，是学科建设实现更大发展的最大机遇和根本保证"①。进入新时代，中国特色社会主义的蓬勃发展使我们不断深化对共产党执政规律、社会主义建设规律、人类社会发展规律的认识，不断坚定对马克思主义、社会主义、共产主义的信念和信仰，要继续充分发挥马克思主义作为立党立国的指导思想的作用，更好地为人民服务、为中国共产党治国理政服务、为巩固和发展中国特色社会主义制度服务、为改革开放和社会主义现代化建设服务，必须加强马克思主义理论学科的规范化建设。特别是面对当今愈加激烈的国际竞争，要增强我国的学术影响力，提高和把握学术话语权，同样有赖于马克思主义理论学科的规范化建设。

2. 多渠道推动马克思主义理论学科规范化建设

首先，坚持基本原则，加强马克思主义理论学科的整体性研究和建设。其整体性主要体现在两个方面。第一，从理论内容上看，马克思主义主要由马克思主义哲学、马克思主义政治经济学、科学社会主义组成，并始终

---

①　本刊记者、靳诺：《立足新发展阶段，推进马克思主义理论学科高质量发展——访中国人民大学党委书记靳诺教授》，《马克思主义研究》2021年第4期。

围绕人的解放与发展这个主题展开。但马克思主义并不是这三个组成部分的简单叠加，而是有逻辑地联系在一起，必须完整准确地从这三个组成部分理解和把握马克思主义，不能将其割裂开来，以便更好地推进分门别类的具体研究。第二，从实践发展上来看，丰富和发展马克思主义既要与时俱进，也要一脉相承。马克思主义不是一个故步自封的封闭体系，其具有与时俱进的理论品质，要求跟随时代变化对马克思主义进行理论创新。同时，理论创新必须在吸收借鉴前人的优秀思想成果的基础上进行，列宁主义、毛泽东思想、邓小平理论、“三个代表”重要思想、科学发展观、习近平新时代中国特色社会主义思想，都是在坚持马克思主义的立场、观点、方法的基础上，结合时代背景形成的理论成果。加强马克思主义理论的整体性研究，一是要深入研究和把握马克思主义各组成部分之间的内在关系。马克思主义哲学是世界观和方法论的指导原则，马克思主义政治经济学是以哲学世界观和方法论为指导对资本主义生产方式的剖析，科学社会主义是运用哲学分析经济事实得出的结论，三者之间相互渗透、有机统一，构成完整的马克思主义科学理论体系。二是要处理好马克思主义理论一级学科与各二级学科之间的关系。马克思主义理论一级学科的设立，意在加强马克思主义理论的整体性研究，避免各二级学科脱离马克思主义的基本方向。虽然各二级学科研究的具体问题不同，但都有一个贯穿其中的主线或主题，要避免以往“各自为战”进行研究的情况发生，坚持以马克思主义基本原理为源头，增强各二级学科之间的互补性，处理好马克思主义理论整体与部分、一般与个别的关系。

其次，搭建支撑平台，加强高校马克思主义学院规范化建设。马克思主义学院是进行马克思主义理论学科建设的重要支撑平台，主要任务就是学习、研究和宣传马克思主义，建好建强马克思主义理论学科，从事马克思主义理论的教育教学。从 2005 年至今，党和国家高度重视马克思主义理论学科的发展，推动全国各大高校成立了专门的马克思主义学院和研究机构，为马克思主义理论学科的建设和社会主义建设者和接班人的培养提供了平台。当前高校马克思主义学院的类型主要分为两种：一种是教学型，即主要承担本科生与研究生的思想政治理论课教学任务；另一种是教学科研型，即马克思主义理论学科研究与教学相结合，除进行思想政治理论课教学外，还承担研究生的专业课程教学和科研培养任务。马克思主义理论学科的特殊性决定了马克思主义学院规范化、标准化建设的必要性，从而充分发挥其巩固高校意识形态阵地的中坚作用。为加强马克思主义学院的规范化建设，坚持“马院姓马、在马言马”，应从以下四个方面着手：一是加强党对马克思主义学院建设的领导。各级党委要高度重视马克思主义学院建设，加强顶层设计，进行统筹规划，将其作为基础性、战略性工程推进。二是解决好马克思主义理论学科与思想政治理论课“两张皮”的现象，认识到这两者之间的紧密联系，着力推动思想政治教育教学内容和方式方法的转变，实现两者的良性互动。三是建设一支规范的马克思主义理论学科建设队伍。建立健全以政治信仰、科研成果、教学贡献、师德师风等为核心要素的教师评定体制机制，提高教师队伍的思想政治素质和理论水平。

最后，构建有力保障，加强马克思主义理论学科的相关制度建设。2012年下发的《关于进一步加强高校马克思主义理论学科建设的意见》中指出：“新形势下深入推进马克思主义理论学科建设，需要进一步提升学科建设质量”，“促进学科规范化、制度化建设”。① 可见，规范化建设离不开一定的制度建设来作保障。学科制度建设是围绕学科制度的主要内容进行的，包括内在的学科规范制度、课程制度、管理制度、学科梯队制度等建设，也包括外在的社会舆论制度、政府支持制度、职称评定制度、期刊和基金设立制度等建设，这是任何一个学科建设发展过程中必不可少的环节。一方面，要加强马克思主义理论学科的外在制度建设。党的十九届四中全会将“坚持马克思主义在意识形态领域指导地位”确立为必须始终遵循的根本制度，这是党在领导文化建设长期实践中形成的成功经验。为推进马克思主义理论学科规范化建设，必须始终坚持马克思主义的指导地位，正确引导社会舆论；出台相关政策，加大政府支持力度；综合全面考察教师教学和科研工作，完善学科教师职称评定制度；办好《马克思主义研究》《思想理论教育导刊》《马克思主义与现实》等马克思主义理论重点学术刊物，提升学术成果质量，加强马克思主义理论学术阵地建设。另一方面，要加强马

① 靳辉明、蔡华伟：《推动马克思主义理论学科上新台阶——写在马克思主义理论一级学科建立10周年之际》，《人民日报》2015年8月31日。

克思主义理论学科的内在制度建设。内在制度建设是学科制度建设的根本所在，并以此促进外在制度建设。为推进马克思主义理论学科规范化建设，必须制定马克思主义理论学科的学术研究规范，加大马克思主义理论学科对思想政治理论课的支撑力度，避免出现“两张皮”现象；整合不同学科背景、不同年龄段的学术力量，注重学术道德和学风建设，杜绝学术研究中的不正之风，加强马克思主义理论学科人才梯队建设。

（二）坚持多样性，推动马克思主义理论学科的特色化发展

明确学科特色是进行马克思主义理论学科建设的重要前提，只有准确把握好学科特色，分清学科之间的界限，才能有计划、有针对性地采取相应措施，“使学科研究方向更加明确、结构更加合理、特色更加鲜明”。① 新时代推动马克思主义理论学科的特色化发展，应立足国情，突出整体的中国特色；立足学科本身，突出部分学科点的个性特色，实现共性与个性的辩证统一。

1. 立足国情，突出整体的中国特色

马克思主义要中国化，马克思主义理论学科也要中国化。从整体上看，这是马克思主义理论学科建设过程中必须始终贯穿的一条主线。马克思主义理论学科建设是一个需要长期积累和不断完善的过程。在这个过程中，必须立足中国特色社会主义伟大实践，把马克思主义理论学科建设与中国的学科发展和高校思想政治理论课的建设实际相结合，推进中国特色哲学社会科学的发展，推动理论创新，形成中国化的马克思主义理论学科。毛泽东同志在1938年10月召开的党的六届六中全会上深刻指出：“马克思主义必须和我国的具体特点相结合并通过一定的民族形式才能实现。”② 马克思主义要在中国扎根立足，服务实践，建设中国化的马克思主义，必须建构具有中国特色、中国气派、中国风格的话语体系，坚持科学化、大众化、国际化的基本方向，通过民族形式的马克思主义，把马克思主义运用到中国的具体实际中去，发展具体的马克思主义，而不是抽象的马克思主义。

---

① 秦在东、张静：《马克思主义理论学科建设的逻辑理路》，《学校党建与思想教育》2016年第5期。

② 《毛泽东选集》（第2卷），人民出版社1991年版，第534页。

中国特色话语体系包括政治话语和学术话语、官方话语和大众话语、国内话语和国外话语。马克思主义理论学科建设就是要加强中国特色学术话语体系建设，提供强有力的学理支撑，提升解释力、说服力和影响力。

2. 立足学科本身，突出部分学科点的个性特色

与学科整体的中国特色相比较而言，学科点的个性特色是指某一具体的学科点在马克思主义理论一级学科下属的二级学科研究方向建设上，具有自身的优势和特色。目前全国各大高校设立的马克思主义理论学科点数量众多，建设队伍也在日渐壮大。我国各地的经济发展情况与高校发展类型的不同决定了各个学科点的师资力量、人才结构、学科背景、知识基础、培养模式的不同，使全国各地的马克思主义理论学科点呈现不一样的景象，这就要求马克思主义理论学科点在整体遵循学科发展共性的基础上，结合学科点所在地区的社会经济发展状况、文化特点、资源储备等，形成区别于其他学科点的比较特色。这种比较特色不仅凸显了该学科点独具的创造性，还昭示了马克思主义理论学科光明的发展前景。比如有的学科点历史悠久，马克思主义理论研究基础雄厚，就可以通过聚焦马克思主义理论整体性研究凸显优势；有的学科点在某个二级学科研究方向上成果显著，形成了自身的独特优势，就可以加大建设力度，高校和相关部门也应出台政策给予一定的人财物支持；有的学科点具有天然的地理优势，具备丰富的人文和自然历史资源，就可以充分发挥资源优势，依托资源进行特色研究，例如赣南苏区红色文化研究等。但是在进行特色研究的过程中，不能一味追求“因地制宜”，进而脱离学科本质属性，随意设置偏离学科建设的研究方向。脱离学科共性规范的个性建设，最终只会将学科引入歧途。

三、加强马克思主义理论学科的师资队伍建设

师资队伍建设是学科建设的基础，是教学建设中最基本的建设，是人才培养的关键点和教学改革的突破口。只有加强师资队伍建设，才能推动学科建设的进一步发展。马克思主义理论学科的教师，是马克思主义理论学科建设的主要队伍和主体力量。要推进马克思主义理论学科建设，就必须推进该学科的师资队伍建设。进入新时代以来，虽然马克思主义理论学

科队伍的管理日趋规范、素质稳步提高、结构不断优化、人才培养能力显著增强、社会服务水平不断提高，但也存在师资队伍质的提升与量的增长不同步、科研能力有待提高、评价标准有待完善等问题。随着马克思主义理论专业开招本科生，本硕博人才培养体系逐步贯通。党的建设二级学科的新增使马克思主义学院对专职教师的需求进一步扩大，对教师职业素养的要求也进一步提高。习近平总书记在学校思想政治理论课教师座谈会上指出："办好思想政治理论课关键在教师，关键在发挥教师的积极性、主动性、创造性。"① 建设马克思主义理论一流学科，也需要有高素质的师资队伍做"指导者""引路人"。新时代加强马克思主义理论学科的师资队伍建设，应提升教师综合素质，保持战略定力；整合师资力量，发挥合力作用；完善教师激励和评价机制，为教师队伍建设提供动力。这有助于培养一批有理想信念、有扎实学识、有仁爱之心、有道德情操的优秀教师队伍，促进马克思主义理论学科师资队伍的创新发展、全面发展、协调发展、充分发展。

（一）提升教师综合素质，保持定力

教师是育人的关键。邓小平指出："一个学校能不能为社会主义建设培养合格的人才，培养德智体全面发展、有社会主义觉悟的有文化的劳动者，关键在教师。"② 教师本身的能力大小和素质高低，决定了在培养人才方面发挥作用的大小。习近平总书记在学校思想政治理论课教师座谈会上分别从立场方向、业务能力、师德品格三个方面对思想政治理论课教师提出了"六要标准"，即"政治要强、情怀要深、思维要新、视野要广、自律要严、人格要正"。③ 就新时代马克思主义理论学科的师资队伍建设而言，应坚定其政治信仰，站稳政治立场；培养创新思维，增强学术能力；提升人格魅力，加强道德修养。

1. 坚定政治信仰，站稳政治立场

马克思主义理论学科是一门具有鲜明意识形态功能和政治导向性的学

---

① 习近平：《思政课是落实立德树人根本任务的关键课程》，《求是》2020 年第 17 期。
② 《邓小平文选》（第 2 卷），人民出版社 1994 年版，第 108 页。
③ 习近平：《思政课是落实立德树人根本任务的关键课程》，《求是》2020 年第 17 期。

科，必须始终坚持马克思主义指导。马克思主义理论学科教师作为马克思主义理论和党的路线、方针、政策的忠实践行者，在进行理论研究和教学过程中，承担着培养社会主义建设者和接班人、为实现中华民族伟大复兴提供后备军的重大历史责任和政治责任，这要求马克思主义理论学科教师必须做到在马言马、在马信马、在马研马。教师应坚持正确的政治方向，对党忠诚，信念坚定，道路自信，要有政治上的敏感性和鉴别力，在事关政治原则、政治立场、政治方向的问题上与党中央保持高度一致。习近平总书记强调，政治要强，让有信仰的人讲信仰，善于从政治上看问题，在大是大非面前保持政治清醒。① 教师要坚定政治信仰，一要坚定对马克思主义的信仰，全面系统学、深入思考学，并努力践行马克思主义理论；二要坚定中国特色社会主义信念，坚定“四个自信”，积极投身于中国特色社会主义伟大实践，在实现中华民族伟大复兴的过程中实现自身价值；三要坚定共产主义远大理想，正确认识实现共产主义的长期性，把共产主义远大理想具体化为阶段性目标并为之努力奋斗。如果马克思主义理论学科教师没有坚定的信仰信念，就会导致方向不清、目标不明，也就不可能承担好培养社会主义建设者和接班人的政治责任，很可能会将青少年引入歧途。

2. 培养创新思维，增强学术能力

与时俱进是马克思主义的优秀品格。马克思主义是一个开放的理论体系，随着时代变化而不断丰富发展。新时代马克思主义理论学科建设应当结合时代变化和实践发展，深入理解马克思主义基本原理，把实践中的成功经验不断上升到马克思主义理论的高度，并对这些理论始终保持自觉的批判反思，不断进行与时俱进的理论创新和实践创新，解决重大理论和现实问题，将学科建优建强。加强马克思主义理论学科师资队伍建设必须培养教师的创新思维，建设创新型教师队伍，推动教学和科研创新，增强学术能力。一方面，马克思主义中国化的过程就是一个不断自我革命、推陈出新的过程，新时代开启建设社会主义现代化国家的新征程为马克思主义理论创新提供了理论需要和现实需要，也为马克思主义理论学科提供了新

① 习近平：《思政课是落实立德树人根本任务的关键课程》，《求是》2020 年第 17 期。

的时代课题，要求马克思主义理论学科教师培养创新意识，运用新的角度和时代眼光解决问题，推动理论学术创新研究更上一个新台阶；另一方面，马克思主义理论学科教师承担着学科建设和思想政治理论课教学的双重任务，既要针对学科建设面临的问题进行理论研究，也要在思想政治理论课教学实践中开展教学研究。创新课堂教学，采用富有新意同时又贴合学生实际的教学方法，实现教学内容与教学方法相统一、理论教学与实践教学相统一、线上学习与线下学习相统一，完善课程教材，稳步推进思想政治理论课教学改革，创新思想政治理论课教学体系，提高学生运用马克思主义理论分析和解决现实问题的能力。

3. 提升人格魅力，加强道德修养

有人格，才有吸引力；亲其师，才能信其道。教师的人格魅力指的是教师在教学生涯中逐渐形成的品德、情感、态度等人格特征方面所具有的一种综合影响力，也是马克思主义理论学科教师提升影响力和号召力的重要途径。马克思主义理论学科教师的人格魅力与其他学科教师的不同之处在于，其由内而外所展示出来的坚定的信仰追求、强烈的使命感和责任感、扎实的专业素质以及高尚的道德修养等。马克思主义理论学科在一定程度上承担着高校立德树人的责任，对大学生的世界观、人生观、价值观起着非常重要的引导作用。作为马克思主义理论学科教师，应自觉提高道德修养，发挥师表作用。党的十九大以来，习近平总书记在关于教育工作的系列重要讲话中，始终强调把师德师风建设作为提升新时代教师素质、办好人民满意教育的首要任务。他指出："教师是人类灵魂的工程师，是人类文明的传承者，承载着传播知识、传播思想、传播真理，塑造灵魂、塑造生命、塑造新人的时代重任"①，"要抓好师德师风建设，引导教师把教书育人和自我修养结合起来，做到以德立身、以德立学、以德施教"。② 良好的师德风范，是塑造马克思主义理论学科教师的根本所在。坚持以人为本的师

---

① 张烁、王晔：《坚持中国特色社会主义教育发展道路 培养德智体美劳全面发展的社会主义建设者和接班人》，《人民日报》2018 年 9 月 11 日。

② 李涛：《抓住培养社会主义建设者和接班人根本任务 努力建设中国特色世界一流大学》，《人民日报》2018 年 5 月 3 日。

德建设，对于提高马克思主义理论学科教师的整体素质、提高教学质量、加强师资队伍建设具有重要作用。目前，部分高校存在教师职业道德滑坡、学术造假、敷衍对待课程教学等问题，对学科建设的发展造成了不良影响。教育者首先受教育，有师德才能有真正的德育。新时代加强马克思主义理论学科的师资队伍建设，必须促进教师坚持以德立身、以德立学、以德施教、以德育德的理念，坚持以正确的思想引导学生、以高尚的精神塑造学生、以优秀的品质感染学生，树立良好的学习作风、工作作风和生活作风，陶冶道德情感、锤炼道德意志。

首先，加强律己修身。要把师德规范纳入教师培训过程，加强师德理论教育和规范教育，具体包括思想政治与社会主义核心价值观教育、教师职业理想与职业道德教育以及和教育相关的法律法规政策教育，帮助教师掌握师德理论知识，彰显良好的学术风范和教学风范，树立职业形象，使教师自身的良好品德在潜移默化中感染学生。其次，突出典型树德。深入挖掘优秀教师典型，大力宣传新时代教师爱岗敬业、甘于奉献、改革创新的新形象，综合运用授予荣誉、事迹报告、媒体宣传、创作文艺作品等手段，促进养成重德养德的良好风气，充分发挥优秀典型教师的引领示范和辐射带动作用。最后，严格师德督导。完善教师招聘遴选和考核制度，把控好师资队伍入口，充分发挥党组织的领导和把关作用，将师德师风要求和思想政治、专业实力等标准一同纳入教师选聘机制，发挥师德考核对教师的约束作用，提高师资队伍引进质量。

（二）整合师资力量，发挥合力作用

学科建设发展离不开充足的师资力量。当前，马克思主义理论学科教师既担任马克思主义理论学科的建设任务，也担任高校思想政治理论课的教学任务。这些教师中存在学科背景多元化、队伍年轻化的情况，呈现出多样化的特点。新时代加强马克思主义理论学科的师资队伍建设，应有效整合师资力量，“集聚一批有深厚马克思主义理论素养、学贯中西的思想家和理论家，一批理论功底扎实、勇于开拓创新的学科带头人，一批年富力强、锐意进取的中青年学术骨干，构建种类齐全、梯队衔接的哲学社会科

学人才体系”,[①] 充分发挥师资队伍的人才优势，激发马克思主义理论学科研究创造力。

1. 整合马克思主义理论学科建设队伍与思想政治理论课建设队伍

按照教育部的有关要求，马克思主义理论学科建设与思想政治理论课教学应当是一支队伍，教师既是专业课教师，又是公共课教师，“一身二任”。在加强马克思主义理论学科建设的过程中，要坚决杜绝学科建设和思想政治理论课教学“两张皮”的现象。马克思主义理论学科建设是思想政治理论课建设的坚实学科支撑和学理基础，思想政治理论课建设是马克思主义理论学科建设的实践基础和现实支撑，这是同一过程的两个方面。从学科建设历史来看，思想政治理论课的教师是高校建设发展马克思主义理论学科的主要力量；从学科建设现状来看，马克思主义理论学科建设的教师基本承担了思想政治理论课教学任务。因此，马克思主义理论学科教师必须认识自身的学术研究和课程教学双重任务。对于原来的思想政治理论课教师必须完成由教学型向研究型转变，对于新引进的教师也必须在参与学科建设的同时，不断提高思想政治理论课教学的能力，实现马克思主义理论学科建设队伍与思想政治理论课教学建设队伍的整合。

2. 整合不同学科背景教师的学术力量

当今社会矛盾日趋复杂化、新兴学科不断涌现，自然科学、社会科学、人文科学日益繁荣发展。通过不同学科、不同知识背景、不同思维方式下的合作交流所产生的思想碰撞，往往能产生巨大的效应。马克思主义理论一级学科下设马克思主义基本原理、马克思主义中国化研究、思想政治教育、马克思主义发展史、中国近现代史基本问题研究、国外马克思主义研究和党的建设七个二级学科，由于各二级学科研究的具体对象不同，就需要教师灵活运用哲学、历史学、教育学等不同学科的专业知识和研究方法来推进各二级学科的研究。习近平总书记在纪念马克思200周年诞辰大会上深刻指出：“在人类思想史上，没有一种思想理论像马克思主义那样对人类

---

① 本刊记者、靳诺：《立足新发展阶段，推进马克思主义理论学科高质量发展——访中国人民大学党委书记靳诺教授》,《马克思主义研究》2021年第4期。

产生了如此广泛而深刻的影响。”① 马克思主义巨大的影响力推动了其向其他学科领域内的渗透和扩展，比如马克思主义与新闻学、民族学、法学、政治学等学科领域的融合发展，反过来也吸引了相关学科领域研究人才的加入，拓宽了马克思主义理论的研究视野。在此基础上，加强马克思主义理论学科师资队伍建设必须整合不同学科背景教师的学术力量，强调对马克思主义理论的整体性研究，不同学科间相互交流、相互借鉴、相互促进，从多个学科、多维视角、多种方法汇聚各学科的理论和实践经验，进一步深化马克思主义理论研究和教育，推动哲学社会科学的新发展。

3. 整合老教师和中青年教师的学术力量

自2005年设立马克思主义理论一级学科以来，马克思主义理论学科领域中出现了一批从事理论研究的专家和领头人，为马克思主义理论学科建设发展提供了方向指引、理论支撑、方法指导、实践路径。党和国家高度重视马克思主义理论学科建设，提出思想政治理论课教师队伍按照1∶350的师生比进行建设，高校教师队伍迅速扩大。目前存在较为突出的问题是，中青年骨干还不成熟、学术领军人才较少、学科带头人培养任重而道远。“与理工科不同，马克思主义理论学科（其他哲学社会科学也一样）的人才，需要长期的知识积累、学术积淀、思维训练、实践磨炼。人才成长不能拔苗助长。这要求我们在人才工作中，抓紧两头，以老带青。既高度重视青年教师的成长，又要十分重视发挥老专家传帮带的作用。做好老中青结合这篇文章。”② 一方面，由于老教师在学科理论、研究方法等方面经验丰富、成就卓越，有极高的学术造诣，要充分发挥老教师作为学术中坚骨干的引领作用，对中青年教师进行悉心指导，助推其快速成长进步；另一方面，中青年教师精力充沛、思维敏捷、善于发现问题，要充分发挥中青年教师作为学术新锐的潜力，激发老教师的学术激情，实现双向带动，造就马克思主义理论大家、学科领军人物、较高素质的后备人才这三个层次的马克思主义理论人才，使马克思主义理论学科形成良好的学术研究氛围，

① 习近平：《在纪念马克思诞辰200周年大会上的讲话》，《人民日报》2018年5月5日。

② 梅荣政：《在改革开放中马克思主义理论学科的创建和发展》，《马克思主义理论学科研究》2018年第5期。

实现可持续发展。

（三）完善教师激励和评价机制，为教师队伍建设提供动力

激励和评价机制的构建是加强马克思主义理论学科师资队伍建设的重要保障，有利于激发马克思主义理论学科教师的科研热情和进取精神。一是完善教师评价机制。评价机制的目的主要是对马克思主义理论学科教师进行全面考核和监督。当前，马克思主义理论学科师资队伍存在专业素质不平衡、学科归属感较低、学术领域研究成果质量不高、创新缺乏等问题。为更好解决这类问题，需要构建全面的教师考核评价机制。各高校在新形势下进行了积极探索，以育人成效为标准，逐步建立起了体现马克思主义理论学科特点、符合思想政治理论课教学内在要求、有利于教师职业发展的定性分析与定量分析相结合、工作评价与效果评价相结合的评估模式，有效激发了马克思主义理论学科教师的科研和教学热情。二是完善激励机制。激励机制的目的主要是通过对教师课题申报、论文发表、教学研究、学科贡献等方面的进步进行奖励，树立马克思主义理论工作者的先进典型。

在完善教师激励和评价机制后，重要的是将其付诸实施。一方面，要在实施过程中细化激励和评价机制，进行量化考核。为综合考察师资队伍的政治倾向、科研水平、专业素质、教师技能、道德修养等，激励与评价机制中的内容应具体化，囊括评价标准、评价原则、评价方式等要素。另一方面，单纯的量化考核并未全面反映出教师的科研努力程度和科研水平，这就需要进行定性考核，即对教师的素质和工作成效进行等级评定，避免教师采取过度功利性的应对措施。由此，使激励和评价机制真正发挥促进教师在科研与教学中积极进取，提高科研能力与改善教学效果的作用。

四、推进马克思主义理论学科创新型人才的培养

人才资源是第一资源，创新是第一动力。人才基础是一个学科建设的坚实后备力量，人才培养是学科建设的核心任务，关系到学科的学术地位，关系到学科发展的前途命运，甚至关系到整个民族、国家的文明程度高低，必须高度重视人才培养，特别是创新型人才的培养。21 世纪是知识经济时

代，创新型人才的培养是应对知识经济挑战、建设创新型国家的重要战略举措。马克思主义理论学科是一个新兴学科，有着巨大的发展潜力。新时代加强马克思主义理论学科建设，必须推进马克思主义理论学科创新型人才的培养，在明确马克思主义理论学科创新型人才核心素养的基础上，深入探究创新型人才培养的必要性和实践路径。

（一）马克思主义理论学科创新型人才的核心素养

创新型人才是指富于开拓性、具有创造能力，能开创新局面，对社会发展做出创造性贡献的人才，在人格、智能、身心三方面表现突出，比如通常具有很强的好奇心和求知欲、较强的自我学习和探索能力、广博而扎实的知识、坚忍顽强的毅力等优良品质。核心素养指的是人在接受教育的过程中，逐步形成的适应个人终身发展和社会发展需要的必备品格和关键能力。结合马克思主义理论学科的特殊性，马克思主义理论创新型人才应当是具备辩证批判的思维方式、深厚的马克思主义理论基础、坚定的马克思主义信仰、开阔的学术视野等核心素养，能在马克思主义理论研究和实践领域开拓进取、与时俱进，善于结合时代变化和实践发展，开辟马克思主义理论发展的新境界，对学科发展和社会主义现代化建设作出创造性贡献的人才。

1. 辩证批判的思维方式

人类认识世界和改造世界的过程，就是一个包含着创新的发展过程。从哲学角度来看，创新是人类特有的一种思维和实践形式，是人类突破传统，本着理想化需要或社会需求，通过对物质世界和精神资源的利用和再创造，形成新的物质形态和精神形式的行为。创新是人类充分发挥主观能动性的高级表现形式，本质在于发展性。创新的过程，就是一个否定旧事物和肯定新事物的过程，即辩证批判。是否具有批判性思维方式，是人类能否科学有效进行创新活动的前提条件，也是马克思主义理论学科创新型人才的必备素质之一。“更加重视科学精神、创新能力、批判性思维的培养培育”是习近平总书记对培养创新型人才提出的明确要求。① 马克思主义由马克思主义哲学、马克思主义政治经济学、科学社会主义三个主要部分组

① 《习近平重要讲话单行本（2021 年合订本）》，人民出版社 2022 年版，第 76 页。

成，这三个部分正是在批判继承以往人类思想成果的基础上形成的。马克思主义哲学批判继承了德国古典哲学，特别是吸取了费尔巴哈的唯物主义基本内核，抛弃了其形而上学和宗教的、伦理的唯心主义杂质，吸取了黑格尔的辩证法合理内核，抛弃了其唯心主义体系。在此基础上，融入马克思和恩格斯自己的一些发现与见解，创立了崭新的无产阶级世界观和方法论体系——马克思主义哲学，同时将唯心主义从社会历史领域中驱逐出去，创立了唯物史观，从而实现了人类认识史上的空前大革命。马克思主义政治经济学批判继承了英国的古典政治经济学，充分吸收了威廉·配第的“劳动决定价值”观点、亚当·斯密的“区分商品二因素”“社会分工”观点、大卫·李嘉图的“决定商品价值量的是社会必要劳动量”观点，并进一步克服其不足，区分了劳动二重性，从而创建了科学的劳动价值论和剩余价值论，对资本主义生产关系的产生、发展和运行规律进行了深刻分析。科学社会主义批判继承了英法两国的空想社会主义，进一步指出了通向社会主义的道路和实现社会主义的依靠力量，在唯物史观和剩余价值学说的基础上，使社会主义从空想变成了科学。可见，新时代马克思主义理论学科创新型人才必须具备辩证批判思维，充分吸收人类社会发展到今天所取得的一切文明成果，做到古为今用、洋为中用，同时善于发现问题，敢于批判、敢于创新，推动马克思主义的新发展。

2. 深厚的马克思主义理论基础

作为马克思主义理论学科创新型人才而言，必须具备深厚的马克思主义理论基础，这是核心特征。人类历史上的创新活动都不是凭空产生的，而是在充足的理论知识和实践基础上形成的。培养马克思主义理论学科创新型人才，一是要使他们深入学习马克思主义经典著作，完整准确把握马克思主义基本原理；二是要能够根据当今时代条件变化和形势发展，理论联系实际，灵活运用马克思主义解决现实问题，推进马克思主义中国化时代化；三是要深入学习马克思主义发展史，掌握马克思主义的发展历程，了解马克思主义在别国的传播，吸收借鉴有益经验，形成发展马克思主义的宝贵精神财富；四是学习国外马克思主义，这也是马克思主义理论知识的重要组成部分。马克思主义是一种外来的思想文化，在传入中国前，国外社会中形成了诸多马克思主义思想流派，比如法兰克福学派、东欧马克思主义等。一方面它们从不同角度对当代人类所面临的共同问题提出了有益见解，具有可资借鉴的地方；另一方面又受到新自由主义等的影响，具有理论缺陷，应取其精华、去其糟粕。马克思主义理论学科创新型人才只有掌握扎实的理论，奠定坚实的基础，才能用“批判的武器”进行“武器的批判”。

3. 坚定的马克思主义信仰

考虑到马克思主义理论的意识形态性和我国的社会主义性质，新时代马克思主义理论学科创新型人才只是具备深厚的马克思主义理论基础还不够，还要坚定马克思主义信仰，做真正的马克思主义者，为我国社会主义现代化建设和实现中华民族伟大复兴服务。习近平总书记指出：“背离或放弃马克思主义，我们党就会失去灵魂、迷失方向。”① 伯恩施坦修正主义对马克思主义的背离启示我们必须坚定马克思主义信仰，准确把握马克思主义发展的时代特征，在此基础上实现马克思主义的创新性发展。

4. 开阔的学术研究视野

创新不能囿于传统，故步自封，而要具有开阔的视野。理论是源于实践的，又在实践中得到丰富和发展，要实现理论创新，必须开阔视野，寻找新的突破角度。一方面，马克思主义涉及哲学、人类学、社会学、经济学、政治学等多个学科领域，需要我们运用多学科交叉性的学术视野来研究马克思主义理论。另一方面，马克思主义是关于自然、社会和人类思维发展一般规律的学说，是关于无产阶级解放、全人类解放和每个人自由而全面发展的学说，并不是就某一个国家或地区而言，而是就全人类、全世界而言。马克思、恩格斯在探究资本主义生产方式发展规律和人类普遍交往的基础上，得出民族历史向世界历史转变的科学结论，为当今研究经济全球化、人类命运共同体等问题提供了有效的理论指引。作为马克思主义理论学科创新型人才，做学术研究不能局限于某一个国家或地区、某一个时间段、某一个学科领域，避免学术研究的孤立、封闭、僵化，而要运用马克思主义的立场观点方法审视世界范围和全人类的现实问题，综合运用知识视野、国际视野、历史视野来看待问题，站在世界历史高度给出更加

---

① 习近平：《在庆祝中国共产党成立 95 周年大会上的讲话》，《人民日报》2016 年 7 月 2 日。

确切的解答，凸显思想的前瞻性和洞见性。

（二）推进马克思主义理论学科创新型人才培养的必要性

马克思主义是我们立党立国的根本指导思想，马克思主义理论学科的发展在一定程度上对我国意识形态领域建设、发展社会主义有着重大影响。新时代加强马克思主义理论学科建设，有必要培养学科创新型人才。从学科角度来看，是马克思主义理论学科建设发展的内在要求；从马克思主义发展的角度来看，是马克思主义中国化时代化大众化的必然要求；从国家发展的角度来看，是建设创新型国家的现实需要。

1. 推进马克思主义理论学科创新型人才培养是马克思主义理论学科建设发展的内在要求

马克思主义理论学科创立以来，虽然在学科布局、队伍建设、科学研究、支撑思想政治理论课建设等方面取得了丰硕成果，迈上了一个新台阶，但是也存在一些问题，其中一个就是对学科创新型人才的培养不足。“培养数量充足且素质过硬的马克思主义理论专业人才，是马克思主义理论学科的首要任务。”① 创新思维和创新能力是马克思主义理论专业人才必备的核心素质，“要发展好马克思主义理论学科就必须培养面向世界、面向未来、面向现代化的马克思主义理论创新型人才”。② 面向世界，将创新立足点放到全人类、全球的发展上，拓宽研究视野，在不忘本来的同时，吸收外来优秀成果，提升国家创新能力；面向未来，着眼长远，善于把握机遇，勇于迎接挑战，奠定坚实的创新基础；面向现代化，树立高度的历史责任感和使命感，确立创新目标，提高为社会主义现代化建设服务的能力，实现中华民族伟大复兴。只有培养创新型人才，勇于开拓创新、锐意进取，创新研究视野，才能产生符合时代变化和实践发展的新的学术理论成果，为社会主义现代化建设服务，从而提高马克思主义理论学科在学术界的影响力，促进马克思主义理论学科的蓬勃发展。

2. 推进马克思主义理论学科创新型人才培养是马克思主义中国化时代

---

① 本刊记者、靳诺：《立足新发展阶段，推进马克思主义理论学科高质量发展——访中国人民大学党委书记靳诺教授》，《马克思主义研究》2021 年第 4 期。

② 鲁力：《论马克思主义理论学科创新型人才培养》，《思想政治教育研究》2013 年第 4 期。

化大众化的必然要求

马克思主义是一个客观真理，是一种科学的、实事求是的、经得起历史和实践检验的学说，而真理要发挥作用就必须被人所掌握。马克思、恩格斯适应社会需要，在新的历史条件下创立了唯物史观和剩余价值学说，为社会主义从空想到科学的飞跃奠定了坚实的理论基础。列宁把马克思主义基本理论与俄国具体实际联系起来，在新的时代条件下创立了“社会主义可能首先在一个或者几个国家内获得胜利”的“一国胜利论”，并付诸实践，成功领导了俄国十月革命，实现了社会主义从理想到现实的飞跃。毛泽东将马克思主义基本原理与中国具体实际相结合，在革命与战争的时代背景下总结实践经验，创立了新民主主义革命理论，取得了新民主主义革命的伟大胜利，最终确立了社会主义制度，实现了社会主义从一国到多国的飞跃，也开启了马克思主义中国化的进程。邓小平通过总结我国社会主义正反两方面的历史经验并借鉴其他社会主义国家兴衰成败的经验教训，在和平与发展的时代主题下创造性地提出“建设有中国特色的社会主义”，开辟了一条实现中华民族伟大复兴的中国特色社会主义道路。以习近平同志为核心的党中央把马克思主义基本原理与21世纪的中国实际相结合，与中华优秀传统文化相结合，继承发展以往的科学理论，迎来了中国特色社会主义新时代，在新的历史起点上将中国特色社会主义事业推向前进，实现了马克思主义中国化新的飞跃。

马克思主义要实现中国化时代化，也必然需要培养马克思主义理论创新型人才。其一，马克思主义中国化实际上解决的是普遍性与特殊性的关系问题，马克思主义揭示的是人类社会发展的普遍规律，这些基本原理和普遍规律只有应用到具体问题和特殊实践中去，才能使其科学性和真理性得到充分彰显。恩格斯指出：“马克思的整个世界观不是教义，而是方法。它提供的不是现成的教条，而是进一步研究的出发点和供这种研究使用的方法。”① 中国国情的特殊性要求立足中国特色社会主义伟大实践，不断创新发展马克思主义，避免经验主义和教条主义。其二，当今时代与马克思所处的那个时代相比已经发生了巨大变化，马克思主义时代化要求我们在

① 《马克思恩格斯选集》（第4卷），人民出版社2012年版，第664页。

将马克思主义与中国国情相结合的基础上，立足时代特征，吸收新的时代精华，用马克思主义观察、把握、引领时代发展。毛泽东思想、邓小平理论、“三个代表”重要思想、科学发展观、习近平新时代中国特色社会主义思想都是在一定的时代背景下，为解决一定的时代课题所形成的。其三，马克思主义要在中国社会中产生深刻影响，必须被广大人民群众所掌握。正如马克思所说：“理论一经掌握群众，也会变成物质力量。”① 新时代马克思主义大众化的新任务是让“党的创新理论飞入寻常百姓家”，② 要求采用人民群众喜闻乐见的方式、通俗的语言解释马克思主义蕴含的深刻道理，使马克思主义科学理论为人民群众所理解和接受、认同和信仰、掌握和运用，进而转化为认识和改造世界的强大物质力量。

3. 推进马克思主义理论学科创新型人才培养是建设创新型国家的现实需要

培养马克思主义理论学科创新型人才为国家发展提供人才支撑。2006年召开的全国科学技术大会提出，“坚持走中国特色自主创新道路，为建设创新型国家而努力奋斗的重大战略目标”，并在部署实施的《国家中长期科学和技术发展规划纲要（2006—2020年）》中明确“到2020年使我国进入创新型国家行列，全面推进国家创新体系建设”，党的十九届五中全会把“进入创新型国家前列”作为2035年我国社会主义现代化的远景目标之一，从“行列”到“前列”的目标转变，从侧面说明了我国的创新能力大有提高。但是以往谈创新型国家的建设，通常会注重技术领域的创新和科技工作者的创新型人才培养，而忽略了广大人文社会科学领域的创新型人才。作为我国哲学社会科学的领航学科，马克思主义理论学科的繁荣发展在一定程度上决定着哲学社会科学的繁荣发展，也决定着人文社会科学的繁荣发展。习近平总书记指出：“一个国家的发展水平，既取决于自然科学发展水平，也取决于哲学社会科学发展水平。一个没有发达的自然科学的国家不可能走在世界前列，一个没有繁荣的哲学社会科学的国家也不可能走在

---

① 《马克思恩格斯选集》（第1卷），人民出版社2012年版，第9页。

② 刘维涛：《党的创新理论飞入寻常百姓家》，《人民日报》2021年11月29日。

世界前列。”① 创新型国家的建设不仅需要大量创新型的科技工作者，还需要众多创新型的哲学社会科学工作者，马克思主义理论创新型人才的培养是建设创新型国家的现实需要。为了繁荣发展哲学社会科学，必须高度重视哲学社会科学人才培养。马克思主义理论学科作为哲学社会科学的领航学科，只有培养众多马克思主义理论创新型人才，才能推动哲学社会科学的繁荣发展，提高国家创新能力，为跻身创新型国家前列提供人才支撑。

（三）推进马克思主义理论学科创新型人才培养的实践路径

创新型人才是马克思主义理论学科建设发展的重要资源和动力，培养创新型人才是国家、民族长远发展的大计。新时代培养马克思主义理论学科创新型人才，应拓宽其实践路径，构建完善的本硕博一体化创新型人才培养体系，深入学习马克思主义经典著作，营造开放自由的学术环境。

1. 构建完善的本硕博一体化创新型人才培养体系

“本硕博一体化人才培养，是指通过一体化的本硕博学科体系和课程体系的连续不断的在校学习培养，培养专门人才。”② 2018 年，教育部开始增设马克思主义理论本科专业，培养系统掌握马克思主义理论一级学科基础知识的学生，有效改变了以往马克思主义理论学科中本科生数量较少甚至没有、硕士研究生和博士研究生数量较多的不合理的“倒三角”人才结构，推动了马克思主义理论学科人才培养的快速发展。在新时代实施人才强国战略的背景下，具有贯通性、系统性、递进性特点的本硕博一体化人才培养模式，更加有利于培养马克思主义理论学科的“高精尖”人才。首先，加强马克思主义理论专业本科阶段的人才培养。“本科人才培养在任何一个学科专业人才队伍建设中都处于基础地位。”③ 当前，全国招收马克思主义理论专业本科生的高校较少，人才培养滞后，严重影响了马克思主义理论学科研究生的生源质量。应当鼓励学科实力雄厚的全国重点马克思主义学院和省级示范性马克思主义学院优先开设马克思主义理论本科专业，制定

---

① 习近平：《在哲学社会科学工作座谈会上的讲话》，《人民日报》2016 年 5 月 19 日。

② 黄广友、陈顺琼：《构建马克思主义理论学科本硕博一体化人才培养体系探析》，《思想理论教育》2019 年第 12 期。

③ 靳诺：《全面建设马克思主义理论学科本硕博一体化人才培养体系——学习习近平总书记学校思想政治理论课教师座谈会重要讲话精神》，《马克思主义理论学科研究》2019 年第 2 期。

与马克思主义理论专业研究生培养方案高度衔接的本科生培养方案、教材体系和管理体系，课程教学突出理论性学习，夯实马克思主义理论基础。其次，完善马克思主义理论专业硕士研究生和博士研究生的选拔培养体系。硕士研究生和博士研究生重在研究能力和解决问题能力的培养，这也是马克思主义理论学科创新型人才的必备素质。应当进一步完善“全国马克思主义理论学科优秀本科生夏令营”制度，选拔一批优秀本科生推荐免试攻读硕士学位；实施“研究生拔尖人才计划”，为更多优秀硕士研究生提供直博或硕博连读机会；实行考试制与申请考核制相结合的博士研究生选拔方式，提高博士研究生的生源质量。

2. 深入学习马克思主义经典著作

经典著作是一个学科发展深厚的学术积淀，是更具权威性的学术研究的第一手资料。马克思主义理论学科作为一门哲学社会科学，要创新发展，必须站在前人的肩膀上，认真研读马克思主义经典著作。习近平总书记曾多次强调：“只有认真学习马克思主义经典著作，系统掌握马克思主义基本原理，才能完整准确地理解中国特色社会主义理论体系，才能创造性地运用马克思主义立场观点方法分析和解决我们面临的实际问题，不断把中国特色社会主义事业推向前进。”① 新时代要培养马克思主义理论学科创新型人才，必须读经典、学原文、悟原理。一方面，马克思主义经典著作选读一直以来都是高校思想政治教育专业的必修课程，要充分发挥第一课堂的作用，在课程教学上创新教学内容和教学方式，用贴近学生思想实际的大众化的语言解释著作中晦涩难懂的知识，善于运用新媒体激发学生兴趣，夯实创新的理论基础。另一方面，马克思主义理论鲜明的意识形态性要求将其与国家大政方针政策紧密联系起来，讲清楚马克思主义经典著作蕴含的马克思主义基本原理和贯穿其中的马克思主义观点、方法，提高理论联系实际的能力。在当代中国，坚持习近平新时代中国特色社会主义思想，就是真正坚持马克思主义，比如“坚持以人民为中心”“坚持中国共产党领导”“坚持新发展理念”“坚持绿水青山就是金山银山”分别是对马克思主

---

① 李章军：《认真学习马克思主义经典著作　不断推进中国特色社会主义事业》，《人民日报》2011年5月14日。

义人本思想、建党学说、生产力理论、生态观的丰富和发展等。只有坚持从实际出发，不断运用理论解决实际问题，才能进一步加深对马克思主义经典著作的理解。

3. 营造开放自由的学术环境

创新不能囿于条条框框的束缚中，头脑思维一旦被束缚、禁锢，就难以产生新的思想。只有在开放自由的学术环境中，才能使学生有独立思考的空间和能力，有助于激发学生创新思维。新时代要培养马克思主义理论学科创新型人才，必须营造开放自由的学术环境。一是要改变原有的应试教育的培养模式。以往的应试教育注重单纯的单向性的知识灌输，学生只是一味地接受，缺乏问题意识，不利于培养学生的创造力。青年学生时刻都在接触着新事物，思维较为敏捷，具有极大的创造力，应当打破应试教育的条条框框，注重学生研究性思维的培养，树立问题意识，敢于质疑，勇于创新。二是要开展国内外学术交流，将“引进来”与“走出去”相结合。中国特色社会主义的伟大成就是马克思主义在当今世界的成功实践，彰显了马克思主义的强大生命力，在社会思潮纷繁复杂的形势下，应积极对外输出我国的理论成果。同时马克思主义是关于无产阶级解放、全人类解放的学说，不仅属于中国，还属于全世界。马克思主义理论研究不能关起门来，必须广泛开展国际学术交流，积极借鉴国外马克思主义研究的新成果，解决全人类在实践中共同遇到的难题。三是要倡导学术自由。与自然科学揭示自然领域内的一般规律不同，哲学社会科学带有浓厚的意识形态色彩，许多从事理论和教学研究的工作者不易把握学术与政治之间的界限，导致有所忌惮。要培养创新型人才，应当坚持党中央宣传有纪律、学术无禁区的精神，尊重不同的学术观点，进行大胆探索。

五、完善马克思主义理论学科建设机制

学科建设是高校发展的重要依托，在高校各项工作中，学科建设一直处在重要位置。学科建设是一个系统性工程，包括学科定位、学科队伍、科学研究、人才培养、学科基地、学科管理等各个方面。机制也是一个系统概念，指的是系统内部各要素之间的结构关系和运行方式。机制的好坏

程度，决定了该系统的运行状况。学科建设机制是学科建设系统内部各要素之间的总和，遵循一定的学科建设规律有序运行着。马克思主义理论学科自 2005 年设立以来，走过了一段光辉的建设发展历程，取得了丰硕成果，但也存在一些不足之处。高校应精准施策、统筹规划，完善马克思主义理论学科建设机制，全力推动马克思主义一流学科建设，持续发挥马克思主义理论学科的领航作用。

（一）完善马克思主义理论学科建设机制应坚持的基本原则

1. 坚持党的集中统一领导

办好中国的事情，关键在党。党政军民学，东西南北中，党是领导一切的。坚持中国共产党的领导是中国特色社会主义制度的最本质特征和最大优势，也是加强马克思主义理论学科建设的根本保证。马克思主义理论学科鲜明的意识形态性和我国的社会主义性质，决定了学科建设必须要坚持党的领导。马克思主义理论学科是在改革开放中逐步创建和发展起来的，快速发展的根本在于党的坚强领导，党和国家高度重视意识形态工作、哲学社会科学发展、思想政治教育工作，相继召开全国高校思想政治工作会议、哲学社会科学座谈会、全国教育大会、学校思想政治理论课教师座谈会等全国性的学习座谈会，出台系列指导性意见，深入实施马克思主义理论研究和建设工程，大力推进马克思主义理论学科和思想政治理论课建设，为壮大马克思主义理论学科提供了根本保障。

2. 坚持科学性与价值性的辩证统一

马克思主义是科学性与价值性辩证统一的科学理论体系，在完善马克思主义理论学科建设机制的过程中，应坚持科学性与价值性的辩证统一。马克思主义理论本身具有彻底的科学性，始终坚持辩证唯物主义和历史唯物主义的世界观和方法论，以事实为依据、以规律为对象、以实践为检验标准，揭示自然、社会和人类思维发展的一般规律。学科建设机制的好坏决定着学科的发展是否有前景。完善马克思主义理论学科建设机制既是一个系统工程，也是一个严谨的科学工程，需要按照一定的现实逻辑，遵循学科发展的客观规律，完善系统的学科建设机制，促进学科的科学化发展。科学性要以价值性为目的，马克思主义理论自诞生之日起，就成为了人类社会发展的指路明灯，并以实现人的自由全面发展、实现人类幸福为价值旨归，以其重要的时代价值驳斥了“马克思主义过时论”“马克思主义无用论”“马克思主义失灵论”等错误观点。完善马克思主义理论学科建设机制同样也要坚持价值性。通过服务社会，发挥马克思主义理论学科的资政育人功能，切实有效促进马克思主义理论学科的长期可持续发展。

3. 坚持“以我为主”，兼收并蓄

在党和国家实施马克思主义理论研究和建设工程的大背景下，为了巩固马克思主义在意识形态领域和高校学科建设中的指导地位，推动马克思主义理论进教材、进课堂、进头脑，教育部设立了马克思主义理论一级学科。一级学科的设立充分体现了加强马克思主义理论整体性研究的必要性，这也要求创建一整套学科建设的有效机制，突出学科特色。但是，学科及其建设的独立性并不意味着与其他学科之间的绝对独立。社会是一个有机整体，各学科知识是相互联系的，没有任何一门学科能完全封闭孤立地存在，必须与其他学科协调发展。此前，“马克思主义理论与思想政治教育”是作为政治学一级学科下的二级学科存在，由于马克思主义理论和思想政治教育之间的紧密联系，在完善马克思主义理论学科建设机制的同时，也可借鉴思想政治教育学科的建设经验，汇集优质资源，博采众长，发挥学科思想政治教育的重要作用。

（二）完善马克思主义理论学科建设机制的主要内容

新时代马克思主义理论学科承担着把该学科建设成为世界一流、中国特色学科的重要使命。在面临国内外形势深刻变化的基础上，要持续发挥马克思主义理论学科作为一门领航学科的引领作用，必须完善学科建设的相关机制。以社会需求为导向，完善马克思主义理论学科的动力机制；立足思想政治理论课教学，完善马克思主义理论学科的转化机制；打破学科壁垒，完善马克思主义理论学科的资源整合机制。

1. 以社会需求为导向，完善马克思主义理论学科的动力机制

理论是时代的产物，随着实践发展而不断创新发展，最终要服务于一定的社会需求。习近平总书记指出：“马克思主义不是书斋里的学问，而是为了改变人民历史命运而创立的，是在人民求解放的实践中形成的，也是在人民求解放的实践中丰富和发展的，为人民认识世界、改造世界提供了强大精神力量。”① 新时代的中国，社会主要矛盾已经转变为人民日益增长的美好生活需要和不平衡不充分的发展之间的矛盾，人们的社会需求呈现出多样化、多层次、多方面的特点。中国特色社会主义建设需要的马克思主义既不是书斋中的学问，也不是脱离时代发展的幻想，而是以新时代中国的社会需求为导向，准确把握时代发展脉搏，能解决中国重大现实问题的科学理论。因此，完善马克思主义理论学科动力机制，一要立足我国社会主义初级阶段的国情和建设社会主义现代化强国的新征程，切实掌握国家发展大势，观照社会现实，明确学科建设发展方向；二要以社会需求为导向，满足人们不断增长的社会需求，从中获得学科发展的动力来源，推动理论创新；三要密切关注新时代大学生的思想教育需求，马克思主义理论的直接教育对象是大学生，其切实需求是就业或升学等，应建立以大学生思想教育的需求为导向的机制，及时进行正确的思想引导，发挥学科教育实效。

2. 立足思想政治理论课教学，完善马克思主义理论学科的转化机制

马克思主义理论一级学科设立的初衷是为思想政治理论课提供学科支撑，要提升思想理论教育的高度、拓展教育深度和广度，增强思想政治理论课教学的吸引力和说服力，马克思主义理论学科必须为其提供最具权威性的、高质量的学术研究成果。马克思主义理论一级学科下所属的 7 个二级学科是介于该学科与思想政治理论课教学之间的中介学科，与高校的思想政治理论课之间形成了对应支撑的关系，但是我们不能机械地加以理解，而必须从整体性出发，准确把握各二级学科研究内容和研究取向上的严整性。因此，完善马克思主义理论学科的转化机制必须立足思想政治理论课教学，在理论研究与教学实践中间构建一个理论学术资源向教学课程体系转化的机制，将马克思主义理论各二级学科的最新理论成果转化为思想政治理论课科学的教学和课程体系，用马克思主义理论武装新时代大学生，提高思想政治理论素质。

① 习近平：《在纪念马克思诞辰200周年大会上的讲话》，《人民日报》2018 年 5 月 5 日。

3. 打破学科壁垒，完善马克思主义理论学科的资源整合机制

当前各大高校的学院，作为学校最基本的学科组织架构，基本上是以教学需要和特点设置的，学科也是以适应教学的知识系统为依据划分的。学科管理较为刚性，在一定程度上导致学科之间难以逾越，严重阻塞了学科之间的交流与融合，学科的独立倾向和学科壁垒不断强化，学科建设力量和资源分散化。马克思主义理论学科是一门新兴学科，需要党和国家投入大量的人力资源、物质资源、财力资源、信息资源、管理资源等。无论哪一方面的资源，相对于整个学校和学科的建设而言，都是稀缺的。学科建设资源的稀缺往往会造成学科建设中投入不足，从而影响学科优势的发挥。因此，马克思主义理论学科建设必须完善资源整合机制，打破学院和学科间的壁垒。一是加强各学院、各学科间的联系、沟通与合作，改革不合理的学科管理模式，以学科建设项目和学术研究中心为基础搭建互动平台，整合管理资源；二是构建跨学院、跨学科的人才队伍，整合人才资源；三是更新完善图书、设备资源，采购现代化仪器设备，开发智慧课堂，利用新媒体促进资源的实时共享，提高资源利用率。

六、提高马克思主义理论学科的社会影响力

马克思主义是我们立党立国的根本指导思想。自 2015 年实施马克思主义理论学科领航计划以来，马克思主义理论学科的学术影响力和社会影响力大大增强。作为我国社会中的主流意识形态，马克思主义与社会之间一直存在着密不可分的联系，起着维护社会稳定、促进社会变革、引领社会发展的重要作用。理论源于实践，又指导实践，并在实践中接受检验。随着时代变化和社会变迁，马克思主义理论学科的发展与社会现实之间可能会出现相脱离的情况，导致无法获得理解和认同，失去一定的社会影响力。“对于任何一门学科而言，能否获得普遍的社会认同，是该学科存在发展的前提。”① 新时代加强马克思主义理论学科建设，必须将服务社会放在重要

① 纪亚光：《服务社会发展需要是马克思主义理论学科建设的归宿》，《思想理论教育》2015 年第 1 期。

位置，提高学科社会影响力，推进马克思主义理论学科建设发展与社会进步的良性互动。

（一）坚持与时俱进，保持马克思主义理论本身的科学性、先进性

一个理论要提高社会影响力，赢得民众的一致肯定，首先必须保持这个理论本身的科学性和先进性。马克思主义具有不可遏止的吸引力和影响力，根本原因在于马克思主义理论本身的科学性。习近平总书记在庆祝中国共产党成立100周年大会上的讲话中指出："中国共产党为什么能，中国特色社会主义为什么好，归根到底是因为马克思主义行！"① 马克思主义之所以行，是由这个理论的科学性和真理性决定的。其科学性不仅体现在马克思主义是在社会实践的基础上产生的，还体现在马克思主义具有科学的世界观和方法论基础，即辩证唯物主义和历史唯物主义。中国共产党成立后，坚持和发展马克思主义的科学世界观和方法论，在马克思主义的指导下，走出了一条具有中国特色的社会主义道路，并不断繁荣发展，迎来了中国特色社会主义新时代，开辟了科学社会主义在中国发展的新境界。要提高马克思主义理论学科的社会影响力，必须始终坚持马克思主义的科学世界观和方法论，保持科学性的理论优势。马克思主义的先进性体现在其理论与时俱进的生机活力。马克思主义理论不是教条，而是行动指南，必须随着实践而不断丰富和发展。中国共产党在百年奋斗征程中，运用马克思主义基本原理来解决中国革命、建设和改革中的具体问题，新时代进行马克思主义理论研究，必须时刻关注国内外形势的发展动态，以我们正在做的中国特色社会主义建设事业为中心，着眼于马克思主义理论的运用，着眼于中华民族伟大复兴战略全局和世界百年未有之大变局，着眼于"十四五"规划和2035年远景目标，始终走在时代前列，保持马克思主义的先进性，提升马克思主义理论学科对中国社会重大现实问题的解释力，增强马克思主义理论学科的社会影响力。

（二）依托社会实践，发挥马克思主义理论学科的社会服务功能

服务社会是马克思主义理论学科的重要功能。马克思主义理论学科建

---

① 《习近平谈治国理政》（第4卷），外文出版社2022年版，第10页。

设，既要为学科自身发展服务，也要为我国的社会主义现代化建设服务。新发展阶段的到来，对高质量的社会服务提出了新的要求。当前，全国各大高校的马克思主义学院建设、马克思主义理论学科发展以及思想政治理论课教学都面临着一个共同的问题，即如何使学院、学科、教学走出校园、走出书斋、走向社会，发挥好马克思主义理论学科的社会服务功能，提高马克思主义理论学科的社会影响力。学科的社会影响力来自于其能为经济、政治、文化、社会、生态等各方面的建设发展提供理论指导，避免“重理论轻实践”的错误倾向，从而实现学科理论与实践的有机融合。首先，划清特定的理论范畴，明晰学科中能为经济社会发展服务的理论，以及该理论的服务对象。比如，习近平新时代中国特色社会主义思想以一系列原创性贡献丰富和发展了马克思主义，从理论和实际结合上对中国特色社会主义作出了全方位、多角度、体系化、系统化的重大理论和实践创新，实现了马克思主义中国化新的飞跃，对当今中国的经济发展有着直接的指导作用。其次，拓展课外理论宣讲平台，扩大教育对象的范围。以往马克思主义理论学科教师进行理论宣讲，局限于校园、课堂之中，对大学生的实际需求和社会发展关注度较低，师生之间难以产生共鸣，导致理论与实际的脱节。要提高马克思主义理论学科的社会影响力，发挥学科的社会服务功能，必须面向社会，在给大学生上好思想政治理论课的同时，走出课堂，到社会上去宣传马克思主义理论和党的路线方针政策，积极拓展理论宣讲的社会平台和教育对象。

（三）利用网络新媒体，扩大马克思主义理论学科的影响覆盖面

当前互联网迅速发展，5G、人工智能等新兴技术突飞猛进，相继衍生出了一批网络新兴媒体，改变了人们的生活和生产方式。作为信息传播的重要渠道，互联网成为了人们获取知识、发表思想观点的新平台，网络空间也成了各种意识形态相互较量、各种社会思潮和价值观念相互激荡的新阵地，形成了现实社会和网络虚拟社会两个思想阵地并存的局面。“互联网已经成为舆论斗争的主战场。”① 由于网络社会信息传播的快速性、广泛性

---

① 中共中央宣传部编：《习近平总书记系列重要讲话读本（2016 年版）》，人民出版社 2016 年版，第 204 页。

和多样性，网络话语表达方式也呈现出碎片化、娱乐化、标题化的特点，一些西方敌对势力往往利用网络媒介进行思想意识渗透，使得网络空间的意识形态斗争呈现出分散化和隐蔽化的特点。习近平总书记指出："宣传思想阵地，我们不去占领，人家就会去占领。"① 因此，必须高度重视网络空间的意识形态安全，坚持马克思主义理论的指导，充分利用网络新媒体，扩大马克思主义理论学科的影响覆盖面。

这就要求提升主流媒体的舆论引导作用。当前网络空间中社会意识形态斗争激烈，特别是一些西方国家利用网络大肆宣传历史虚无主义、民主社会主义、极端民族主义等错误的社会思潮，妄图动摇马克思主义的指导地位，达到制造思想混乱、扰乱社会秩序、破坏社会稳定，进而实现政权更迭的目的，导致网络空间中马克思主义话语权认同出现危机，国家主流意识形态"失声"。因此，提升主流媒体的舆论引导作用势在必行。主流媒体是指主要弘扬党、国家和民族的主流价值观的媒体，反映社会的主流意识形态，宣传党和国家的大政方针政策，具有权威性，比如人民日报、光明日报、人民网等。主流媒体进行马克思主义理论的教育传播，并不是简单、机械地宣传马克思主义的思想观点，而是要针对出现的社会问题，用马克思主义的立场观点方法进行全面准确、客观公正、细致深入的解读分析，矫正网络舆论的片面、虚假、负面宣传导向，引导人们深刻认识各种错误思潮的实质及危害，坚持用社会主义核心价值观引领社会思潮，牢牢把握马克思主义在网络社会中的话语权。

① 中共中央宣传部编：《习近平总书记系列重要讲话读本（2016 年版）》，人民出版社 2016 年版，第 196 页。

参考文献

[1]《马克思恩格斯选集》（第1—4卷），人民出版社1995年版。
[2]《马克思恩格斯全集》（第1—45卷），人民出版社1995—2002年版。
[3]《马克思恩格斯全集》（第46卷）（上），人民出版社1979年版。
[4] 马克思：《资本论》（第1卷），人民出版社2004年版。
[5] 马克思、恩格斯：《德意志意识形态》，人民出版社1982年版。
[6]《列宁选集》（第1—4卷），人民出版社2009年版。
[7]《列宁全集》（第9卷），人民出版社2017年版。
[8]《毛泽东选集》（第1—4卷），人民出版社1991年版。
[9]《毛泽东文集》（第6—8卷），人民出版社1999年版。
[10]《毛泽东著作选读》下册，人民出版社1986年版。
[11]《毛泽东早期文稿》（第1卷），湖南出版社1990年版。
[12]《毛泽东邓小平江泽民论思想政治工作》，学习出版社2000年版。
[13]《邓小平文选》（第1—3卷），人民出版社1993—2010年版。
[14]《邓小平年谱》，中央文献出版社2004年版。
[15]《江泽民文选》（第1—3卷），人民出版社2006年版。
[16]《胡锦涛文选》（第1—3卷），人民出版社2016年版。
[17]《周恩来经济文选》，中共中央文献出版社1993年版。
[18] 习近平：《习近平谈治国理政》（第1卷），外文出版社2018年版。
[19] 习近平：《习近平谈治国理政》（第2卷），外文出版社2017年版。
[20] 习近平：《习近平谈治国理政》（第3卷），外文出版社2020年版。
[21] 习近平：《习近平谈治国理政》（第4卷），外文出版社2022年版。

［22］习近平：《习近平关于社会主义文化建设论述摘编》，中央文献出版社2017年版。
［23］习近平：《论坚持全面深化改革》，中央文献出版社2018年版。
［24］习近平：《习近平重要讲话单行本》（2021年合订本），人民出版社2022年版。
［25］中共中央文献研究室编：《毛泽东年谱（1893—1949）》（上卷），人民出版社、中央文献出版社1993年版。
［26］中共中央文献研究室编：《十二大以来重要文献选编》（上、中、下），人民出版社1986年版。
［27］中共中央文献研究室编：《十四大以来重要文献选编》（下），人民出版社1999年版。
［28］中共中央文献研究室编：《十五大以来重要文献选编》（上、下），人民出版社2000—2003年版。
［29］中共中央文献研究室编：《十六大以来重要文献选编》（上），中央文献出版社2005年版。
［30］中共中央文献研究室编：《十七大以来重要文献选编》（上、下），中央文献出版社2009—2013年版。
［31］中共中央文献研究室编：《十八大以来重要文献选编》（上、中、下），中央文献出版社2018年版。
［32］中共中央文献研究室、中央档案馆编：《建党以来重要文献选编（1921—1949）》（第17—18册），中央文献出版社2011年版。
［33］中共中央文献研究室编：《建国以来重要文献选编》（第1、3、7、11册），中央文献出版社1992—1995年版。
［34］中共中央文献研究室编：《改革开放三十年重要文献选编》下，中央文献出版社2008年版。
［35］中共中央宣传部编：《习近平总书记系列重要讲话读本（2016年版）》，人民出版社2016年版。
［36］中共中央宣传部编：《习近平新时代中国特色社会主义思想学习纲要》，学习出版社、人民出版社2019年版。
［37］国家教委思想政治工作司组编：《党的思想政治教育史》，高等教育出

版社 1993 年版。

[38] 教育部社会科学司组编：《普通高校思想政治理论课文献选编（1949—2008）》，中国人民大学出版社 2008 年版。

[39] 教育部思想政治工作司组编：《加强和改进大学生思想政治教育重要文献选编（1978—2014）》，知识产权出版社 2015 年版。

[40] 辛向阳：《治国理政新布局》，中国人民大学出版社 2016 年版。

[41] 辛向阳：《中国特色社会主义与国家治理现代化》，浙江出版联合集团、浙江人民出版社 2015 年版。

[42] 王沪宁：《政治的逻辑：马克思主义政治学原理》，上海人民大学出版社 1994 年版。

[43] 陈先达：《理论自信　做坚定的马克思主义信仰者》，吉林人民出版社 2016 年版。

[44] 陈先达：《马克思和信仰》，中国人民大学出版社 2018 年版。

[45] 许征帆、李鹏程、马绍孟、成保良、刘伟能、刘炯忠：《马克思主义学说史》（第 2 卷），吉林人民出版社 1987 年版。

[46] 陈燕楠：《中共党史研究》，人民出版社 2014 年版。

[47] 杨放：《教育法规全书》，南海出版公司 1990 年版。

[48] 余明远：《思想政治教育学导论》，西北工业大学出版社 2012 年版。

[49] 何东昌：《中华人民共和国重要教育文献》，海南出版社 1998 年版。

[50] 王怀超、青连斌：《社会科学研究方法论》，中共中央党校出版社 2019 年版。

[51] 赵仲英：《马克思早期思想探源》，云南人民出版社 1994 年版。

[52] 卜宪群：《习近平新时代治国理政的历史观》，中国社会科学出版社 2019 年版。

[53] 邱正福：《高校思想政治理论课教学创新研究》，山东大学出版社 2014 年版。

[54] 沈壮海：《学术话语体系建设的理与路——一项分科的研究》，人民出版社 2018 年版。

[55] 艾四林、吴潜涛：《高校马克思主义理论学科发展报告》，高等教育出版社 2019 年版。

[56] 艾四林、吴潜涛:《高校马克思主义理论学科发展研究报告》(2020),人民出版社2022年版。
[57] 徐文良:《难忘的历程——高等学校思想政治教育的回顾与思考》,吉林人民出版社2008年版。
[58] 陈锡喜:《不断开辟21世纪马克思主义发展新境界》,《思想理论教育导刊》2016年第9期。
[59] 梁树发:《国外马克思主义研究的学科内涵及建设》,《思想理论教育导刊》2007年第3期。
[60] 梁树发:《马克思主义中国化进程中的理论提升》,《毛泽东邓小平理论研究》2007年第8期。
[61] 国务院学位委员会"马克思主义理论一级学科建设和人才培养方案研究"课题组、顾海良:《马克思主义理论学科建设调研报告》,《思想理论教育》2007年第9期。
[62] 陈大文、舒先林:《高校思想政治理论课教学组织建设问题探析》,《思想理论教育》2008年第3期。
[63] 仝华:《习近平新时代中国特色社会主义思想与"中国近现代史基本问题研究"学科建设》,《思想理论教育导刊》2018年第3期。
[64] 纪亚光:《服务社会发展需要是马克思主义理论学科建设的归宿》,《思想理论教育》2015年第1期。
[65] 张雷声:《马克思主义理论学科在改革开放中前行》,《思想理论教育导刊》2018年第10期。
[66] 张雷声:《必须加强马克思主义理论学科制度建设》,《思想理论教育》2010年第7期。
[67] 张耀灿:《关于马克思主义理论学科规范化建设的几个问题》,《思想政治教育研究》2012年第6期。
[68] 张耀灿:《思想政治教育学科建设存在的若干问题》,《思想理论教育》2015年第5期。
[69] 陈占安:《用习近平新时代中国特色社会主义思想铸魂育人——论新时代高校思想政治理论课的历史使命》,《思想理论教育》2019年第5期。

[70] 陈占安:《我见证了马克思主义理论学科的发展——兼论强化新时代高校思想政治理论课的学科支撑》,《思想理论教育导刊》2020 年第 10 期。
[71] 邱柏生:《新时代高校思想政治教育学科建设面临的若干挑战》,《思想政治教育研究》2019 年第 1 期。
[72] 佘双好:《思想政治教育学科发展现状与发展路径的回溯与展望》,《思想理论教育导刊》2012 年第 12 期。
[73] 佘双好:《新时期思想政治教育学科建设的价值指针——学习习近平总书记关于思想政治工作的论述》,《马克思主义理论学科研究》2017 年第 1 期。
[74] 佘双好、董梅昊:《马克思主义理论学科的发展历程及趋势》,《马克思主义理论学科研究》2020 年第 1 期。
[75] 宋俭:《关于中国近现代史基本问题研究学科属性的思》,《思想理论教育导刊》2010 年第 8 期。
[76] 靳诺:《新时代思想政治理论课改革创新的着力点》,《思想理论教育导刊》2019 年第 5 期。
[77] 靳诺:《全面建设马克思主义理论学科本硕博一体化人才培养体系——学习习近平总书记学校思想政治理论课教师座谈会重要讲话精神》,《马克思主义理论学科研究》2019 年第 2 期。
[78] 本刊记者、靳诺:《立足新发展阶段,推进马克思主义理论学科高质量发展——访中国人民大学党委书记靳诺教授》,《马克思主义研究》2021 年第 4 期。
[79] 沈壮海:《思想政治教育学科的新自觉与新未来》,《马克思主义理论学科研究》2015 年第 1 期。
[80] 沈壮海:《宏观思想政治教育学初论》,《思想理论教育导刊》2011 年第 12 期。
[81] 孙武安、蒯正明:《新时代加快马克思主义理论学科人才队伍建设的几点思考》,《马克思主义理论学科研究》2020 年第 6 期。
[82] 崔楠、宫珊珊:《高校思想政治理论课立德树人的路径分析》,《思想政治教育研究》2021 年第 1 期。

[83] 邱柏生:《新时代高校思想政治教育学科建设面临的若干挑战》,《思想政治教育研究》2019 年第 1 期。
[84] 冯刚:《深化新时代思想政治教育视域下的以文化人研究》,《马克思主义理论学科研究》2020 年第 6 期。
[85] 张新平:《马克思主义理论学科建设与思想政治理论课建设的关系》,《高校马克思主义理论研究》2020 年第 2 期。
[86] 梅荣政:《在改革开放中马克思主义理论学科的创建和发展》,《马克思主义理论学科研究》2018 年第 5 期。
[87] 秦宣:《将立德树人贯穿于马克思主义理论学科与思想政治理论课建设全过程》,《思想理论教育》2015 年第 9 期。
[88] 齐鹏飞、张晓京:《浅析“中国近现代史基本问题研究”学科建设与“中国近现代史纲要”课程建设的逻辑关系》,《思想理论教育导刊》2008 年第 12 期。
[89] 李松林、韦磊:《“中国近现代史基本问题研究”学科研究报告》,《思想理论教育导刊》2013 年第 4 期。
[90] 黄广友、陈顺琼:《构建马克思主义理论学科本硕博一体化人才培养体系探析》,《思想理论教育》2019 年第 12 期。
[91] 黄蓉生、颜叶甜:《改革开放 40 年思想政治教育学科发展的历史演进、宝贵经验与前行路径》,《思想理论教育导刊》2019 年第 4 期。
[92] 韩秋红:《试论国外马克思主义研究的学科意义、学术价值与话语创新——在马克思主义理论创新发展的意义上》,《东北师大学报(哲学社会科学版)》2020 年第 5 期。
[93] 陆树程、李佳娟:《论新时代马克思主义理论学科研究生培养的思维模式》,《思想理论教育导刊》2020 年第 5 期。
[94] 陈玲:《“三全育人”协同创新组织的建构》,《学校党建与思想教育》2021 年第 4 期。
[95] 隽鸿飞:《论国外马克思主义研究学科的边界》,《马克思主义理论学科研究》2021 年第 7 期。
[96] 孙麾:《发展 21 世纪中国的马克思主义》,《中国社会科学报》2015 年 5 月 13 日。

[97] 顾海良：《马克思主义理论学科从“起航”到领航》，《光明日报》2015 年 7 月 23 日。
[98] 靳辉明、蔡华伟：《推动马克思主义理论学科上新台阶——写在马克思主义理论一级学科建立 10 周年之际》，《人民日报》2015 年 8 月 31 日。
[99] 李涛：《抓住培养社会主义建设者和接班人根本任务 努力建设中国特色世界一流大学》，《人民日报》2018 年 5 月 3 日。
[100] 杨彬：《加快构建高校思想政治工作体系》，《中国教育报》2020 年 5 月 14 日。
[101] 刘维涛：《党的创新理论飞入寻常百姓家》，《人民日报》2021 年 11 月 29 日。
[102] 黄超、丁雅诵：《培养担当民族复兴大任的时代新人》，《人民日报》2021 年 12 月 10 日。

后　记

马克思主义理论学科从历史渊源来讲可谓久远，但从学科的独立设置和整体建设来讲，时间不长，还很年轻。马克思主义理论学科从其地位来讲是我国哲学社会科学的基础学科，也是领航学科，它所揭示的马克思主义立场、观点和方法具有普遍指导意义。自马克思主义理论一级学科设立以来，特别是党的十八大以来，马克思主义理论学科建设成绩斐然，学科建设与发展引起学界广泛关注。《马克思主义理论学科在中国的发展研究》是我主持的湖南省社科基金重大项目“马克思主义理论学科在中国的发展演进及其经验研究”的结项成果。焦晓云、邢鹏飞从课题申报立项至最终结项，自始至终都参加了课题的研究，参加课题研究、书稿撰写及资料收集工作的还有吴博、唐林峰、瞿红、蔡艳、华红林、何莹、李敏等。

湖南师范大学出版社吴真文社长、黄林总编辑对该书的出版给予了大力支持，编辑部主任李阳博士为该书的出版亦付出了辛勤劳动，在此一并致以诚挚的谢意！

马克思主义理论学科研究是一项大工程，本课题组只作了有限研究，由于水平有限，不当之处在所难免，敬请学界同行和读者批评指正！

吴家庆

2022 年 12 月